हिमनद
मानव-जीवन का आधार

हिमनद
मानव-जीवन का आधार

डॉ. रमेश पोखरियाल 'निशंक'

nbt.india
एकः सूते सकलम्
राष्ट्रीय पुस्तक न्यास, भारत
NATIONAL BOOK TRUST, INDIA

ISBN 978-81-237-9894-3

पहला संस्करण : 2021

दूसरी आवृति : 2024 (*शक* 1946)

Himnad : Manav Jeevan Ka Aadhar (Hindi Original)

₹ 280.00

निदेशक, राष्ट्रीय पुस्तक न्यास, भारत

नेहरू भवन, 5 इंस्टीट्यूशनल एरिया, फेज-2

वसंत कुंज, नई दिल्ली–110070 द्वारा प्रकाशित

Website : www.nbtindia.gov.in

विषय-सूची

हिमालय बने सर्वोच्च प्राथमिकता

इस पुस्तक के रचयिता डॉ. रमेश पोखरियाल 'निशंक', जो हर दृष्टि से एक सच्चे हिमालय-पुत्र हैं, उनका जन्मस्थान दुर्गम, सीमावर्ती एवं अत्यंत कठिन क्षेत्र गढ़वाल (हिमालय) में हुआ। डॉ. निशंक के पास पहाड़ के लोगों एवं संपूर्ण हिमालय की सेवा के प्रति समर्पण, नशा, जुनून और संकल्पना है। उन्हें पर्वतीय राज्य उत्तराखंड के नीतिगत विकास के संबंध में और राष्ट्रीय स्तर पर सार्वजनिक जीवन में कार्यों का दीर्घकालीन अनुभव है। एक लेखक, राजनेता, सामाजिक कार्यकर्ता होने के अतिरिक्त उनका पर्यावरण संरक्षण के प्रति भी गहरा लगाव रहा है।

इस पुस्तक में लेखक ने सरल भाषा में संवहनीय विकास, ग्लेशियर से पोषित नदियों और ग्लेशियर पिघलने का आम लोगों की आजीविका पर पड़ने वाले प्रभावों पर प्रकाश डाला है। लेखक इस संबंध में लोगों को सोचने, मनन-चिंतन करने के लिए एक बेहतर दृष्टिकोण प्रस्तुत करते हैं। विश्व की कुल 22% भूमि-सतह पर पहाड़ों का आधिपत्य है और दुनिया की 13% आबादी के लिए यह वासस्थल है। हमें यह समझना होगा कि संपूर्ण मानव-आवश्यकताओं का आधे से अधिक भाग प्रत्यक्ष रूप से पर्वतीय संसाधनों पर निर्भर है। पहाड़, जंगल, पानी, जलविद्युत ऊर्जा, इमारती लकड़ी, जैवविविधता और अन्य उत्पादों, भोजन, खनिज संसाधनों, मनोरंजन के इष्टतम उपयोजन के लिए योजनाबद्ध प्रक्रियाओं को अपनाने की आवश्यकता है। हालाँकि, विश्व स्तर पर पहाड़ों को पर्याप्त ध्यान और निवेश नहीं मिला है। हिमालय, काराकोरम, पामीर, हिंदूकुश और तिब्बती पठार पर्वत पारिस्थितिकी प्रणालियों की एक सबसे विशाल शृंखला को गठित करते हैं जिसे 'हिमालय क्षेत्र' के नाम से जाना जाता है। हिमालय क्षेत्र

को एशिया के आठ देशों, यथा—अफगानिस्तान, बाँग्लादेश, भूटान, चीन, भारत, म्याँमार, नेपाल और पाकिस्तान द्वारा साझा किया जाता है।

भारतीय हिमालयी क्षेत्र में कुल क्षेत्र का 11% और समग्र हिमालयी क्षेत्र के अंतर्गत 36% आबादी शामिल है। इसका आशय यह है कि कई अन्य हिमालयी देशों की तुलना में हमारे यहाँ जनसंख्या घनत्व बहुत अधिक है। वस्तुतः हिमालय क्षेत्र ग्लोबल प्राकृतिक परिसंपत्ति है जहाँ दस प्रमुख नदी-बेसिनों का उद्‌गम होता है। हिमालयी क्षेत्र उत्तर और दक्षिण ध्रुवों के बाद सबसे बड़े स्थायी बर्फ का भंडार हैं; इसलिए, इसे 'तीसरे ध्रुव' के रूप में संदर्भित किया जाता है। यह क्षेत्र चार वैश्विक जैवविविधता हॉटस्पॉट, 330 महत्वपूर्ण पक्षी क्षेत्रों और 6,000 मीटर से अधिक कई पर्वत चोटियों का वासभूमि है। यह क्षेत्र अमूल्य पारिस्थितिकी तंत्र सेवाएँ प्रदान करता है। हिमालय के इन पर्वतों और पहाड़ियों में 24 करोड़ लोग निवास करते हैं। नदी-बेसिनों में रहने वाले लगभग 190 करोड़ लोग इन संसाधनों से प्रत्यक्ष और अप्रत्यक्ष रूप से लाभान्वित होते हैं, जबकि 300 करोड़ से अधिक लोग इसके नदी-बेसिनों में उत्पन्न खाद्यान्न पर आश्रित हैं। हिमालय क्षेत्र दुनिया की कुछ सबसे विविध संस्कृतियों, भाषाओं, धर्मों और पारंपरिक ज्ञान प्रणालियों का उद्‌गम स्थल भी है। समग्र हिमालय एक वैश्विक परिसंपत्ति है जो वैश्विक और क्षेत्रीय मान्यता, नीतिगत समर्थन, क्षेत्रीय सहयोग और वैश्विक वस्तुओं तथा सेवाओं के रखरखाव की दिशा में चिरस्थायी पर्वतीय विकास के लिए निवेश का हकदार है। वृहद स्तर पर, पारिस्थितिकी तंत्र सेवाओं के चार प्रकार हैं : सामाजिक-सार्वजनिक लाभ के लिए, सांस्कृतिक-सौंदर्य और धार्मिक महत्व के लिए, पर्यावरण संरक्षण और स्थिरता के लिए, आर्थिक वस्तुओं और सेवाओं के उत्पादन के माध्यम से आजीविका के लिए। हम आमतौर पर पारिस्थितिकी और आर्थिक मूल्य, सामाजिक और सांस्कृतिक परिप्रेक्ष्य के बारे में कम जानते हैं। पर्वत के संदर्भ में विशिष्ट नीतियों के निर्माण के लिए श्रेष्ठ अनुसंधान और आँकड़ों द्वारा समर्थित विकास का एकीकृत दृष्टिकोण हिमालयी क्षेत्र के इतिहास में समय की महत्वपूर्ण आवश्यकता है।

हिमालयी क्षेत्र में बर्फ (ग्लेशियर) और पर्माफ्रॉस्ट क्रायोस्फीयर हिमनद, नदियों के माध्यम से, जल आपूर्ति का एक महत्वपूर्ण स्रोत है। क्रायोस्फीयर में देखे गए और अनुमानित परिवर्तन से पूरे क्षेत्र में जल परिमाण प्रभावित होता है।

यह सच है कि ग्लेशियर सिकुड़े हैं, पीछे हटे हैं, और 1970 के दशक के बाद यह परिवर्तन बड़े स्तर पर दिखाई दिया है। अधिकांश क्षेत्रों में वर्धित जन-हानि के रुझान जारी रहने के अनुमान हैं। ग्लेशियर से पिघले जल का अपवाह और ग्लेशियर झील विस्तार के समय तथा परिमाण निश्चित रूप से चिंता का विषय हैं। वर्तमान उत्सर्जन दरों में कम बर्फबारी, बर्फ की ऊँचाई में वृद्धि, और अब 21वीं सदी में जलवायु में 70% तक की गिरावट का अनुमान है। हिमालय क्षेत्र में हिमनदीय झीलें सामान्य रूप से पाई जाती हैं, और क्रायोस्फेरिक परिवर्तन के कारण कई नई झीलों के बनने की संभावना है।

नब्बे के दशक के बाद से, हिमनदीय झीलों की संख्या और क्षेत्र दोनों में एक स्पष्ट वृद्धि दिखी है। दोनों में सबसे बडा़ कुल हिमनदीय झील क्षेत्र और सबसे बड़ी पूर्ण हिमनदीय झीलों की विकास-दर पूर्वी और मध्य हिमालय में दिखाई देते हैं। हिमालय क्षेत्र में कई हिमनदीय झीलें संभावित रूप से खतरनाक हैं और ग्लेशियरों का पीछे हटना जारी है, इस कारण खतरनाक हिमनदीय झील प्रस्फुटित बाढ़ (GLOFs) का खतरा और बढ़ सकता है। हिंदूकुश हिमालय (एच.के.एच.) क्षेत्र में पहाड़ के लोगों के बीच ग्लेशियरों और GLOFs जोखिमों के प्रभाव को स्पष्ट करने के लिए अधिक आकलन, अनुमानों और प्रभाव अध्ययनों की आवश्यकता है। हिमालय क्षेत्र का क्रायोस्फीयर आधी आबादी के लिए जीवन-रेखा है, जो जलवायु परिवर्तन और मौसम परिवर्तन के अन्य कारकों के कारण उच्च जोखिम में है। एच.के. एच. देशों की सरकारों को इस संसाधन के संरक्षण-संवर्धन लिए बेहतर विज्ञान आधारित ज्ञान और नीतिगत सहायता उत्पन्न करने के प्रयास करने चाहिए। आज की दुनिया में पहाड़ों और पहाड़ के लोगों को अभूतपूर्व दबावों का सामना करना पड़ता है।

हिमालयी पर्वतीय श्रृंखला जलवायु परिवर्तन के प्रति अत्यधिक असुरक्षित हैं। अगर देखा जाए तो आपदाओं की संख्या लगातार बढ़ रही है। ऐसा लगता है कि हमारा प्रकृति के साथ समन्वय व अंतःक्रिया कम हो रही है। पर्वतीय समाज अभूतपूर्व परिवर्तनों के दौर से गुजर रहे हैं। पलायन और शहरीकरण से ग्रामीण पर्वतीय क्षेत्रों का चेहरा तेज़ी से बदल रहा है। वैश्वीकरण और आधुनिकीकरण का यहाँ पर बड़ा प्रभाव पड़ा है। उनकी पहुँच दूरदराज के समुदायों तक है और इसका असर यह पड़ा हैं कि युवा लोगों की आकांक्षाएँ, उनके विचार अपने दादा-दादी से बहुत अलग हैं। पहाड़ के लोगों को जलवायु परिवर्तन के साथ-साथ

अन्य सामाजिक एवं पारिस्थितिक बदलावों से जूझना पड़ता है, उनमें से कई बाहरी दुनिया से वहाँ आए हैं। इस परिवर्तन का प्रभाव पहाड़ों से परे नदी-बेसिनों में दूर और भारी आबादी वाले मैदानों तक पहुँच जाएगा, और वैश्विक समुदाय के लिए यह निश्चित रूप से दुष्परिणाम लाएगा। इन अपार दबावों को देखते हुए, क्या यह संभव है कि जीवंत पर्वतीय समुदायों को बनाए रखने के लिए अनुकूलन और रूपांतरण किया जा सके जो एक स्वस्थ पर्वतीय वातावरण को बनाए रखेंगे? लेखक ऐसे ही सहयोग, समन्वय की अपेक्षा कर रहें है। महत्वपूर्ण हिमालयी संसाधनों का प्रबंधन करने के लिए क्षेत्रीय सदस्य देशों द्वारा हाथ मिलाने की तत्काल आवश्यकता है। आठ देशों की राष्ट्रीय सरकारों को हिमालय क्षेत्र के प्रति व्यापक दृष्टि रखते हुए संवहनीय पर्वतीय विकास के लिए कार्रवाई को लागू करने की आवश्यकता है। पिछले कुछ वर्षों के दौरान मैंने लेखक डॉ. रमेश पोखरियाल 'निशंक' के साथ हिमालयी राज्यों के मुख्यमंत्रियों के सम्मेलन, 2009, शिमला, जब वे उत्तराखंड के मुख्यमंत्री थे, के संदर्भ में और हिमालय पर संसदीय समिति के अध्यक्ष के रूप में और भारत सरकार के शिक्षा मंत्री के रूप में उनसे लंबी और विस्तृत बातचीत की है। पर्वतीय राज्यों के लिए ग्रीन बोनस, जी.ई.पी., हिमनद प्राधिकरण की स्थापना के लिए डॉ. निशंक ने एक व्यापक अभियान छेड़ा। यहाँ यह उल्लेखनीय है कि हिमालयी राज्यों को डॉ. निशंक के प्रयासों से आज ग्रीन बोनस मिल रहा है। ज्ञातव्य है कि हिमालयी राज्यों के मुख्यमंत्री कॉन्क्लेव, शिमला, 2010, में उत्तराखंड के मुख्यमंत्री के रूप में डॉ. निशंक ने पहली बार ग्रीन बोनस की बात उठाई थी।

डॉ. निशंक ने अपनी पुस्तक में स्पष्ट किया है कि पहाड़ के लोगों और एशिया के डाउनस्ट्रीम क्षेत्र में रहने वाले लोगों की पहचान और अस्तित्व हिमालयी क्षेत्र पर काफी निर्भर करता है। उनका कहना है कि हिमालय संपूर्ण विश्व के लिए विरासत है जो संस्कृति, सामाजिक और पारिस्थितिक प्रणालियों से समृद्ध है, जो पूरी मानव-जाति के लिए अनगिनत संसाधन और सेवाएँ प्रदान करती है। डॉ. निशंक का लंबा अनुभव रहा है। वे जन-जन से जुड़े हैं और पहाड़ों के दर्द को उन्होंने झेला है, इसी आधार पर वह ग्लेशियरों के बारे में अपनी चिंता सबसे साझा करते हुए इस महत्वपूर्ण क्षेत्र में अधिक शोध और अनुसंधान की आवश्यकता पर बल देते हुए संपूर्ण विश्व की संस्थाओं, हितधारकों से आपसी सहयोग की अपेक्षा करते हैं। वह इस बात पर जोर देते हैं कि हिमालय में

संवहनीय विकास की अवधारणा को धरातल पर उतारने के साथ ग्लेशियर पोषित नदियों के संरक्षण के संबंध में समयबद्ध कार्रवाई की तत्काल आवश्यकता है। लेखक का कहना है कि हिमालय की रक्षा के लिए, संवहनीय विकास लक्ष्यों की प्राप्ति के लिए सरकार के साथ लक्ष्यों को प्राप्त करने में स्थानीय संस्थाओं की और सामुदायिक भागीदारी महत्वपूर्ण होगी। अंत में, केंद्रीय शिक्षा मंत्री के रूप में लेखक ने भारत की हाल ही में विकसित 'नई शिक्षा नीति 2020' में पर्यावरण संरक्षण सहित अन्य अनेक महत्वपूर्ण और विश्व को एक नई दिशा देने वाले श्रेष्ठतम विषयों को प्राथमिकता देने के बारे में बात की, जो निश्चित रूप से विश्व के अन्य देशों के लिए आदर्श प्रस्तुत करेगी।

एक बात निश्चित रूप से उभरकर आती है कि हिमालय, प्रकृति और यहाँ के लोग हमेशा से ही डॉ. निशंक के मन-मस्तिष्क व विचारों में रहे हैं, और उनकी यह सोच, यही चिंता इस पुस्तक में स्पष्ट रूप से परिलक्षित होती है, जो ऐतिहासिक बन पड़ी है।

एकलव्य शर्मा
कुलपति, टेरी स्कूल ऑफ एडवांस स्टडीज, नई दिल्ली
अध्यक्ष, वैज्ञानिक सलाहकार समिति, गोविन्द वल्लभ पंत राष्ट्रीय हिमालयी पर्यावरण संस्थान
नीति सलाहकार तथा पूर्व उप महानिदेशक, अंतरराष्ट्रीय एकीकृत पर्वत विकास केंद्र,
काठमांडू (नेपाल)

हिमालयी हिमनद : हमारी जीवनरेखा

डॉ. निशंक का जन्म दुर्गम हिमालय के गढ़वाल क्षेत्र में हुआ । डॉ. निशंक पहली बार 1991 में कर्णप्रयाग से विधायक रहे। हिमालय डॉ. निशंक के लिए हमेशा से महत्वपूर्ण विषय रहा है, चाहे उत्तर प्रदेश की विधानसभा में उनकी विधायक के रूप में भूमिका रही हो, उत्तर प्रदेश में कैबिनेट मंत्री, उत्तराखंड के कैबिनेट मंत्री, मुख्यमंत्री, सांसद, संसदीय समिति के अध्यक्ष के रूप में या फिर भारत के शिक्षा मंत्री के रूप में, वे सदैव हिमालय संबंधी चिंतन में संलग्न रहे। डॉ. निशंक ने हिमालय से जुड़े मुद्दों पर परामर्श हेतु संलग्न संसदीय मंत्रियों की समिति का गठन कर चर्चा का मंच स्थापित किया। इस मंच के माध्यम से नियमित रूप से हिमालय के ज्वलंत मुद्दों और बहुपक्षीय पहलुओं को रेखांकित किया गया। उन्होंने दस हजार किलोमीटर की हिमालय के गाँव-गाँव की पैदल यात्रा कर ग्रामीण पर्वतीय क्षेत्र को समझने का प्रयास किया। डॉ. निशंक ने हिमनद प्राधिकरण, ग्रीन बोनस और ग्रॉस एनवायरन्मेंट प्रोडक्ट (GEP) जैसे महत्वपूर्ण विषयों को जनसाधारण से लेकर नीति-निर्माताओं तक पूरी ताकत के साथ पहुँचाने और उनके क्रियान्वयन की दिशा में हमेशा सक्रिय भूमिका निभाई है।

डॉ. निशंक ने दुनिया के कई शीर्षस्थ मंचों से हिमालय के महत्व और उसके संरक्षण के मुद्दों को नियमित रूप से उठाया है। वे अकसर कहते हैं, "हिमालय हमारा अस्तित्व है, भाल है और भारत का गौरव भी।" पूरे विश्व में हिमालय का अस्तित्व एक वैश्विक धरोहर के रूप में विद्यमान है। भविष्य के प्रति विश्वव्यापी स्तर पर विचार-विमर्श के पश्चात, प्रधानमंत्री जी की दूरदर्शिता

और उनकी आशाओं को पूरा करते हुए, डॉ. निशंक ने देश को नवीनतम, गुणवत्तापरक, समावेशी, मूल्याधारित एवं वैज्ञानिक शिक्षा नीति के निर्माण में महत्वपूर्ण नेतृत्व प्रदान किया है, जिसमें सभी हितधारकों की महत्वपूर्ण भूमिका रही। तेजी से बदलते हुए वैश्विक परिवेश में राष्ट्रीय शिक्षा नीति 2020 के माध्यम से स्वर्णिम भारत के निर्माण के लिए 130 करोड़ भारतीयों के प्रति, भारत के शिक्षा मंत्री होने के नाते डॉ. निशंक की एक सशक्त प्रतिबद्धता है। हमारा देश वैश्विक परिवेश में अपने आपको तभी स्थापित कर सकता है जब हम प्रकृति से पूर्ण सामंजस्य बनाकर रखें। हम तभी ज्ञानोपार्जित आधारित महाशक्ति (Knowledge Based Super Power) के सपने को साकार कर सकते हैं जब हमारा पर्यावरण स्वच्छ हो, हमारे संसाधन प्रदूषित न हों, सभी को आवश्यकतानुसार विभिन्न संसाधनों का उपयोजन करने का अवसर प्राप्त हो।

डॉ. निशंक अपनी विभिन्न रचनाओं के माध्यम से पहले भी प्रकृति के विभिन्न पक्षों एवं हिमालय के महत्व को जनमानस के सामने प्रस्तुत करते रहे हैं। उनकी यह पुस्तक 'हिमनद : मानव.जीवन का आधार' हिमालय के विभिन्न आयामों को रेखांकित करती हुई सरल एवं सुलभ मातृभाषा में जनमानस तक पहुँचाने की एक अनूठी पहल है जो निश्चित रूप से हिमालय के प्रति एक जागरूकता उजागर करेगी एवं हिमालय के उचित संरक्षण के प्रति स्नेह और कर्तव्यपरायणता की भावना उत्पन्न करेगी। डॉ. निशंक ने हमेशा से शाश्वत पारंपरिक ज्ञान, मानवीय मूल्यों को महत्व दिया है। उनका पूरा जीवन हिमालय और उसके सरोकारों के लिए समर्पित रहा है। उन्होंने हमेशा माना है कि प्रकृति से समन्वय संस्कृति है, जबकि प्रकृति का शोषण विकृति लाता है। संस्कृति हमें मूल्यों से समन्वय करना सिखाती है। हमारी संस्कृति ने युग-युगांतर से प्रकृति के विभिन्न तत्वों की पूजा पर बल दिया है एवं संरक्षण-संवर्द्धन सुनिश्चित करने का संदेश दिया है।

यह तभी संभव है जब हम अपने प्राकृतिक संसाधनों का संवहनीय उपयोग करेंगे। कहा भी गया है, 'प्रकृति अस्ति, वयं अस्तिः।' अर्थात, प्रकृति है तो हम हैं।

कालाचाँद साँइ

(एफ.एन.ए., एफ.ए.एस.सी., एफ.एन.ए.एस.सी.)

निदेशक, वाडिया हिमालय भूविज्ञान संस्थान, देहरादून

दिल की बात

जबसे होश सँभाला है तबसे अब तक हिमालय मेरे मन, मस्तिष्क, विचार, कर्म में हर पल मेरे साथ रहा है। बचपन से ही हिमालय के प्रति जबरदस्त आकर्षण रहा है। यह मेरा सौभाग्य है कि मेरा जन्म हिमालय की गोद में हुआ। संयोग यह रहा कि हिमालय जहाँ एक ओर मेरी जन्मभूमि रही वहीं चार दशकों से अधिक सार्वजनिक जीवन की कर्मभूमि भी रही है। सुदूरवर्ती, अपने गाँव के घनघोर जंगली रास्तों से मैं आठ किलोमीटर पैदल स्कूल आता-जाता था। कई बार मैं सोचता हूँ अगर मैंने जीवन में किसी एक विषय पर बोला होगा, चिंतन किया होगा, लिखा होगा, गुनगुनाया होगा तो वह निस्संदेह हिमालय ही रहा। प्रकृति से समन्वय का पहला पाठ मैंने यहीं पर पढ़ा। हिमालय के बारे में कई बार मैं सोचता हूँ तो लगता है कि हिमालय को केवल एक पर्वत-शृंखला के रूप में देखना उचित नहीं है। भले ही विश्व के लिए यह एक ऊँची चोटियों का समूह हो, लेकिन भारतीय उपमहाद्वीप में रहने वाले लोगों के लिए यह न केवल भारत माँ को सुशोभित करने वाला मुकुट है, बल्कि देवतुल्य है। यह क्षेत्र साहित्य, संगीत, नृत्य, स्थापत्य कला, चित्रकला, धर्म, अध्यात्म और साधना का महत्वपूर्ण केंद्र रहा है। चाहे अन्वेषक हों, सर्वेक्षक हों, सभी ने अपनी जान जोखिम में डालकर इसके विभिन्न पहलुओं को समझने की कोशिश की है। प्राकृतिक संपदा, खनिज, वनस्पति, पशु-पक्षी तथा और भी कितनी सारी पेचीदी गुत्थियाँ हिमालय में छुपी हुई हैं, कौन जाने! आज हिमालय कई स्वतंत्र प्रभुतासंपन्न देशों से जुड़ा हुआ है जो अपने राष्ट्रीय गौरव के बारे में संवेदनशील होते हुए हिमालय को एक चुनौतीपूर्ण क्षेत्र मानते हैं। यहाँ पर अध्यात्म, भक्ति, साधना तथा हिमालय में अपने अस्तित्व की खोज में संत, पर्यटक और वैज्ञानिक सदियों से आते रहे हैं। पर्यावरण प्रदूषण के कारण हिमालयी हिमखंडों का लगातार सिकुड़ना,

मौसम परिवर्तन द्वारा उनका अनियंत्रित पिघलना गंभीर चुनौती हैं। इससे एक ओर गंभीर जलसंकट हो सकता है वहीं इससे वर्ष 2013 की केदारनाथ आपदा, काठमांडू (नेपाल) त्रासदी, जम्मू-कश्मीर आपदा और हाल की ऋषि गंगा प्रोजेक्ट त्रासदी जैसी दुर्भाग्यपूर्ण घटना घटित होकर आगे भी जान-माल की भयंकर क्षति की आशंका है।

चाहे गाँव की सभा रही हो अथवा उत्तर प्रदेश या उत्तराखंड की विधानसभा हो या फिर भारतीय जनतंत्र के सबसे बड़े मंदिर हमारे संसद की बात हो सभी जगह मैंने हिमालय के महत्व को रेखांकित किया है। सर्वत्र यह बताने का विनम्र प्रयास किया है कि हिमालय से ही हमारा अस्तित्व है। हिमालय भारत का भाल, हमारा गौरव है और जब यह कहता हूँ तो पूरी शिद्दत से इसे महसूस भी करता हूँ। अनादि काल से हमारे ग्रंथों में, हमारे गीतों में, हिमालय को 'भारत का मुकुट' और 'प्रहरी' आदि उपनामों से पुकारा गया है। हिमालय की गोद में साहित्य, संस्कृति और विभिन्न कलाओं ने न केवल जन्म लिया है, बल्कि इसे पुष्पित-पल्लवित भी किया है। समाजशास्त्री और वैज्ञानिक समान रूप से हिमालय को एक अद्भुत प्रयोगशाला के रूप में जानते हैं, उस पर अध्ययन करते हैं। यह हिमालय ही है जो अपने हजारों हिमनदों का स्रोत होने से करोड़ों लोगों की क्षुधा और प्यास को दूर करता है। हिमालय के संबंध में और अधिक वैज्ञानिक विश्लेषण करने से पता चलता है कि इसकी गोद में अपार खनिज, वन एवं जल-संपदा है। यहाँ की मानव-संपदा का लोहा तो पूरा विश्व मानता है। आज भी भारत में शीर्ष पदों पर आसीन उत्तराखंड के लाल माँ भारती की सेवा में तत्पर हैं। हिमालय क्षेत्र में अनेक प्राकृतिक संसाधन हैं और इनमें सबसे महत्वपूर्ण है जल संसाधन। हिमालय को 'जल मीनार' के रूप में भी जाना जाता है। हिमनदों से ही करोड़ों लोगों को और उनके खेत-खलिहानों की सतत जलापूर्ति सुनिश्चित होती है।

भले ही आपने शायद कभी ग्लेशियर या बड़े पैमाने पर बर्फ के टुकड़े नहीं देखे हों, लेकिन जब हम दुनिया की पानी की आपूर्ति के बारे में बात करते हैं तो हमें विदित है कि हिमनद से ही हमें पेयजल और खेतों की सिंचाई हेतु पानी मिलता है। दुनिया के लगभग 10 प्रतिशत भूमि द्रव्यमान वर्तमान में ग्लेशियर और बर्फ के आवरण से ढके हुए हैं; ज्यादातर ग्रीनलैंड और अंटार्कटिका जैसी जगहों पर हैं। ग्लेशियर पृथ्वी के जल चक्र में महत्वपूर्ण विशेषता है और उन

क्षेत्रों में अपवाह की मात्रा, परिवर्तनशीलता और जल गुणवत्ता को ये प्रभावित करते हैं जहाँ वे होते हैं। एक तरह से, ग्लेशियर बर्फ की निचली नदियों से नीचे की ओर बह रहे हैं। हिमनद बर्फ के रूप में जीवन शुरू करते हैं। जब एक क्षेत्र में बर्फबारी पिघलने की दर से अधिक हो जाती है, तो ग्लेशियर बनने लगते हैं। संचित बर्फ का वजन बर्फ में गिरी बर्फ को संकुचित करता है। बर्फ की ये 'नदियाँ' जबरदस्त रूप से भारी होती हैं, और यदि वे ऐसी जमीन पर हों, जिसमें ढलान हो तो पूरी बर्फ का टुकड़ा धीरे-धीरे नीचे की ओर गिरता है। ये ग्लेशियर आकार में काफी भिन्न हो सकते हैं, फुटबॉल के मैदान के आकार के पैच से लेकर सौ मील (161 किलोमीटर) तक के बर्फ के पैच तक। ग्लेशियर यानी हिमनद विस्तृत भू-भाग पर फैले हुए बर्फ के टुकड़े को कहते हैं।

जब हम दुनिया के पानी की आपूर्ति के बारे में बात करते हैं तो ग्लेशियर पानी के एक बड़े स्रोत हैं। दुनिया के लगभग 10 प्रतिशत भूमि द्रव्यमान वर्तमान में ग्लेशियरों से ढके हुए हैं; ज्यादातर ग्रीनलैंड और अंटार्कटिका जैसी जगहों पर हैं। आप एक हिमनद को एक जमे हुए नदी के रूप में सोच सकते हैं, और नदियों की तरह वे डाउनहिल में प्रवाह करते हैं। विशालकाय हिम द्रव्यमान उच्चतम पर्वत शिखरों से नीचे की ओर आते हैं और पृथ्वी के जल-चक्र में अपने पानी को स्थानांतरित करते हैं। यह हो सकता है हममे से बहुत-से लोगों ने कभी ग्लेशियर या बड़े पैमाने पर बर्फ के खंड नहीं देखे हों, लेकिन जब हम दुनिया की पानी की आपूर्ति के बारे में बात करते हैं तो यह निश्चित है कि हिमनदों के बिना जीवन की कल्पना करना कठिन है। ग्लेशियर पृथ्वी के जल-चक्र में महत्वपूर्ण भूमिका निभाते हैं। ग्लेशियर क्षेत्रों में अपवाह की मात्रा, परिवर्तनशीलता और जल गुणवत्ता को प्रभावित करते हैं। हिमनदीय बर्फ की आयु सैकड़ों से हजारों साल तक हो सकती है। यह जलवायु अनुसंधान कें लिए मूल्यवान धरोहर हैं। एक दीर्घकालिक जलवायु रिकॉर्ड देखने के लिए, वैज्ञानिक ग्लेशियरों और बर्फ की चादर से महत्वपूर्ण जानकारियाँ निकाल लेते हैं। पेरू, कनाडा, ग्रीनलैंड, अंटार्कटिका, यूरोप और एशिया सहित दुनिया भर के वैज्ञानिक इस कार्य में जुटे हैं। ग्लेशियर से हम बीते समय की घटनाओं व पुनर्निर्माण प्रक्रिया को देख सकते हैं कि कब, कैसे और क्यों जलवायु बदल गया है, और यह भविष्य में कैसे बदल सकता है। एक ग्लेशियर के लिए अपने टर्मिनस के पास मेल्ट वाटर की एक छोटी-सी झील होती है। अत्यधिक पिघलने या असामान्य रूप से तेजी

से पिघलने से इन झीलों को ओवरफ्लो से बाढ़ की स्थिति बन जाती है। इन्हें हिमनद झील प्रस्फुटन द्वारा जनित बाढ़ कहा जाता है।

मैंने विभिन्न मंचों पर इस बात पर सदैव जोर दिया है कि हिमालय का संवहनीय विकास हिमनदों के संरक्षण के बगैर असंभव है।

वर्ष 2010 में एक विचार मन में आया और हमने महसूस किया कि हिमालय में आर्थिक-सामाजिक विकास की अवधारणा को क्रियान्वित करने हेतु एक समर्पित तंत्र और स्तरीय ढाँचे की आवश्यकता है। इसी क्रम में हमने यह प्रस्तावित किया कि हिमालय से जुड़े सभी हितधारकों के मध्य हिमालय पर चिंतन, नीति-निर्माण एवं क्रियान्वयन का समर्पित, जवाबदेह और पारदर्शी तंत्र हो। इसी क्रम में हिमालय के समग्र विकास की चिंता को लेकर वर्ष 2010 में हमने 'हिमालय दिवस' को मनाने का संकल्प लिया।

उम्मीद यह है कि इस तंत्र को विकसित कर हिमालय की पारिस्थितिकी से जुड़े सभी हितधारकों की आशाओं-अपेक्षाओं के साथ न्याय करते हुए हिमालय में सतत विकास संभव हो सके। हिमालय दिवस प्रतिवर्ष 9 सितंबर को पूरे उत्साह से मनाया जाता है। गत वर्ष के हिमालय दिवस में हिमालय क्षेत्र से जुड़े मंत्रियों, श्री किरण रिजिजू, श्री अनुराग ठाकुर, श्री जितेंद्र प्रसाद जी, के अलावा प्रधानमंत्री जी के सलाहकार, नीति आयोग के उपाध्यक्ष एवं सदस्यगण, चीफ ऑफ डिफेंस स्टाफ, राष्ट्रीय सुरक्षा सलाहकार श्री डोभाल सहित कई विश्वविद्यालयों के कुलपति आदि गणमान्य व्यक्ति शामिल थे।

यह मेरा सौभाग्य रहा है कि मैं उत्तराखंड हिमालय में गाँव-गाँव घूमा हूँ। मुझे देश-विदेश के कई हिमालयी क्षेत्रों के भ्रमण करने का अवसर मिला। मैंने ग्रामीण उत्तराखंड के हिमनदों को, हिमालय के संसाधनों को, पर्वतीय क्षेत्र की मानसिकता को समझने का प्रयास किया। सार्वजानिक, प्रशासनिक जीवन में जो अनुभव हुए उन्हें सबसे साझा किया। हिमालय से जुड़े मुद्दों पर परामर्श करने हेतु हिमालय से जुड़े जनप्रतिनिधियों से नियमित रूप से विचार-विमर्श हुआ; हिमालय की संवेदनशीलता की बातें सबसे साझा कर जनजागरूकता फैलाने में सफलता पाई। आज आवश्यकता इस बात की है कि हिमालय से जुड़े सभी हितधारक एक मंच पर आकर सुनियोजित विकास के लिए समन्वय स्थापित करें।

पर्यावरण की रक्षा के लिए हम सबको संकल्पित होना पड़ेगा। किसी भी बड़े संकल्प की सिद्धि के लिए आज की युवा पीढ़ी की प्रतिबद्धता अत्यंत

आवश्यक है। यह संयोग है कि 34 वर्षों बाद हम एक ऐसी गुणवत्तापरक, नवाचारयुक्त शिक्षा नीति लाए हैं जो भारत को वैश्विक प्रतिस्पर्धा के लिए तैयार करेगी और हर चुनौती से सकारात्मक रूप से मुकाबल करेगी।

मुझे इस बात की अत्यंत प्रसन्नता है कि अपने प्रधानमंत्री के मार्गदर्शन में नयी शिक्षा नीति निर्माण में हमने विश्व का वृहद्तम व्यापक परामर्श किया, जिसमें सभी हितधारकों की महत्वपूर्ण भूमिका रही है। बदलते वैश्विक परिवेश में राष्ट्रीय शिक्षा नीति के माध्यम से स्वर्णिम भारत-निर्माण के लिए हम प्रतिबद्ध हैं। भारत वैश्विक परिवेश में अपने आपको तभी स्थापित कर सकता है जब हम प्रकृति से पूर्ण सामंजस्य बनाकर रखें। मुझे सबसे अच्छी बात यह लगी कि राष्ट्रीय शिक्षा नीति भारत को नॉलेज बेस्ड सुपर पॉवर अर्थात ज्ञान आधारित महाशक्ति बनाने में सक्षम होगी, जिसमें पर्यावरण का रक्षण मुख्य मुद्दा है। हम अपने विद्यार्थियों को जागरूक कर रहे हैं कि पर्यावरण की रक्षा एवं अन्य संसाधनों के संरक्षण के बगैर हमारा भविष्य उज्ज्वल नहीं हो सकता।

'भारत' और 'इंडिया' के बीच के अवरोध को समाप्त करते हुए हमने भारत के विश्वबंधुत्व वाली मानवतावादी दृष्टिकोण को अंगीकृत करते हुए इस शिक्षा नीति के माध्यम से अपनी नीति को जहाँ आधुनिक ज्ञान-विज्ञान और प्रौद्योगिकी से लैस किया है वहीं भारत के शाश्वत मूल्यों और संस्कारों से युक्त भी बनाया है, ताकि हमारी युवा पीढ़ी न केवल सुशिक्षित हो, बल्कि सुसंस्कारित भी हो। जहाँ प्रौद्योगिकी और नवाचार से वैश्विक प्रतिस्पर्धा के लिए हम अपनी युवा पीढ़ी को तैयार कर रहे हैं, वहीं दूसरी ओर, हम उन्हें वैश्विक नागरिक बनाकर जलवायु परिवर्तन के खतरों से निपटने के लिए भी तैयार कर रहे हैं।

हिमनदों के संरक्षण के साथ हिमालय के संवहनीय विकास के लिए आज मिशन मोड पर पहल की आवश्यकता है। यह सब वर्तमान आर्थिक, सामाजिक व राजनैतिक परिस्थितियों में संभव है। प्रधानमंत्री मोदी जी का हिमालय से प्रेम हमें नयी ऊर्जा देता है। आज से पहले यह तीनों पक्ष स्वतंत्र रूप से हिमालय के प्रति गंभीर जरूर थे, पर परिणाम उतने प्रभावी नहीं निकले। इसका मुख्य कारण आपसी तालमेल के साथ सोचने का अभाव रहा। हिमालय सबके साथ है व सबका है इसलिए एक साथ मिलकर ही सोचना होगा। अबकी बार इस सोच के साथ ही हिमालय चिंतन की नींव रखी जानी चाहिए। आज हम कह सकते हैं, 'सबके हाथ, हिमालय के साथ'। मुझे लगता है कि हिमालय से आने वाला

हर एक व्यक्ति इस बात को भलीभाँति से समझ सकता है कि अगर हिमालय से छेड़छाड़ नहीं रुकी तो प्रकृति हमें माफ नहीं करेगी।

हिमनद का विषय मेरे दिल के बेहद करीब रहा है। सच्चाई यह है कि इस किताब को लिखने का विचार वर्ष 2010 में आया था। शुरुआत के कुछ पन्ने लिखे, पर अन्य कार्यों में व्यस्तता बढ़ने के कारण इस महत्वपूर्ण प्रोजेक्ट में देरी हो गई। देरी से ही सही, हिमनदों पर मेरा यह कार्य पूर्ण हुआ, इसका मुझे संतोष है। हिमनदों पर लिखते समय अत्यंत विनम्रता से मैं यह कहना चाहता हूँ कि न मैं विज्ञान का विद्यार्थी हूँ, न हिमनदों से जुड़ा कोई विशेषज्ञ, परंतु हिमालय से अत्यंत नजदीकी से जुड़े होने के कारण मैंने हिमालय के विभिन्न पहलुओं का अत्यंत गहराई से अध्ययन किया है। सिविल सोसाइटी, गैर-सरकारी संगठन के लोगों से लंबी परिचर्चा की; हिमालय से जुड़े वैज्ञानिकों, प्रोफेसरों से, सामाजिक विशेषज्ञों से, आध्यात्मिक क्षेत्र से जुड़े लोगों से समय-समय पर व्यापक मंथन किया। मैं हिमनद शोध के क्षेत्र में महत्वपूर्ण कार्य करने वाले डॉ. डी. पी. डोभाल का विशेष रूप से आभारी हूँ, जिन्होंने समय-समय पर उपयोगी सुझाव दिए। मैं हृदय से भारतीय वन्यजीव संस्थान की वैज्ञानिक, डॉ. रुचि बड़ोला एवं उनकी टीम; वाडिया हिमालय भूविज्ञान संस्थान के निदेशक, डॉ कालाचाँद साँइ एवं उनके साथ जुड़े समस्त वैज्ञानिकों तथा डॉ. राजेश नैथानी का आभार प्रकट करता हूँ, जिनसे समय-समय पर सार्थक चर्चा होती रही और उन्होंने कई महत्वपूर्ण सुझाव भी दिए।

पर्यावरण के मुद्दों पर परामर्श करने हेतु हिमालय से जुड़े सांसदों एवं मंत्रियों का नेटवर्क बनाकर हिमालय पर चर्चा का एक मंच बनाया गया, जिसमें नियमित रूप से विचार-विमर्श हुआ। दस हजार से अधिक किलोमीटर की यात्रा कर ग्रामीण उत्तराखंड के पर्वतीय क्षेत्र को समझने का प्रयास किया। हिमालय के संदर्भ में सार्वजनिक, प्रशासनिक जीवन में जो अनुभव हुए उन्हें इस पुस्तक में आपने पाठकों के समक्ष रखने का विनीत प्रयास किया है। देश-विदेश की यात्रा के दौरान मेरा सदैव से यह प्रयास रहा है कि हिमालय से जुड़े लोगों से कुछ नयी बातें सीखूँ और उनसे अपने अनुभव साझा करूँ। अपने अनुभवों के आधार पर, अपने अध्ययन के आधार पर हिमनदों से जुड़ी यह पुस्तक आपको इस उम्मीद से समर्पित कर रहा हूँ कि हमेशा की तरह आपका स्नेह मिलता रहेगा।

–रमेश पोखरियाल 'निशंक'

हिमालय भवन
27, सफदरजंग रोड, नई दिल्ली

1

महान हिमालय : प्रकृति की अद्भुत संरचना

हिमालय को 'भारत का भाल' कहा जाता है, जो हमारी सीमाओं पर एक सजग प्रहरी के रूप में विद्यमान है। जिसने एक प्रभावकारी ढाल की भाँति ही सदैव हमारी रक्षा की है, फिर चाहे वह दुश्मनों के हमले हों, मौसम चक्र को नियंत्रित कर गर्म हवाओं के थपेड़े हों या शीत हवाओं से सुरक्षा का सवाल हो, हिमालय के ऊँचे शिखर सदियों से भारत के रक्षक के रूप में हर मोर्चे पर अडिग रहकर तैनात रहे हैं।

एक ओर जहाँ महान हिमालय ने शुद्ध वायु द्वारा प्राणी जगत को कृतार्थ किया है, वहीं पृथ्वी पर जीवन हेतु नितांत आवश्यक पीने योग्य शुद्ध जल को मीठे पानी के संग्रहीत भंडार के रूप में संरक्षित कर एक महत्वपूर्ण योगदान दिया है (बंद्योपाध्याय, 2013)।

भारतीय हिमालयी क्षेत्र, जो हिंदूकुश हिमालय का ही एक हिस्सा है तथा आठ देशों—अफगानिस्तान, बाँग्लादेश, भूटान, चीन, म्याँमार, नेपाल और पाकिस्तान तक फैला है, एक वैश्विक महत्व का क्षेत्र है। यह क्षेत्र एशियाई नदी प्रणालियों को बनाए रखने में महत्वपूर्ण योगदान देता है और एक बड़ी आबादी को महत्वपूर्ण पारिस्थितिकी तंत्र सेवाएँ तथा आजीविका प्रदान करता है (वेस्टर, 2019)। जम्मू-कश्मीर, उत्तराखंड, हिमाचल प्रदेश, मणिपुर, अरुणाचल प्रदेश, मेघालय, मिजोरम, नगालैंड, सिक्किम, त्रिपुरा और असम आदि 11 राज्यों में

फैले भारतीय हिमालयी क्षेत्र की कुल लंबाई 2,500 कि.मी. तथा चौड़ाई 250 से 300 कि.मी. तक है (नीति आयोग)। हिमालय, जिसे 'एशिया की जल मीनार' भी कहा जाता है, विश्व की सबसे ऊँची, सबसे कम उम्र की और सक्रिय पर्वत शृंखलाएँ हैं जो सिंधु घाटी के दक्षिणी भाग से पश्चिम में नंगा पर्वत और पूर्व में नमचा बरवैन तक फैला है (डिमरी एवं एलेन, 2020; रॉय, 2014)।

हिमालय 'एशिया का वाटर टॉवर' भी कहलाता है तथा प्रत्यक्ष एवं परोक्ष रूप में यह करोड़ों लोगों का भरण-पोषण करता है। इस विशाल पर्वत-शृंखला का फैलाव भारत, पाकिस्तान, नेपाल, भूटान, चीन व कई अन्य छोटे-बड़े देशों तक है। यह पर्वत तंत्र भारतीय उपमहाद्वीप को मध्य एशिया और तिब्बत से अलग करता है। विश्व की अनेकों जीवनदायिनी नदियों, जैस–सिंधु, गंगा, ब्रह्मपुत्र एवं यांग्त्से सभी का उद्‌गम हिमालय से ही हुआ है। भारत सहित अन्य देशों की जल संबंधी आवश्यकताओं की पूर्ति के लिए हिमालय सबसे प्रमुख स्रोत है (बहादुर, 1993)।

विभिन्न आर्थिक, पर्यावरणीय व प्राकृतिक कारकों की वजह से हिमालय पर्वत संपूर्ण विश्व के लिए अत्यधिक महत्वपूर्ण है। इसका एक कारण यह भी है कि अन्य ध्रुवीय क्षेत्रों के बाद यही एक ऐसा हिमाच्छादित क्षेत्र है, जो विश्व की जलवायु को प्रभावित करने की क्षमता रखता है (यादव, 2017)। मुझे ध्यान है दुबई में एक अंतरराष्ट्रीय सम्मेलन में मैंने हिमालय की तुलना भगवान शंकर से की थी। अमृत मंथन के समय जैसे भगवान शंकर ने विष पी लिया था वैसे ही हिमालय सारी विषैली गैसों को स्वयं में सोखकर सबको प्राणवायु देता है।

हिमालय की पर्वत श्रेणियाँ मानसूनी हवाओं के मार्ग में अवरोध बनकर क्षेत्र में वर्षा का कारण बनती हैं जो कि एक बड़े भू-भाग की अर्थव्यवस्था व पर्यावरण को काफी हद तक प्रभावित करती है। हिमालय पर भरपूर वर्षा होने की वजह से छोटी-बड़ी नदियाँ व नाले ढलानों की ओर तीव्र गति से बहने लगते हैं। आगे चलकर यही बड़ी नदियों का रूप धारण करते हैं, जो सिंचाई और पीने के अतिरिक्त विद्युत उत्पादन हेतु उपयोग में लाए जाते हैं।

हिमालयी क्षेत्रों से हमें अमूल्य वन संसाधनों की प्राप्ति होती है जिससे देश की अर्थव्यवस्था को लाभ पहुँचता है। हिमालय के निचले ढलानों के भू-भाग मुलायम घासयुक्त मैदानों के रूप में फैले हैं जो कि स्थानीय लोगों के लिए चरागाह के रूप में अत्यधिक महत्वपूर्ण हैं। हिमालय पर बेशकीमती जड़ी-बूटियाँ

तथा औषधीय पादप पाए जाते हैं जो कि विश्व के अन्य भू-भागों में नहीं पाए जाते हैं। यहीं आयुर्वेद का जन्म भी हुआ, जिस आयुर्वेद ने विश्व के मानव के स्वास्थ्य की रक्षा की है।

पशुओं के लिए चरागाह के रूप में भी हिमालय एक प्रमुख स्रोत है। इसके विभिन्न पारिस्थितिकी क्षेत्र अनेक प्रकार के अनाजों, फलों एवं फूलों की खेती के लिए महत्वपूर्ण हैं। यहाँ तक कि विभिन्न स्थानों पर विशेष प्रकार के नमक तथा बहुमूल्य चूना पत्थर के स्रोत के रूप में भी हिमालय बहुत ही उपयोगी है। हिमालय अद्भुत खनिज संपदा का केंद्र है।

हिमालय पर्वत अपनी समृद्ध जैवविविधता के कारण पूरे विश्व के लिए अत्यधिक महत्वपूर्ण है। इसके कुछ प्रमुख क्षेत्र, फूलों की घाटी व अरुणाचल में पूर्वी हिमालयी क्षेत्र संपूर्ण विश्व की जलवायु को प्रभावित करने का काम करते हैं। हिमालय में उगने वाली वनस्पतियाँ, पेड़-पौधे और वहाँ पाए जाने वाले जीव-जंतुओं की विविधता वहाँ की मिट्टी, जलवायु, वर्षा आदि ऊँचाई के अनुसार बदलती रहती है। इस क्षेत्र की जलवायु का वैश्विक प्रभाव रहता है, यही कारण है कि हिमालय पर स्थित हिमनदों को पूरे विश्व में जलवायु परिवर्तन के प्रमुख संकेतकों के रूप में देखा जाता (स्वेन, 2020)।

पर्यटन के क्षेत्र में भी हिमालय की उपयोगिता को नकारा नहीं जा सकता। इस युग की भागदौड़ भरी व्यस्त जीवन-शैली के कारण होने वाले तनाव व संपूर्ण विश्व में बढ़ते प्रदूषण स्तर के दुष्प्रभावों से विश्व भर के मनुष्य हिमालय के प्राकृतिक सौंदर्य, शांत परिवेश तथा ठंडी व शुद्ध आबोहवा में कुछ समय बिताना चाहते हैं (अकिहितो, 2017)।

हिमालय का भारतीय हिस्सा लगभग 5 लाख वर्ग कि.मी. (देश के कुल भौगोलिक क्षेत्र का लगभग 16.2%) क्षेत्र में फैला हुआ है, तथा देश की उत्तरी सीमा को बनाता है। हिमालय की पारंपरिक परिभाषा पर्वतों की वह महान शृंखला है जो चीन, तिब्बत से उत्तर-मध्य और उत्तर-पूर्वी सीमा के साथ, भारत को अलग करती है, और अक्षांश 26°20 और 35°40 उत्तर, तथा पूर्व में 74°50 तथा 95°40 के बीच फैली हुई है। भारतीय हिमालयी क्षेत्र (IHR) 10 राज्यों (प्रशासनिक क्षेत्रों)—जम्मू और कश्मीर, हिमाचल प्रदेश, उत्तराखंड, सिक्किम, अरुणाचल प्रदेश, मेघालय, नगालैंड, मणिपुर, मिजोरम तथा त्रिपुरा राज्यों के पहाड़ी क्षेत्रों तक फैला हुआ है। भारतीय गणराज्य असम और पश्चिम बंगाल,

दक्षिण में शिवालिक पहाड़ियों की तलहटी से शुरू होकर उत्तर में तिब्बत के पठार तक फैला हुआ है। ट्रांस हिमालय, जिसमें देश के लगभग 95 जिले शामिल हैं, राष्ट्र की संपूर्ण उत्तरी सीमा (उत्तर-पश्चिम से उत्तर-पूर्व) की सामरिक स्थिति पर है, तथा भारत की लगभग सात देशों की अंतरराष्ट्रीय सीमाओं को छूता है। यह भारत के कुल भौगोलिक क्षेत्र का लगभग 16.2% हिस्सा है, और अधिकांश क्षेत्र बर्फ से ढकी चोटियों, उच्च हिमालयी हिमनदों, मध्य हिमालय के घने वनों के आवरण द्वारा आच्छादित है (GBPIHED)। अकेले भारतीय हिमालयी क्षेत्र (IHR) में लगभग 50 लाख से ज्यादा लोग निवास करते हैं (नीति आयोग)। (IHR) अपनी भौगोलिक स्थिति तथा बुनियादी ढाँचे के विकास के कारण राष्ट्रीय आँकड़ों की तुलना में एक क्षीण एवं बिखरी हुई मानव-आबादी को दर्शाता है लेकिन विकास-दर का औसत, राष्ट्रीय विकास औसत दर की तुलना में बहुत अधिक है (GBPIHED)। उत्तर-पश्चिम और दक्षिण-पूर्व की तरफ भारतीय भूमि के उत्तर में हिमालय पर्वत प्रणाली की धनुषाकार आकृति अपने उच्च ऊँचाई वाले क्षेत्रों में ध्रुवीय क्षेत्रों के अतिरिक्त ग्लेशियरों की सबसे ज्यादा सघनता में से एक है। इन जमे हुए जलाशयों से बारहों महीने बर्फ पिघलती रहती हैं, जिनके जल को तीन प्रमुख हिमालयी नदी प्रणालियों के जलग्रहणों और जलोढ़ मैदानों में सिंचाई, जलविद्युत उत्पादन, जैव संसाधनों के उत्पादन एवं पेयजल आपूर्ति को पूरा करने के लिए उपयोग में लाया जाता है। इसके अतिरिक्त, इन ग्लेशियरों की सीमा में बदलाव को पृथ्वी की प्रणाली तंत्र के जलवायु परिवर्तनों का एक संवेदनशील संकेतक माना जाता है। इन नदी प्रणालियों में जल संसाधनों की योजनाओं और जलवायु परिवर्तन के प्रभाव को समझने के लिए इन ताजे जल संसाधनों के लिए सुनियोजित मानचित्रण और निगरानी की आवश्यकता है (बहुगुणा, 2014)।

हिमालय पर विश्व प्रसिद्ध तीर्थस्थल, जैसे—वैष्णो देवी, केदारनाथ, बद्रीनाथ, गंगोत्री, यमुनोत्री, ज्वालाजी आदि भी हैं, जहाँ पर तीर्थयात्रा के दौरान असंख्य श्रद्धालु आते हैं। यात्री इन तीर्थ स्थानों की प्राकृतिक सुंदरता देखकर मंत्रमुग्ध हो जाते हैं। धार्मिक स्थलों पर पर्यटकों की निरंतर बढ़ती संख्या ने स्थानीय निवासियों के लिए रोजगार सृजित करने का कार्य किया है (बड़ोला, 2018)।

देशी तथा विदेशी पर्यटकों के वर्ष भर आगमन से क्षेत्र में पर्यटन की संभावनाएँ भी बढ़ गई हैं, पर्यटकों की संख्या में लगातार वृद्धि होने से साहसिक

खेलों, जैसे पैराग्लाइडिंग, रिवरराफ्टिंग, गोताखोरी, माउंटेन ट्रैकिंग, पर्वतारोहण व बर्फ से ढकी ढलानों में स्कीइंग आदि खेलों हेतु सुविधाएँ उपलब्ध कराए जाने से बड़ी संख्या में रोजगार में वृद्धि हुई है।

सामरिक दृष्टि से हिमालय पर्वत का विशेष महत्व है। भारत का पाकिस्तान तथा चीन के साथ सीमा-विवाद हिमालय क्षेत्र में आज भी बना हुआ है। नेपाल देश के अपनी बफर स्टेट की स्थिति को सुरक्षित बनाए रखने के पीछे भी हिमालय की उच्च भूमि ही प्रमुख कारण है।

बर्फ से भरपूर हिमालय, विश्व में तीसरे नंबर पर सबसे बड़ा क्षेत्र है। अंटार्कटिका एवं आर्कटिक के बाद इसका नाम आता है। इस अद्भुत पर्वत की शृंखलाएँ 1,500 हिमनदों को घेरे हुए है, जिन पर लगभग 1,200 कि.मी. तक स्वच्छ जल संग्रहीत है।

तात्पर्य यह है कि महान हिमालय सदियों से प्राणी जगत की विभिन्न आवश्यकताओं की पूर्ति का केंद्र होने के साथ ही रक्षक रूप में भी प्रेरणा का स्रोत बना हुआ है।

हिमालय की अनुपम छटा बिखेरती पर्वत-श्रेणियाँ

हिमालय पर लगभग 50 पर्वत शिखर मौजूद हैं जिनकी औसत ऊँचाई 7,200 मीटर तक है। विश्व प्रसिद्ध चोटी माउंट एवरेस्ट, जिसे सागरमाथा भी कहा जाता है, सहित इस पर्वत शृंखला पर कई उच्चतम चोटियाँ स्थित हैं।

विश्व के सर्वोच्च शिखरों में से 15 हिमालय पर्वत श्रेणियों के भीतर ही मौजूद हैं। इस पर्वत की श्रेणियों का विस्तार अधिकांशतः चीन में है।

1. **माउंट एवरेस्ट**–8,849 मीटर की उच्चतम ऊँचाई लिये हुए एवरेस्ट पर्वत विश्व का सबसे ऊँचा पर्वत शिखर माना जाता है। पूर्व में माउंट एवरेस्ट को 'एक्स वी' नाम से भी जाना जाता था। तब इस श्रेणी की ऊँचाई मापने पर यह 8,840 मीटर (29,002 फीट) पायी गई थी। नेपाल देश में इस पर्वत को स्थानीय भाषा में सागरमाथा (समुद्र का मुकुट) कहा जाता है, वहीं तिब्बत में इसे चोमोलंगमा (पर्वतों की रानी) नाम से जाना जाता है (यंग हसबैंड, 2019)।

2. **कंचनजंगा**–यह विश्व की तीसरी सबसे ऊँची पर्वत श्रेणी है, जिसकी ऊँचाई लगभग 8,586 मीटर (28,169 फीट) है, जो कि भारत में दार्जिलिंग

से 74 किलोमीटर उत्तर-पश्चिमोत्तर की ओर स्थित है। यह भारत में एक हिमालयी पर्वत श्रेणी से लगा हुआ है। कंचनजंगा पर्वत का आकार एक विशालकाय सलीब के रूप में दिखाई पड़ता है, जिसकी चार भुजाएँ उत्तर, पश्चिम, पूर्व व दक्षिण दिशा में स्थित है (राय, 2018)।

3. **कैलाश पर्वत**–हिमालय की यह पर्वत श्रेणी तिब्बत (चीन) में स्थित है। इसकी ऊँचाई 6,638 मीटर (21,778 फीट) है। इस पर्वतमाला का फैलाव भारत में कश्मीर से लेकर भूटान तक है। ल्हा-चू और झोंग-चू के मध्य में कैलाश पर्वत है, जिसके उत्तरी शिखर को छोटा कैलाश नाम से जाना जाता है। एक विराट शिवलिंग की आकृति के रूप में यह शिखर सदैव हिमाच्छादित रहता है। कैलाश पर्वत को शिव का गृह क्षेत्र माना गया है। अतः इस श्रेणी की परिक्रमा का विशेष महत्व माना जाता है। इसके पश्चिम तथा दक्षिण में विश्व प्रसिद्ध कैलाश मानसरोवर तथा राक्षसताल झील भी है। इसी स्थान से ब्रह्मपुत्र, सिंधु, सतलुज आदि जैसी कई महत्वपूर्ण जीवनदायिनी नदियाँ निकलती है (हीन, 2001)।

4. **नंगा पर्वत**–विश्व की नौवीं सबसे ऊँची चोटी के रूप में नंगा पर्वत का नाम दर्ज है, जिसकी ऊँचाई 8,126 मीटर (26,660 फीट) के करीब है। पूर्व में इस पर्वत पर चढ़ाई करना कई लोगों के लिए खतरनाक साबित हुआ है, इसीलिए इसको विश्व में खतरनाक पर्वत के रूप में भी जाना जाता है। नंगा पर्वत नाम की यह श्रेणी गिलगित-बाल्टिस्तान, पाकिस्तान द्वारा नियंत्रित क्षेत्र में आती है, जिसको भारत द्वारा अपना क्षेत्र माना जाता है। स्थानीय भाषा में इसको तिब्बतियन नाम डियमोर या डियोमीर के नाम से भी जाना जाता है (यिन, 1949)।

5. **के–2**–पाकिस्तान अधिकृत कश्मीर के गिलगित-बाल्टिस्तान क्षेत्र व चीन द्वारा नियंत्रित शिनजिआँग प्रदेश की सीमा पर काराकोरम पर्वतमाला की बाल्तोरो मुजताग उपश्रृंखला में स्थित यह श्रेणी (के-2) 8,611 मीटर की ऊँचाई लिये हुए है। ये माउंट एवरेस्ट के बाद विश्व की दूसरी सबसे ऊँची पर्वत चोटी है, जो कि बेहद सुंदर व दर्शनीय है (पोरेट्टिएट, 2000)।

6. **ल्होत्से**–एवरेस्ट के दक्षिण घाटी से जुड़ा हुआ और कंचनजंगा के बाद विश्व के चौथे सबसे ऊँचे इस शिखर की ऊँचाई 8,516 मीटर (27,940 फीट) है। ल्होत्से शिखर के आस-पास दो शिखर मध्य या पूर्वी ल्होत्से, जिसकी ऊँचाई 8,414 मीटर या 27,605 फीट है तथा ल्होत्से शार, जिसकी ऊँचाई 8,383 मीटर या 27,503 फीट है (डिकी, 1985)।

7. **मकालू**–विश्व की पाँचवीं सबसे ऊँची इस चोटी की ऊँचाई 8,481 मीटर या 27,825 फीट है। एवरेस्ट से 19 कि.मी. दक्षिण-पूर्व में स्थित अलग-थलग पड़ा यह शिखर एक चार मुखी पिरामिड के समान दिखाई पड़ता है। महालंगूर हिमालय में नेपाल/तिब्बत, चीन सीमा पर स्थित यह शिखर चीनी भाषा में 'मकारू' कहलाता है (बुराई, 1904)।

8. **छो ओयू**–नेपाल और तिब्बत की सीमा पर खड़ा पर्वत तिब्बती भाषा में चोयू या चो ओयु नाम से जाना जाता है। यह 8,188 मी. (26,864 फीट) की ऊँचाई लिये हुए है। एवरेस्ट चोटी से 20 कि.मी. पश्चिम में स्थित यह पर्वत हिमालय की महालंगूर हिमाल भाग के खुम्बु उपभाग का पश्चिमी शिखर है, जिसके निकट पश्चिम दिशा में 5,716 मीटर (18,753 फीट) की ऊँचाई पर 'नांगपा ला' दर्रा है, जो कि हिमालय पर खुम्बु और रोलवालिंग भागों का विभाजन करता है। यह तिब्बती लोगों और खुम्बु क्षेत्र के शेरपाओं के मध्य का मुख्य व्यापारिक मार्ग भी है। चो ओयू शिखर को विश्व की छठी सबसे ऊँची पर्वत चोटी में गिना जाता है।

9. **मनास्लु**–विश्व में आठवाँ सबसे ऊँचा यह शिखर 8,163 मीटर की ऊँचाई पर है जो कि नेपाल देश के गोरखा जिले में स्थित है। नेपाल हिमालय के एक भाग मानसिरी हिमाल मनास्लु नेपाल का पश्चिमी मध्य भाग है।

10. **नंदा देवी पर्वत**–नंदा देवी पर्वत चोटी हिमालय पर्वत श्रृंखला में उत्तराखंड राज्य में पूर्व में गौरी गंगा तथा पश्चिम में ऋषिगंगा घाटियों के मध्य में स्थित है। उत्तराखंड के लोकमानस में देवी माँ के रूप में पूजित यह चोटी 'नंदा देवी' भारत की दूसरी और विश्व की तेईसवीं सबसे ऊँची चोटी है, जिसकी ऊँचाई 7,817 मीटर (25,643 फीट) है। इस पर्वत चोटी के आस-पास का संपूर्ण क्षेत्र अति सुंदर व दर्शनीय है, जिसे राज्य

में राष्ट्रीय उद्यान के रूप में संरक्षित किया गया है। इस राष्ट्रीय उद्यान को यूनेस्को द्वारा विश्व धरोहर का दर्जा प्राप्त है (सिलौरी, 2001)।

11. **शिशापांगमा**–यह पर्वत चोटी 8,027 मीटर (26,335 फीट) ऊँची है। तिब्बत के न्यलाम जिले में स्थित, नेपाल की सीमा से मात्र पाँच कि.मी. दूर यह शिखर स्थानीय भाषा में '*गोसाईंथान*' भी कहलाता है। हिमालय के '*जुगल हिमाल*' भाग में स्थित यह पर्वत शिखर शिशापांगमा विश्व का चौदहवाँ सबसे ऊँचा पर्वत है।

12. **कामेट पर्वत**–भारत देश के उत्तराखंड राज्य के चमोली जिले में तिब्बत सीमा के निकट स्थित इस पर्वत शिखर की ऊँचाई 7,756 मीटर (25,446 फीट) है। कामेट पर्वत को गढ़वाल क्षेत्र में नंदा देवी पर्वत के बाद सबसे ऊँचा माना जाता है। विशाल पिरामिड की आकृति वाले इस शिखर पर दो चोटियाँ हैं। इस शिखर को विश्व में 21वाँ सबसे ऊँचा शिखर आँका गया है (गुडएनफ, 1932)।

13. **नमचा बरुआ**–इस पर्वत शिखर की ऊँचाई 7,782 मीटर (25,531 फीट) है। यह पर्वत शिखर, दक्षिण-पूर्वी तिब्बत के छोर पर स्थित है। इस पर्वत को विश्व का 28वाँ सबसे लंबा पहाड़ माना जाता है।

14. **माछापूच्छे**–यह उत्तरी मध्य नेपाल के अन्नपूर्णा हिमालय में स्थित एक शिखर है। इस पहाड़ को 'पर्वतों की रानी' भी कहा जाता है। इसकी ऊँचाई 6,993 मीटर (22,943 फीट) है। क्षेत्र के निवासियों द्वारा इस पर्वत को भगवान शिव से संबंधित बताया जाता है और पवित्र माना जाता है।

15. **आमा दब्लम**–पूर्वी नेपाल की हिमालय श्रेणी में स्थित इस शिखर की मुख्य चोटी की ऊँचाई 6,812 मीटर (22,349 फीट) और निचली पश्चिमी चोटी 6,170 मीटर (20,243 फीट) ऊँची है। नेपाल के क्षेत्रवासियों के द्वारा इस पर्वत को भी पवित्र माना जाता है।

16. **काला पत्थर**–नेपाल हिमालय में खुम्बु क्षेत्र में स्थित यह शिखर 5,643 मीटर ऊँचा है। यह शिखर गोरक्षेप के ऊपर नेपाल हिमालय में पुमोरी की दक्षिणी रिज पर स्थित एक महत्वपूर्ण स्थल है। ट्रैकिंग में रुचि रखने के शौकीन लोगों में यह स्थान काफी प्रसिद्ध है।

17. **जोमोल्हारी**–इस पर्वत को 'चोमोल्हारी' भी कहा जाता है। जोमोल्हारी तिब्बत के शिगात्से विभाग और भूटान की सीमा पर चुम्बी घाटी के पास स्थित है। विश्व का 79वाँ सबसे ऊँचा यह पर्वत 7,326 मीटर (24,035 फीट) ऊँचा है, जिसकी ढलानों पर महत्वपूर्ण नदियाँ, जैसे–पारो चू जो दक्षिण की ओर से बहती हैं। आर आमो चू नदी उत्तर में बहती है। यह भी एक लोकप्रिय व महत्वपूर्ण शिखर है।

18. **अन्नपूर्णा**–अन्नपूर्णा पर्वत श्रृंखला उत्तर मध्य नेपाल के हिमालय में स्थित है जिसमें 8,000 मीटर (26,000 फीट) से अधिक की एक चोटी, 7000 मीटर से अधिक की 13 चोटियाँ तथा 6,000 मीटर से अधिक की 16 चोटियाँ शामिल हैं। यह पूरी पर्वतमाला 55 कि.मी. लंबी है। इसके पश्चिम में काली गंडकी घाटी, उत्तर-पूर्व में मार्शयांग्डी नदी और दक्षिण में पोखरा घाटी है। अन्नपूर्णा पर्वतमाला को आसानी से जहाज से देखा जा सकता है। नेपाल राज्य में अन्नपूर्णा पर्वत श्रृंखला का अत्यंत आध्यात्मिक महत्व है (पाउडेल, 2003)।

19. **धौलागिरी**–यह हिमालय की एक पर्वतीय श्रृंखला है, जिसका आरंभ नेपाल में बहने वाली 'काली गंडकी' नदी से होता हुआ 120 कि.मी. की दूरी पर भेरी तक जाता है। इस पर्वतीय श्रृंखला का सर्वोच्च पर्वत धौलागिरी-1 है, जो कि 8,167 मीटर (26,795 फीट) की ऊँचाई लिये हुए है। इस महत्वपूर्ण व प्रसिद्ध शिखर का विश्व के सबसे ऊँचे पर्वतों में 7वाँ स्थान आता है।

20. **गौरी शंकर**–इस पर्वत का नामकरण हिंदू देवी गौरी, जो शक्ति स्वरूप हैं और शंकर, जो परमपिता हैं, के नाम पर हुआ है। यह शिखर 'मेलुंगत्से' के पीछे व 'रोलवालिंग हिमाल' की दूसरी सबसे ऊँची चोटी भी है। इसकी ऊँचाई 7,134 मीटर (23,406 फीट) है। इसे नेपाल व तिब्बत के लोगों के द्वारा पवित्र पर्वत चोटी माना जाता है।

21. **गंगरवर पुनसुम**–यह भूटान देश में तिब्बत सीमा के पास स्थित है। इसकी ऊँचाई 7,570 मीटर (24,840 फीट) है। यह भूटान का सबसे ऊँचा पर्वत है।

22. **ब्राड पीक**–यह काराकोरम के गाशरब्रुम पुंजक में स्थित है, जिसकी ऊँचाई 8,047 मीटर (26,401 फीट) है। ब्राड पीक पाक अधिकृत कश्मीर के गिलगित-बाल्टिस्तान क्षेत्र व चीन के नियंत्रण वाली शक्सगाम घाटी की सीमा पर स्थित है।

23. **गुरला भांधाता**–हिमालय का पर्वत शिखर, जो तिब्बत क्षेत्र में मानसरोवर झील के पास स्थित है और जिसकी ऊँचाई 7,694 मीटर है।

24. **डार्ट ल्हकपा (दोर्जी ल्हकपा)**–यह नेपाल देश में लैगटांग हिमालय क्षेत्र का एक पहाड़ है, जिसकी ऊँचाई 6,966 मीटर (22,584 फीट) है।

25. **नुन-कुन**–इस पर्वतश्रेणी के अंतर्गत दो चोटियाँ हैं–जो नून 7,135 मीटर और दूसरी कुन 7,077 मीटर ऊँची है। यह जम्मू-कश्मीर में सुरूघाटी के पास स्थित है।

26. **गशरब्रुम द्वितीय**–इसे के-4 भी कहा जाता है। यह पाक अधिकृत कश्मीर के गिलगित-बाल्टिस्तान क्षेत्र और चीन के नियंत्रण वाली शक्सगाम घाटी की सीमा पर स्थित है। इसकी ऊँचाई 8,035 मीटर (26,362 फीट) है।

27. **पोकल्डे**–माउंट एवरेस्ट से 12 कि.मी. दक्षिण-पश्चिम में स्थित नेपाल का यह पर्वत शिखर 5,806 मीटर (19,049 फीट) की ऊँचाई पर है।

28. **कंगतो पर्वत**–यह पर्वत भारत व तिब्बत की सीमा पर पूर्वी हिमालय का एक शिखर है, जिसकी ऊँचाई 7,060 मीटर (23,160 फीट) है। भारत में अरुणाचल प्रदेश राज्य का यह सबसे ऊँचा पर्वत है। यह पर्वत तिब्बत में त्होरवा के त्शोना जिले की सीमा पर स्थित है।

29. **ग्याला पेरी**–नमचा बरवा पर्वत के पास यरलुंग त्संगपी नदी के उस पार खड़ा यह पर्वत हिमालय पर्वतमाला और उसकी न्यने चने व्यगं ल्हा उपश्रृंखला का सदस्य है। दक्षिणी-पूर्वी तिब्बत में यरलुंग त्संगपो घाटी के मुख पर स्थित यह शिखर 7,294 मीटर (23,930 फीट) की ऊँचाई लिये हुए है।

30. **चोमो लोंजो**–यह हिमालय का एक शिखर है जो तिब्बत में नेपाल की सीमा के पास स्थित है। इसकी ऊँचाई 7,804 मीटर (25,604 फीट) है।

31. **लाँग ताँग लिरूंग**–नेपाल देश में स्थित यह शिखर विश्व का 99वाँ सबसे ऊँचा पर्वत है जिसकी ऊँचाई 7,234 मीटर (23,734 फीट) है।

32. **कूला कंगारी**–हिमालय में तिब्बत सीमा के पास स्थित यह पर्वत शिखर 7,538 मीटर (24,731 फीट) ऊँचा है।

33. **काजींरोबा**–नेपाल देश के डाल्पा जिले में स्थित यह शिखर हिमालय का ही भाग है। इसकी ऊँचाई 6,883 मीटर (22,582 फीट) है।

34. **किन्नर कैलाश**–हिमाचल प्रदेश राज्य के किन्नौर जिले में तिब्बत सीमा के पास स्थित इस शिखर का धार्मिक महत्व है। इसकी ऊँचाई 6,050 मीटर (19,850 फीट) है।

35. **टोगशंजिआबु**–भूटान और तिब्बत की सीमा पर स्थित यह शिखर हिमालय के लुनाना क्षेत्र का एक पर्वत है जो विश्व का 103वाँ सबसे ऊँचा पर्वत भी माना जाता है। इसकी ऊँचाई 7,207 मीटर (23,645 फीट) है।

36. **बरूगात्स**–पूर्वी नेपाल के खुम्बु क्षेत्र का एक पहाड़, जो दक्षिण में हंकू हिमनद, पूर्व में बरून हिमनद और उत्तर-पश्चिम में इम्जा हिमनद द्वारा घिरा हुआ है। इसकी ऊँचाई 7,162 मीटर (23,497 फीट) है।

37. **अन्नपूर्णा द्वितीय**–यह अन्नपूर्णा पर्वत शृंखला का ही भाग है जो कि 7,937 मीटर (26,040 फीट) ऊँचा है और नेपाल में स्थित है।

38. **अन्नपूर्णा तृतीय**–ये अन्नपूर्णा शृंखला का एक भाग है जो कि विश्व में 42वाँ सबसे ऊँचा शिखर है। नेपाल हिमालय में स्थित इस पर्वत की ऊँचाई 7,555 मीटर (24,787 फीट) है।

39. **हिमालचुली**–यह नेपाल हिमालय में मानसिरी हिमाल भाग में स्थित है जो विश्व में 18वाँ सबसे ऊँचा पर्वत माना गया है, जिसकी ऊँचाई 7,893 मीटर (25,896 फीट) है।

40. **यांग्री पर्वत**–इस पर्वत चोटी को गणेश एक व गणेश पूर्वोत्तर भी कहा जाता है। यह विश्व के सबसे ऊँचे शिखरों में 62वाँ स्थान रखता है। नेपाल व तिब्बत की सीमा पर स्थित यह शिखर 7,422 मीटर (24,350 फीट) ऊँचाई पर है।

41. **मेलुंगत्से**–तिब्बत स्थित यह पर्वत हिमालय में रोलिंग हिमाचल का सबसे ऊँचा पर्वत है, जिसकी ऊँचाई 7,181 मीटर (23,560 फीट) है।

42. **महालंगूर हिमालय**–दक्षिण-मध्य तिब्बत व पूर्वी नेपाल में स्थित हिमालय का यह शिखर 8,848 मीटर (29,029 फीट) की ऊँचाई लिये हुए है।
43. **मेरू चोटी**–उत्तराखंड राज्य के गढ़वाल हिमालय क्षेत्र में स्थित यह शिखर थाले सागर और शिवलिंग के मध्य स्थित है, इसकी ऊँचाई 6,660 मीटर (21,850 फीट) है।
44. **पुमोरी**–तिब्बत-नेपाल सीमा पर स्थित हिमालय के महालंगूर खंड में स्थित पुमोरी शिखर 7,161 मीटर (23,494 फीट) ऊँचा है।
45. **मीरा पर्वत**–नेपाल के हिन्कू घाटी में स्थित यह शिखर महालंगूर खंड में एक पर्वत है, जो कि 6,476 मीटर (21,247 फीट) की ऊँचाई लिये हुए है।
46. **ग्याचुंगकांग**–एवरेस्ट पर्वत के बीच नेपाल और तिब्बत की सीमा पर स्थित यह शिखर विश्व का 15वाँ सबसे ऊँचा पर्वत है, जिसकी ऊँचाई 7,952 मीटर (26,089 फीट) है।
47. **गेक्यो री**–नेपाल हिमालय के खुम्बु क्षेत्र में स्थित यह पर्वत चोटी 5,357 मीटर (17,575फीट) की ऊँचाई पर है।
48. **इम्जा से**–पूर्वी नेपाल हिमालय के सागरमाथा राष्ट्रीय उद्यान क्षेत्र में स्थित यह पर्वत शिखर 6,189 मीटर (20,305 फीट) ऊँची है।

यहाँ पर हिमालय के कुछ महत्वपूर्ण पर्वत शिखरों का उल्लेख किया गया है। इसके बावजूद, अभी भी अनगिनत चोटियाँ ऐसी हैं जिन्हें आज तक भी कोई नाम नहीं दिया जा सका है और न ही उनपर चढ़ाई की जा सकी है।

उत्तराखंड राज्य को 'देवभूमि' कहा जाता है। इस नामकरण की एक बड़ी वजह महान हिमालय है। यह विशाल पर्वत श्रृंखला अनेकों ऋषि-मुनियों की तपस्थली रही है। ऐसा माना जाता है कि यहाँ देवता निवास करते हैं। पौराणिक कथाओं एवं शास्त्रों में भगवान शिव का गृहक्षेत्र कैलाश उत्तराखंड हिमालय में ही वर्णित किया गया है। हमने महान हिमालय की कुछ सुप्रसिद्ध पर्वत चोटियों को ही सम्मिलित करते हुए उनके क्षेत्रफल, ऊँचाई व भौगोलिक स्थिति पर प्रकाश डालने का प्रयास किया है। किंतु उत्तराखंड के कुछ विश्व प्रसिद्ध पर्वत शिखरों का अध्यात्मिक, सामाजिक एवं पारिस्थितिक महत्व को ध्यान में रखते हुए उत्तराखंड की कुछ महत्वपूर्ण पर्वत श्रृंखला का विस्तार से उल्लेख करना मैं आवश्यक समझता हूँ।

नंदा देवी–उत्तराखंड राज्य के गढ़वाल व कुमाऊँ क्षेत्रों को घेरे हुए हिमालय पर्वत की अनेक उच्च चोटियाँ हैं, जो अपने आप में कई कथाएँ समेटे हुए संपूर्ण विश्व के लिए प्रेरणादायी हैं। गढ़वाल व कुमाऊँ क्षेत्र में हिंदू देवी-देवताओं के देवस्थलों के चारों ओर रोचक किवदंतियों का ताना-बाना बुना हुआ है।

नंदा देवी लोक साहित्य में लोक परंपराओं का एक ऐसा शिखर है जिसका स्थानीय कथाओं में एक गौरवपूर्ण स्थान है। नंदा देवी चमोली, पिथौरागढ़, अल्मोड़ा और बागेश्वर जिले की पीठासीन देवी भी है। नंदा राजजात यात्रा में उत्तराखंड की सांस्कृतिक परंपराओं का अत्यंत सजीव चित्रण दिखाई पड़ता है। मेरी पुस्तक 'नंदा राजजात यात्रा' में इसका वर्णन विस्तार से किया गया है जिसे काफी लोकप्रियता मिली है। इस पुस्तक के लिए मुझे भारत सरकार द्वारा राहुल सांकृत्यायन पुरस्कार भी प्रदान किया गया। वर्ष 1999-2000 में मैंने उ. प्र. के संस्कृति मंत्री रहते हुए इस हिमालय के अद्भुत मेले का नाम 'हिमालय का महाकुंभ : नंदा राजजात यात्रा' रखा, जो पूरी दुनिया के लिए आकर्षण का केंद्र बना।

मान्यता यह है कि चमोली के चंद साम्राज्य के एक राजा की एक बहुत ही खूबसूरत पुत्री थी, जिसका नाम नंदा था। राजकुमार विली रोहिला उससे बेहद प्रेम करने लगा था। राजकुमारी के पिता द्वारा राजकुमार के साथ राजकुमारी का विवाह करने से इनकार किए जाने पर उसने कुमाऊँ के राजा के खिलाफ युद्ध छेड़ दिया और उसको परास्त कर दिया। रोहिला राजकुमार से बचने के लिए नंदा देवी ऊँचे बर्फीले शिखर पर चढ़ गई और उस पवित्र पर्वत शिखर में ही विलीन हो गई। तबसे स्थानीय लोगों के लिए यह 25,643 फीट ऊँचा शिखर श्रद्धा का मंदिर बन गया। उत्तराखंड में नंदा देवी एक संरक्षक देवी के रूप में पूजी जाती हैं।

नंदा देवी शिखर पर दो चोटियाँ है। पश्चिमी चोटी, जो कि ज्यादा ऊँची है, नंदा कहलाती है और पूर्वी निचला शिखर सुनंदा कहलाता है जो कि नंदा की बहन मानी गई है।

देवी को रौद्र रूप में माँ दुर्गा का अवतार माना जाता है। उत्तराखंड के लोकगीतों एवं संस्कृति में किसी भी त्योहार तथा उत्सव में सर्वप्रथम नंदा की स्तुति की जाती है जो कि स्थानीय परंपरा का एक अभिन्न अंग है। देवी को

भेंटस्वरूप पुष्प, सिक्के व साधारण कंकर अर्पित किए जाते हैं। रामायण, महाभारत से जुड़ी अनेक लोककथाएँ स्थानीय संस्कृति से जुड़ी हैं।

रामायण के अनुसार, त्रेता युग में राम-रावण युद्ध के दौरान जब लक्ष्मण मूर्छित हो गए तो हनुमान जी संजीवनी बूटी की तलाश में अल्मोड़ा और चमोली जिले के बीच में स्थित द्रोणागिरि पर्वत पर पहुँच गए जो कि 23,182 फीट की ऊँचाई पर है। बूटी की पहचान न होने पर हनुमान जी उस पर्वत का एक हिस्सा उखाड़कर साथ में ले गए। पर्वत उखाड़ते वक्त हनुमान जी ने वहाँ पर देवी नंदा की आज्ञा नहीं ली, जिससे देवी नंदा नाराज हो गई और कहा जाता है कि इस क्षेत्र में कोई भी व्यक्ति हनुमान जी का नाम नहीं लेता। ऐसा माना जाता है कि संजीवनी पर्वत का नागारकोईल के निकट एक भाग अभी भी विद्यमान है। वहाँ के लोग आज भी हनुमान जी से नाराज हैं, क्योंकि जिस पर्वत की वे पूजा करते थे उसे हनुमान जी ले गए।

यह गढ़वाल हिमालय में दो शिखरों वाली पर्वतमाला है, जो कि ऊँचा लंबा किनारा बनाते हुए पूर्व से पश्चिम की ओर झुकी हुई है। नंदा देवी पर्वत शृंखला भारत के उच्चतम पर्वतों में से एक है। यहाँ पर 12 चोटियाँ एक सिरे से आगे तक पहुँची हुई है जो कि 6,400 मीटर तक ऊँची है। इसी क्षेत्र में नंदा देवी सैंक्चुअरी भी है जो नंदा देवी राष्ट्रीय पार्क के रूप में संरक्षित है। इस पर्वतमाला का पूर्वी इलाका राष्ट्रीय पार्क के चमोली, पिथौरागढ़ और बागेश्वर जिलों की सीमाओं से लगा हुआ है। नंदा देवी की पश्चिमी चोटी 7,817 मीटर तक की ऊँचाई लिये हुए है। यह चोटी देश की दूसरी सबसे ऊँची चोटी है। नंदा देवी पर्वत पर साल के मई-जून, सितंबर व अक्तूबर में पर्वत प्रेमियों द्वारा चढ़ाई अभियान भी चलाए जाते हैं।

त्रिशूल–ये पर्वतमाला देखने में त्रिशूल के समान दिखाई देती है अतः इस पर्वत-शृंखला का नाम त्रिशूल रखा गया है। यह पश्चिमी कुमाऊँ में बागेश्वर जिले के निकट तीन शानदार पर्वत चोटियों का समूह है। मुख्य चोटी त्रिशूल प्रथम एक प्रसिद्ध तथा 7,122 मीटर ऊँचा शिखर है, जिस पर सन् 1907 में पहली बार चढ़ाई की गई थी। त्रिशूल द्वितीय लगभग 6,690 मी. व तृतीय 6,607 मी. ऊँचे पर्वत शिखर हैं। चोटियों पर सर्वप्रथम सन् 1960 में युगोस्लाविया के दल द्वारा बिदालगवार ग्लेशियर की ओर से चढ़ाई की गई थी।

रूपकुंड–इन चोटियों की ढलान पर आकर्षक रूपकुंड झील है, जो रहस्यमयी झील के नाम से प्रसिद्ध है। इस झील में अनगिनत मानव-कंकाल दिखाई देते

हैं। कौसानी और बेदिनी बुग्याल से त्रिशूल पर्वतमाला का अनुपम नजारा देखा जा सकता है।

चौखंबा–चौखंबा का सामान्य अर्थ चार खंबे या चार स्तंभ है। इस पर्वत की चार खूबसूरत चोटियाँ 7,138 मीटर, 7,070 मीटर, 6,995 मीटर तथा 6,854 मीटर की ऊँचाई लिये हुए है। संभवतः यह नाम इसी वजह से दिया गया हो। चौखंबा गढ़वाल हिमालय में गंगोत्री पर्वत समूह की शानदार एवं मुख्य पर्वत श्रेणी है। इस समूह की सबसे ऊँची चोटी चौखंबा प्रथम है जो गंगोत्री हिमनद के ठीक ऊपर पड़ती है। समुद्र तल से 4,150 मीटर की ऊँचाई पर स्थित मनभावन स्थान गुप्तकाशी एवं वासुकी ताल झील से चौखंबा पर्वत श्रेणी के मनोरम दृश्य बरबस मन को मोह लेते हैं। इन चोटियों की ढलान से विशालतम हिमनदों में से एक गंगोत्री हिमनद प्रारंभ होता है। चौखंबा पर्वत की ढलानें पर्वतारोहण अभियानों के लिए उपयुक्त स्थान है जहाँ पर जून से सितंबर तक चढ़ाई की जाती है (अहमद, 2004)।

शिवलिंग–6,543 मीटर की ऊँचाई पर स्थित यह विशाल चोटी गढ़वाल हिमालय का एक खास महत्व वाला शिखर हैं। हिमालय की इस महत्वपूर्ण पर्वत शृंखला तक 'चैतुरी वामक मार्ग' द्वारा पहुँचा जा सकता है। इस पर्वत पर दो शिखर हैं और यह गंगोत्री हिमनद के अग्रभाग पर पिरामिड की भाँति उभरा हुआ है। शिवलिंग से गौमुख के मध्य यह ऊँचाई किसी पशु के सींग की भाँति प्रतीत होती है और वहाँ पहुँचने वाले हर पर्यटक, पर्वतारोही को सम्मोहित करती है। वहीं तपोवन में नर्म घास युक्त हरे-भरे मैदानी क्षेत्र हैं, जिन्हें स्थानीय भाषा में 'बुग्याल' कहा जाता है। ये तीर्थयात्रियों एवं पर्यटकों के लिए भी एक रमणीक और महत्वपूर्ण पड़ाव हैं। शिवलिंग चोटी ढलानयुक्त चट्टानों से घिरी हुई है। इस स्थान पर बर्फ का जमाव रहता है जो निचले गंगोत्री हिमनद के पश्चिमी प्रवेशद्वार का निर्माण करता है। यह भी पर्वतारोहियों के लिए रोमांचकारी एवं बेहतरीन स्थान है।

स्वर्गारोहिणी–यह चोटी उत्तराखंड के उत्तरकाशी जिले में गंगोत्री शिखर समूह के पश्चिमी क्षेत्र में स्थित है। गढ़वाल हिमालय की बंदरपूँछ पर्वत शृंखला में यह चोटी अनोखी व अद्भुत है। इस विशाल पर्वतश्रेणी के अंतर्गत चार विभिन्न चोटियों का समूह है, जिसे स्वर्गारोहिणी प्रथम, द्वितीय, तृतीय व स्वर्गारोहिणी चतुर्थ नाम दिया गया है, जिसमें मुख्य चोटी स्वर्गारोहिणी प्रथम को

माना गया है। हालाँकि, यह बंदरपूँछ श्रेणी की सबसे ऊँची चोटी तो नहीं कही जा सकती, फिर भी अपनी अद्वितीय स्थलाकृति और एक अनोखा क्षेत्र होने की वजह से यह काफी प्रसिद्ध है। इस चोटी को पूर्वी व पश्चिमी, दो शिखर वाला कहा जाता है। इसका पश्चिमी शिखर समुद्रतल से ऊपर 6,252 मीटर की ऊँचाई लिये हुए है, वहीं इसका पूर्वी शिखर पश्चिमी शिखर से कुछ नीचे है। यह दो शिखरों वाली हिमाच्छादित पर्वत चोटी गंगोत्री पर्वत-समूह के पश्चिम में स्थित नीचे की ओर बहने वाली टोंस नदी का पोषण भी करती है। स्वर्गारोहिणी चोटी के साथ ही बंदरपूँछ पर्वत शिखर यमुना और भागीरथी नदियों के मध्य जल विभाजक के रूप में कार्य करता है (अंतवाल, 2010)।

भागीरथी–गढ़वाल हिमालय में एक बहुत ही शानदार ऊँची चोटी है जिसे भागीरथी नाम दिया गया है। भागीरथी समूह की तीन चोटियाँ हैं जो क्रमशः 6,856 मीटर, 6,512 मीटर और 6,456 मीटर पर प्रथम, द्वितीय और तृतीय क्रम में है।

भागीरथी पर्वत-समूह की उच्चतम चोटी विस्तृत भौगोलिक आधार पर जटिल और विशाल शिखर का निर्माण करती है, जिसका ठहराव अद्भुत है। ये गोमुख की ओर आगे चलकर घाटी के अंतिम छोर तक प्रभुत्व कायम रखती है जो कि गंगोत्री हिमनद को आखिरी किनारे तक नापता है तथा पवित्र गंगा नदी का स्रोत भी है।

भागीरथी गंगा के ऊपरी क्षेत्र को कहा जाता है। भागीरथी शिखर व भागीरथी गंगा दोनों ही नाम राजा भगीरथ के नाम पर रखे गए हैं। अलकनंदा घाटी में भागीरथी हिमनद के साथ ही सतोपंथ व अन्य हिमनद अलकनंदा नदी के जल स्रोत हैं। ये सभी हिमनद चार पवित्र धामों में से एक, बद्रीनाथ धाम जिला मुख्यालय चमोली से लगभग 141.7 किमी. की दूरी पर हैं। इन हिमनदों की शुरुआत चौखंबा व बदरीनाथ पर्वत शिखर-समूह से होती है जो कि इन हिमनदों को गंगोत्री हिमनद समूहों से विभाजित करते हैं। भागीरथी पर्वत चोटी पर जोशीमठ चमोली से होते हुए बद्रीनाथ व माणा मोटरमार्ग द्वारा पहुँचा जा सकता है। अलकनंदा नदी के दायें किनारे पर एक 145 मीटर का 'बसुधारा' नामक खुबसूरत झरना है। यहाँ जाने के लिए पर्वतारोहियों के लिए मई, जून और सितंबर का महीना उपयुक्त है।

नीलकंठ–यह पवित्र पर्वत शिखर बद्रीनाथ नगर के ठीक ऊपर बर्फ से भरपूर एक खूबसूरत चोटी है जो नर-नारायण पर्वतों के बीच स्थित है और 'पर्वतों की रानी' नाम से भी प्रसिद्ध है। वास्तव में, इस अति मनोहर व अद्‌भुत वैभव वाले शिखर की चर्चा किए बिना मध्य गढ़वाल की जानकारी अधूरी रह जाती है। यह मनोरम नीलकंठ चोटी 'नर-नारायण' पर्वत शृंखला का सीमांकन करती है और प्रकृति का एक अनुपम उपहार है। इस बर्फ से युक्त शिखर की ऊँचाई 6,597 मीटर है। बद्रीनाथ धाम के शीर्ष पर स्थित नीलकंठ तीर्थयात्रियों के लिए एक महत्वपूर्ण गंतव्य है।

गोमुख–जिस स्थान पर गंगोत्री हिमनद समाप्त होता है वह गाय के मुख के समान दिखाई पड़ता है, इसी कारण से इसको गोमुख नाम दिया गया। गोमुख हिमनद पवित्र गंगा का उद्‌गम स्थल भी है। यह गंगोत्री धाम जाने वाले तीर्थयात्रियों का महत्वपूर्ण धार्मिक स्थान है। गोमुख गंगोत्री से 18 कि.मी. पैदल मार्ग पर पड़ता है। यह भागीरथी नदी का उद्‌गम स्रोत है, जो अलकनंदा नदी से मिलकर देवप्रयाग में गंगा के रूप में परिवर्तित होकर मैदानों की ओर बहती है। उत्तराखंड से 2,480 कि.मी. का सफर तय कर गंगा बंगाल की खाड़ी में मिल जाती है, जो इंडो-गंगा मैदानी क्षेत्रों में जीवन तथा संस्कृति का भरण-पोषण करती है (स्पराविग्ना, 2017)।

बंदरपूँछ चोटी–उत्तराखंड हिमालय के गढ़वाल भू-भाग की इस ऊँची पर्वत चोटी को बंदरपूँछ नाम से जाना जाता है। इस पर्वत-शिखर की तीन चोटियाँ हैं– पश्चिमी छोर पर यमुनोत्री के ऊपर वाली चोटी, जिसकी ऊँचाई 6,102 मीटर हैं। लगभग 5 कि.मी. पूर्व की ओर बंदरपूँछ, जिसकी ऊँचाई 6,316 मीटर है तथा उत्तर-पूर्व की तरफ 4 कि.मी. की दूरी पर कालानाग चोटी, जो कि 6,387 मीटर के लगभग ऊँची है। इसे काली चोटी भी कहा जाता है। बंदरपूँछ चोटी उच्च हिमालयी क्षेत्र के पश्चिमी किनारे पर है, जहाँ से यह दूसरे कोने पर उत्तर-पश्चिम की ओर घूम जाती है। इस सँकरी श्रेणी के एक भाग के निकट ही 'गोविंद' पशु विहार राष्ट्रीय उद्यान व अभयारण्य है।

बंदरपूँछ चोटी के उत्तरी किनारे पर 12 कि.मी. लंबाई वाला हिमनद रूई सरगाउ है जो सीमा में बहता हुआ यमुना नदी में जाता है। दक्षिणी छोर पर बंदरपूँछ चोटी के तल पर हिमनद 'हनुमान गंगा' नदी का पोषण करता है जो आगे चलकर हनुमान चट्टी में यमुना नदी में समा जाती है।

सुनंदा देवी–देवी सुनंदा को प्रेम का प्रतीक माना गया है। न केवल पशुओं, मानव जगत व प्राणी जगत के लिए, बल्कि पर्वतों, वृक्षों, नदियों तथा पुष्पों के लिए भी देवी दया एवं करुणा का स्रोत हैं। यहाँ की नयनाभिराम छवि को निहारने से जो आनंद की अनुभूति होती है और जो करुणा-भाव मन में उपजता है वो जीव-जगत, प्रकृति एवं पर्वतों से प्रेम का संदेश देता है।

इस चोटी को पहले 'नंदा देवी पूर्व' के नाम से जाना जाता था। ये उत्तराखंड के उच्चतम पर्वत की दो समीपवर्ती चोटियों के कुछ निचले भाग पर स्थित है। नंदा देवी व सुनंदा देवी गढ़वाल की संस्कृति का प्रमुख हिस्सा हैं। इन दो पर्वतों की आकर्षक चोटियों को कुमाऊँ में लगभग सभी स्थानों से देखा जा सकता है। सुनंदा चोटी की ऊँचाई 7,437 मीटर (लगभग 24,390 फीट) है।

दूनागिरी–दूनागिरी उत्तर भारत के उत्तराखंड के चमोली जिले में हिमालय की उच्चतम श्रेणियों में से एक है जिसकी ऊँचाई 7,066 मी. है जो कि नंदा देवी अभयारण्य की दीवार के उत्तर-पश्चिमी कोने से लगी है। दूनागिरी पर पहली बार चढ़ाई 5 जुलाई 1949 को स्विस पर्वतारोही दल के सदस्यों, आंद्रे रोच, एफ स्टूयुरी और डी जोगग ने दक्षिणी-पश्चिमी रिज की तरफ से चढ़ाई की थी। 1975 में जो टस्कर तथा डिक रेनशॉ ने चढ़ाई के लिए महत्वपूर्ण मील का पत्थर साबित अल्पाइन शैली में विशेष रूप से दक्षिण-पूर्वी कठिन मार्ग से चढ़ाई की। 1978 में ऑस्ट्रेलियाई नेशनल यूनिवर्सिटी माउंटेनियरिंग क्लब द्वारा पहले ऑस्ट्रेलियाई हिमालयन अभियान दल ने दक्षिण-पश्चिम रेंज के माध्यम से चौथी बार चढ़ाई की।

ऋषि पहाड़–उत्तराखंड राज्य के पिथौरागढ़ जिले में स्थित यह एक हिमालयी पर्वत चोटी है जिसकी ऊँचाई 6,992 मीटर (22,940 फीट) है। यह नंदा देवी सैंक्चुअरी के आस-पास की चोटियों के उत्तर-पूर्व और नंदा देवी आरक्षित जीवमंडल के पूर्वी किनारे पर स्थित है। यह चोटी 'त्रिशूल' और 'हरदेओल' शिखर के दक्षिण पर है। 'मिलाम' हिमनद इसके पूर्वी किनारे पर स्थित है। यह पर्वत शिखर अपने आप में बहुत ही विशाल एवं शानदार है।

टबिबामिन–इस चोटी को 'इबिगामि' के नाम से भी जाना जाता है। यह बर्फ से ढका शिखर कामेट चोटी से 2 कि.मी. की दूरी पर है, जहाँ पर जांस्कर श्रेणी समाप्त होती है। जिला चमोली की उत्तरी सीमा पर यह चोटी उस स्थान पर जड़वत है, जहाँ पर भारत और तिब्बत की मिलन रेखा है। 'कामेट' चोटी

के बाद यह दूसरा सबसे ऊँचा शिखर है और साथ ही यह 7 हजार मीटर वाली 15 चोटियों में से एक है।

इस उच्च पर्वतीय शिखर पर सर्वप्रथम सन् 1950 में एक एंग्लो स्विस अभियान दल द्वारा चढ़ाई की गई थी।

अरवा क्रेस्ट शिखर–अरवा पर्वत-समूह बनाने वाली तीन चोटियों में से एक यह शिखर है। इसके अतिरिक्त दो अन्य चोटियाँ हैं–अरवा स्पायर एवं अरवा टावर। अरवा टावर क्रेस्ट चोटी अरवा टावर के पश्चिम में स्थित है। यह शानदार पर्वत शिखर उत्तराखंड राज्य के चमोली जिले में है। इस समूह की चोटियाँ भारत-तिब्बत सीमा पर स्थित है। यह अरवा घाटी के दक्षिण-पश्चिमी किनारे तथा बद्रीनाथ के उत्तर-पूर्व में पड़ता है। सीधी खड़े व चट्टानी भूभाग होने की वजह से पर्वतारोहियों द्वारा इस पर चढ़ाई के ज्यादा प्रयास नहीं किये गए। अरवा क्रेस्ट चोटी पर सर्वप्रथम सन् 2002 में फ्रेंच अभियान दल द्वारा सफलतापूर्वक चढ़ाई की गई थी।

अरवा स्पाइरस–यह उत्तराखंड में गढ़वाल हिमालय की एक चुनौतियों भरी चोटी है। अरवा स्पाइरस एक ऐसी श्रेणी है जहाँ पर विस्मयकारी नुकीली चट्टानें हैं, जो पर्वतारोहियों को आकर्षित करती हैं। इस श्रेणी की दो मुख्य, पूर्वी और पश्चिमी, चोटियाँ हैं। अरवा स्पाइरस चोटी की ऊँचाई 6,193 मीटर है। यह उत्तराखंड राज्य के चमोली जिले में स्थित है।

मेरे मन में कई बार विचार उठता है कि ईश्वर ने जब सृष्टि की रचना की होगी तो मनुष्य की सामाजिक, आर्थिक तथा आध्यात्मिक आवश्यकताओं की पूर्ति हेतु शाश्वत ज्ञान परंपरा को जीवंत बनाने और अजर-अमर भारतीय संस्कृति के पोषण हेतु हिमालय जैसे अद्‌भुत पर्वत-श्रृंखला की रचना की होगी।

उत्तराखंड हिमालय के महत्वपूर्ण शिखरों का विवरण

1.	नंदा देवी, गढ़वाल	: 7,816 मीटर (2,5643 फीट)
2.	कामेट, गढ़वाल	: 7,756 मीटर (25,446 फीट)
3.	सुनंदा देवी, कुमाऊँ	: 7,434 मीटर (24,390 फीट)
4.	अबि गामिन, गढ़वाल	: 7,355 मीटर (24,131 फीट)
5.	माणा, गढ़वाल	: 7,272 मीटर (23,858 फीट)

6.	मुक्त पर्वत, गढ़वाल	: 7,242 मीटर (23,760 फीट)
7.	हर दवे ल-कुमाऊँ, गढ़वाल	: 7,151 मीटर (23,461 फीट)
8.	चौखंबा-1, गढ़वाल	: 7,138 मीटर (23,419 फीट)
9.	त्रिशूल-1, गढ़वाल	: 7,120 मीटर (23,360 फीट)
10.	माणा-उत्तर पश्चिमी, गढ़वाल	: 7,092 मीटर (23,268 फीट)
11.	सत्तोपंथ, गढ़वाल	: 7,075 मीटर (23,212 फीट)
12.	त्रिशूली, कुमाऊँ	: 7,074 मीटर (23,209 फीट)
13.	दूनागिरी, गढ़वाल	: 7,066 मीटर (23,182 फीट)
14.	चौखंबा-2, गढ़वाल	: 7,058 मीटर (23,156 फीट)
15.	त्रिशूली पश्चिम, गढ़वाल	: 7,035 मीटर (23,081 फीट)
16.	ऋषि पहाड़, कुमाऊँ	: 6,992 मीटर (22,940 फीट)
17.	चौखंबा-3, गढ़वाल	: 6,974 मीटर (22,881 फीट)
18.	केदारनाथ शिखर, गढ़वाल	: 6,940 मीटर (22,769 फीट)
19.	सरस्वती पर्वत, गढ़वाल	: 6,940 मीटर (22,769 फीट)
20.	श्री कैलाश, गढ़वाल	: 6,932 मीटर (22,743 फीट)
21.	नंदा कोट, कुमाऊँ	: 6,861 मीटर (22,510 फीट)
22.	भागीरथ पर्वत-1, गढ़वाल	: 6,856 मीटर (22,493 फीट)
23.	वासुकी पर्वत, गढ़वाल	: 6,792 मीटर (22,283 फीट)
24.	भृगुपंथ पर्वत, गढ़वाल	: 6,772 मीटर (22,218 फीट)
25.	चंद्र पर्वत-1, गढ़वाल	: 6,739 मीटर (22,110 फीट)
26.	हाथी पर्वत, गढ़वाल	: 6,727 मीटर (22,070 फीट)
27.	गौरी पर्वत, गढ़वाल	: 6,708 मीटर (22,008 फीट)
28.	गंगोत्री-1, गढ़वाल	: 6,672 मीटर (21,890 फीट)
29.	मेरू चोटी, गढ़वाल	: 6,660 मीटर (21,850 फीट)

30.	चतुर्भुज, गढ़वाल	: 6,654 मीटर (21,831 फीट)
31.	मंदिर पर्वत, गढ़वाल	: 6,559 मीटर (21,519 फीट)
32.	शिवलिंग, गढ़वाल	: 6,543 मीटर (21,467 फीट)
33.	गणेश पर्वत, गढ़वाल	: 6,532 मीटर (21,430 फीट)
34.	सुदर्शन पर्वत, गढ़वाल	: 6,474 मीटर (21,240 फीट)
35.	नीलगिरी पर्वत, गढ़वाल	: 6,474 मीटर (21,240 फीट)
36.	त्रिमुखी पर्वत, गढ़वाल	: 6,422 मीटर (21,070 फीट)
37.	कालानाग पर्वत, गढ़वाल	: 6,387 मीटर (20,955 फीट)
38.	कालीढाँग पर्वत, गढ़वाल	: 6,373 मीटर (20,209 फीट)
39.	सुमेरू पर्वत, गढ़वाल	: 6,350 मीटर (20,833 फीट)
40.	श्वेतवर्णा, गढ़वाल	: 6,340 मीटर (20,801 फीट)
41.	ब्रह्मा पर्वत, कुमाऊँ	: 6,321 मीटर (20,738 फीट)
42.	बंदरपूँछ-1, गढ़वाल	: 6,316 मीटर (20,722 फीट)
43.	आदि कैलाश, कुमाऊँ	: 6,310 मीटर (20,702 फीट)
44.	कीर्ति स्तंभ, गढ़वाल	: 6,270 मीटर (20,571 फीट)
45.	स्कराम, कुमाऊँ	: 6,254 मीटर (20,518 फीट)
46.	स्वर्गारोहिणी-1, गढ़वाल	: 6,252 मीटर (20,512 फीट)
47.	नंदा भनार, कुमाऊँ	: 6,236 मीटर (20,459 फीट)
48.	ऋषिकोट, गढ़वाल	: 6,236 मीटर (20,459 फीट)
49.	कालगंगा धुरा, कुमाऊँ	: 6,215 मीटर (20,390 फीट)
50.	मंदानी पर्वत, गढ़वाल	: 6,193 मीटर (20,318 फीट)
51.	श्यामवर्णा, गढ़वाल	: 6,135 मीटर (20,128 फीट)
52.	श्रीकांधा, गढ़वाल	: 6,133 मीटर (20,151 फीट)

53. जोगिन, गढ़वाल	:	6,116 मीटर (20,066 फीट)
54. खोली, कुमाऊँ	:	6,114 मीटर (20,059 फीट)
55. सरूप चोटी, गढ़वाल	:	6,108 मीटर (20,039 फीट)
56. कालिंदी, गढ़वाल	:	6,102 मीटर (20,020 फीट)
57. कोटेश्वर-1, गढ़वाल	:	6,080 मीटर (19,948 फीट)
58. तारा पर्वत, गढ़वाल	:	6,069 मीटर (19,911 फीट)
59. नगलिंग, कुमाऊँ	:	6,041 मीटर (19,820 फीट)

हिमनद : जलवायु परिवर्तन का महत्वपूर्ण संकेतक

अभी तक हमने महान हिमालय और उसके उच्चतम व प्रसिद्ध पर्वत-शिखरों की बात की है, लेकिन मानव-जीवन हेतु महत्वपूर्ण विषय और हिमालय की एक अद्भुत देन जिसे यदि एक पल के लिए भी भुला दिया जाए तो शायद इस पृथ्वी पर जीवन संभव ही न हो, हिमनद हमारे जीवन के लिए अमूल्य एवं अत्यंत आवश्यक हैं। इनका उल्लेख किए बिना हिमालय के संबंध में बात करना अधूरा होगा। हिमनदों का जन्म, उनकी वर्तमान स्थिति व भविष्य में उन्हें सुरक्षित व संरक्षित रखे जाने के संबंध में उल्लेख किया जाना नितांत आवश्यक जान पड़ता है। हमने जीवन-चक्र को प्रभावित करने वाले गंभीर मुद्दों पर तथ्यों, आँकड़ों एवं वैज्ञानिक रिपोर्टों को आधार बनाकर इसको समझने व इस ओर सभी का ध्यान आकर्षित करने की कोशिश की है।

हिमनद कई मायनों में भूमंडलीय तापमान और जलवायु परिर्वतन के महत्वपूर्ण संकेतक हैं। ग्लोबल वार्मिंग की वजह से मौसम-चक्र में बदलाव के कारण हिमनदों का पिघलना समुद्र स्तर को बढ़ाने में योगदान देता है। बड़ी मात्रा में मीठे जल के बढ़ जाने के कारण समुद्रों तथा सागरों के पारिस्थितिक तंत्र में भी बदलाव हो रहे हैं (एरलांडसन, 2008)।

हिमनद हमारे जन-जीवन को सकारात्मक रूप से प्रभावित करते हैं, क्योंकि हिमनद ही मीठे पीने योग्य पानी के सबसे बड़े भंडारगृह हैं। अगर हम संपूर्ण विश्व के पीने योग्य मीठे पानी की खपत को देखें तो पाएँगे कि केवल 3 प्रतिशत

स्वच्छ जल ही उपलब्ध है और 2.5 प्रतिशत स्वच्छ जल हिमनदों में बर्फ के रूप में संरक्षित है। हिमनद हमें स्वच्छ जल उपलब्ध कराते हैं। बड़ी संख्या में मनुष्य के साथ प्राणी जगत जल की उपलब्धता के लिए पिघलते हुए हिमनदों पर ही निर्भर रहते हैं। ग्लेशियर विश्व के 75 प्रतिशत स्वच्छ जल को संचित रखते हैं (पॉवेल, 2010)।

2

हिमनद : विस्तृत परिचय

हिमनद, जैसा कि नाम से स्पष्ट है, बर्फ की नदी को कहते हैं। हिमालय के बड़े हिमनद बर्फ के बड़े-बड़े खंड हैं, जिनमें जल संचित हैं। हिमनदों से निकलने वाली नदियाँ मैदानी क्षेत्रों में फसलों की सिंचाई का बहुत बड़ा स्रोत होती हैं। हिमनदों से निकलने वाली नदियों के पानी को रोककर बड़े बाँधों का निर्माण किया जाता है जिनसे जल-विद्युत का उत्पादन किया जाता है।

कभी-कभी हिमनद खतरनाक भी साबित होते हैं। इनके कारण बड़े पैमाने पर बाढ़ आ जाती है या व्यापक रूप में हिमस्खलन होते हैं। दोनों ही स्थितियाँ प्राणी-जगत के लिए घातक होती हैं। जलवायु परिवर्तन के कारण हिमनदों को नुकसान पहुँचता है और नदियों की कार्यप्रणाली व पारिस्थतिकी तंत्र भी तहस-नहस हो जाता है (भुतियानी, 2007; डोभाल, 2013; ब्लिसेट, 2014; भ्रांबी, 2016)।

हिमनद संरक्षण की अनिवार्यता

हिमनद पृथ्वी के महत्वपूर्ण अंग हैं। हिमनद हमारी सोचने की गति से भी ज्यादा तेजी से पिघलते जा रहे हैं, जो मनुष्य के साथ प्रकृति की समस्त जैवविविधता के भविष्य की दृष्टि से बहुत बड़ी चिंता का विषय है।

मुझे स्मरण है कि लोकसभा में अपने अभिभाषण के दौरान मैंने बताया था कि भारत में लगभग दस हजार हिमनद हैं, जो प्राणी-जगत के लिए अति उपयोगी होने के साथ ही वर्षों से मानव-जीवन की जल संबंधी अनेकों आवश्यकताओं की पूर्ति करते आए हैं और आज भी कर रहे हैं (मैकार्थी, 2016)।

मनुष्य के लिए हिमनदों का महत्व कितना अधिक है यह इनकी वर्तमान स्थिति को देखकर अंदाजा लगाया जा सकता है। प्रकृति एवं मानवीय हस्तक्षेप के कारण हिमनदों का आकार निरंतर घटता जा रहा है, जिससे जीवन हेतु पेयजल की कमी होने की शुरुआत हो चुकी है। आज हमें प्राकृतिक प्रक्रियाओं में हिमनदों के संरक्षण के साथ ही इनकी अनिवार्यता को समझने की बड़ी आवश्यकता है।

हिमनद क्या है?

साधारण तौर पर देखें तो हिमनद या ग्लेशियर हिम अर्थात बर्फ का प्रवाह है। यह फ्रेंच शब्द 'ग्लेसे' से बना है जिसका अर्थ बर्फ ही है।

हिमनद एक तरह से बर्फ की नदी होते हैं, जो नदी के ही समान ऊँचाई से नीचे की ओर बहते हैं। अंतर ये है कि नदी की गति तेज होती है। उसका जल बहता हुआ दिखाई देता है, परंतु हिमनद की चाल बहुत धीमी होती है। इन पर हमेशा दबाव बना रहता है और ये जरा-सी हलचल से खिसक सकते हैं। आकार एवं प्रकृति के आधार पर हिमनदों को दो श्रेणियों में वर्गीकृत किया जा सकता है। पहला, महाद्वीपीय हिमनद और दूसरा, उच्च पर्वतीय (अल्पाइन) हिमनद (जॉर्नसन, 2003)। हिमनद पृथ्वी की सतह पर जमे बर्फ के ऐसे आकार को कहते हैं जो गतिशील होता है। यह हिमराशि सघन होती है और नीचे की तरफ बहती दिखाई देती है। हिमनद पृथ्वी के उन्हीं भागों पर पाए जाते हैं जहाँ पर बहुत ज्यादा बर्फबारी होती है। हिमप्रपात की और उसके पिघलने की प्रवृत्ति के अनुपात में हिमनद 100 से 200 फुट बर्फ का जमा होना अनिवार्य होता है। पूरे विश्व में ऑस्ट्रेलिया महाद्वीप को छोड़कर सभी महाद्वीपों में ग्लेशियर होते हैं। हिमनद बनने की प्रक्रिया बहुत धीमी होती है और ये साधारण बर्फ से बहुत अलग होते हैं। हमारे ग्रह के अधिकांश ग्लेशियर ध्रुवों पर स्थित हैं।

अंटार्कटिका और ग्रीनलैंड की तरह विशाल बर्फ के भंडार से उत्पन्न हुए हिमनदों को 'महाद्वीपीय हिमनद' की संज्ञा दी जाती है। आमतौर पर ऐसे हिमनद

पर्वतों के निचले भाग पर विद्यमान होते हैं जहाँ पर ये बर्फ की सतह से बाहर की ओर वाले गड्ढ़ों और घाटियों में पसरे रहते हैं। ऐसे हिमनद विशेषकर विशाल परिमाप के होते हैं। ये विशाल हिमनद प्रायः विशाल भूभाग के दायरे में फैले होते हैं (बिनतंजा, 1996)।

सामान्य रूप से ग्लेशियर एक जैसे प्रतीत होते हैं। इनका वर्गीकरण विभिन्न मानकों पर किया जाता है। ग्लेशियर मुख्यतः दो प्रकार के होते हैं, अल्पाइन तथा कॉन्टिनेंटल (महाद्वीपीय)। विश्व के पर्वतीय इलाकों, जैसे कि 'हिमालीय' क्षेत्र, में विद्यमान हिमनद उच्च पर्वतीय (अल्पाइन) प्रकार के ग्लेशियर होते हैं। वास्तव में, ये पर्वतीय हिमनद हैं, जिन्हें प्रायः हिमनद घाटी भी कहा जाता है। ये हिमनद उच्च पर्वतीय क्षेत्रों में ऊँचे बर्फीले शिखरों से निकलकर कटोरीनुमा घाटी में विस्तार लेते हैं, जहाँ से ये रेखाकार आकार में सँकरी घाटी के साथ बहते दिखाई देते हैं (बिशॉप, 2001)।

ऐसे हिमनद जिस घाटी में बहते दिखाई देते हैं, वो घाटी या गड्ढ़े उन्हीं के द्वारा निर्मित किये गए हो सकते हैं। यह भी हो सकता है कि उनके द्वारा मौजूदा नदी घाटी बना दी गई हो। जहाँ पर पोषक हिमनदों की संख्या अधिक है और बर्फ की चादर का फैलाव एक बड़े क्षेत्र में कई चोटियों के साथ ही एक पर्वत-श्रेणी तक भी है, वहाँ पर एक पर्वतीय हिमनद बर्फ के मैदान से बाहर की ओर बहता हुआ-सा प्रतीत होता है। यही स्थिति भारत के लद्दाख में 'श्योक' नामक स्थान पर नजर आती है जो कि एक हिमनद घाटी है और वहाँ पर इस हिमनद घाटी को पोषित करने वाले पोषक हिमनद भी मौजूद हैं।

संपूर्ण विश्व में हिमालय क्षेत्र ही ऐसा है, जिसको सबसे अधिक घाटी हिमनद होने का गौरव प्राप्त है। घाटी की प्रवृत्ति को समझते हुए क्षेत्रीय भूगोल या स्थानीय भौगोलिक उन्मुखीकरण के संदर्भ में घाटियों के ग्लेशियरों को दो नाम दिये गए है, देशांतरीय और अनुप्रस्थ।

अनुप्रस्थ हिमनद–अनुप्रस्थ दरारें घाटी के ग्लेशियरों की केंद्ररेखा के साथ प्रवाह के विस्तार के कारण होती है। मध्य चैनल के प्रवाह के समानांतर स्पलेइंग क्रेवास प्रवाह अनुप्रस्थ विस्तार के कारण होते हैं।

देशांतरीय हिमनद–यह मुख्य घाटी के शीर्ष पर होते हैं। हिमालय में एक बड़े आकार का घाटी हिमनद अपने बनने के क्रम में घाटी से आगे वाले भाग

तक सामान्यतः कई सहायक हिमनदों द्वारा पोषित होता है जो कि मुख्य हिमनद की लंबाई पर निर्भर करता है।

हाल के वर्षों में नेपाल में हिमालय पर अध्ययन करने वाले कुछ हिमनद वैज्ञानिकों ने हिमालय के हिमनदों को सतही चरित्र के आधार पर वर्गीकृत किया है। मलबारहित या स्वच्छ हिमनद और मलबे से ढका हुआ या गहरे रंग का हिमनद।

स्वच्छ हिमनद वो कहलाते हैं जो संपूर्ण हिमनदीय सतह के साथ ही पृथक्करण क्षेत्र तक मलबा या गादरहित होते हैं। उदाहरण के लिए, लद्दाख के 'जांसकार' क्षेत्र में 'दुरूंग-दुरूंग' हिमनद काले या गहरे रंग वाले हिमनद उन साधारण हिमालयी हिमनदों को कहा गया है जो मलबे या गाद और कूड़े-करकट के एक मोटे आवरण से अपने अंतिम छोर वाले क्षेत्र तक ढके हुए होते हैं।

हिमनदों का वर्गीकरण उन पर बर्फ जमने के बाद के तापमान के आधार पर भी किया जाता है। जैसे—शीतल हिमनद और शीतोष्ण या गर्म हिमनद।

शीतल हिमनद—उन हिमनदों को कहा जाता है जो संभवतः इतने ठंडे होते हैं कि जो बर्फ उन हिमनदों का निर्माण करती हैं, उसके तापमान के उतार-चढ़ाव का मान गलनांक के दबाव से काफी नीचे होता है। इस तरह के हिमनदों के संदर्भ में यह माना जाता है कि इन हिमनदों की बर्फ मूल रूप में तल पर जमा होती है। अतः हिमनद के अंतर्गत कोई भी हलचल बर्फ की विकृति के कारण ही घटित होती है। ऐसे हिमनदों का तल सूखा होता है और इनकी हिलने की गति धीमी होती है। अतः कोई भी विशिष्ट लक्षण जैसे कि आधारभूत शिलातल पर कोई भी दरार उत्पन्न नहीं होती।

शीतोषण हिमनद—हिमालय व आल्पस पर्वत क्षेत्र में मौजूद हैं। इस तरह के हिमनदों का तल नम होता है और इनकी खिसकने की गति अधिक तीव्र होती है। इस वजह से ऐसे हिमनद शीतल हिमनदों की अपेक्षा हिमस्खलन के लिए ज्यादा बड़े कारक होते हैं।

हिमालय के हिमनदों को मोटे तौर पर दो वर्गों में श्रेणीबद्ध किया गया है। यह तापमान वर्ग से संबद्ध है। एक अन्य महत्वपूर्ण वर्गीकरण, जो कि विभिन्न प्रकार के हिमनदों में अंतर करने हेतु प्रचलन में है, भू-आकृतिक कारकों पर आधारित है, जैसे—स्थान, माप तथा आकार आदि।

वैली (घाटी) ग्लेशियर नाम से उन हिमनदों को परिभाषित किया जाता है जो छोटे अवशेष हिमनद हैं। ये पर्वतों के ऊँचाई वाले क्षेत्रों में खोखले व परनाली के रूप में दिखाई पड़ते हैं। वैली हिमनद, घाटी हिमनदों के विकृत अवशेषों के रूप में हो सकते हैं जो पूर्व में अस्तित्व में आए हैं।

हैंगिंग (लटकते) ग्लेशियर छोटे प्रकार के हिमनद होते हैं जो संचय क्षेत्र में समावेशित होकर खोखले स्थानों या कुंडों में स्थित होते हैं। ये घाटी की दीवारों के साथ तेजी से बनते हैं। इन हिमनदों का पोषण इन्हीं स्थानों पर होता है और इनसे सहायक हिमखंड बनते रहते हैं।

हिमनदों की रचना

एक ग्लेशियर को संचय और पृथक्करण क्षेत्रों में विभाजित किया जा सकता है। शीतकाल में पूरे हिमनद की सतह ताजी बर्फ से ढक जाती है और ऑप्टिकल इमेजरी का उपयोग करके हिमनदीय विशेषताओं की पहचान करना संभव नहीं है। किंतु मौसम में परिवर्तन तथा तापमान में बदलाव के साथ बर्फ की सतह में परिवर्तन होता है। ग्रीष्मकाल में हिमनदों की विशेषताएँ—सूखी बर्फ, गीली बर्फ/आइस तथा बर्फ की पर्तों के रूप में वर्गीकृत की जाती हैं (पैटरसन, 2016)। हिमालयी ग्लेशियर को 5 वर्णक्रमीय विशेषताओं के साथ वर्गीकृत किया गया है (नेगी, 2015)—

1. साफ बर्फ
2. ताजी बर्फ
3. नीली बर्फ
4. पारदर्शी बर्फ
5. धूल मिश्रित बर्फ

मौसम और तापमान पर निर्भर बर्फ के जमने व पिघलने की प्रक्रिया निरंतर चलती रहती है। अंत में ये बर्फ जमकर कठोर रूप में परिवर्तित हो जाती है। यही बर्फ एकत्र होकर जब मजबूत व सख्त हो जाती है तो मजबूती से जमी बर्फ पर, बर्फ की नई परत चढ़ती है और उस स्थान पर पहले से जमी बर्फ के ऊपर निरंतर दबाव बनाती है। जैसे—जैसे अधिक मात्रा में जमी हुई बर्फ सख्त होती जाती है हिमनद के वजन तथा आकार में वृद्धि होती रहती है। यह

बर्फ की परतों को धीरे-धीरे हिलने में मदद करती है। हिमनद के ऊपरी हिस्से सामान्यतः निचले हिस्सों की अपेक्षा कम दबाव में होते हैं। नई जमी बर्फ के ये ऊपरी भाग ज्यादा भुरभुरे होते हैं। जरा भी हिलने-डुलने पर इनमें गहरी-चौड़ी दरारें पड़ जाती है (जेफ्रीज, 1986)।

हिमनद : मानव-जीवन की आधारशिला

हिमनद ताजे पानी के एक प्राकृतिक संसाधन होते हैं। ये नदियों के प्रवाह, स्थानीय जलवायु और वैश्विक जलवायु को भी प्रभावित करते हैं। अनुमानित जलवायु परिवर्तन एवं हिमनदों की परिवर्तनशील प्रवृत्ति की क्रमागत उन्नति की देखरेख करने के लिए निगरानी (मॉनीटर) किए जाने की आवश्यकता का स्पष्ट रूप से लक्ष्य निर्धारित करने की ओर इंगित करते हैं (गोरे, 2019; भुतियानी, 2007)।

हमारी पृथ्वी पर जल के सभी चरणों ठोस, तरल एवं वाष्प का संबंध हिमनदों की गतिशीलता से है। जल में अद्वितीय विशेषताएँ हैं। ये पृथ्वी प्रणाली में हिमनदों की भूमिका को समझने में सहायता प्रदान करती है। बर्फ पिघलने के चक्र और वाष्पीकरण की प्रक्रिया के द्वारा जल वातावरण में पहुँचता है। यह ठोस अवस्था से सीधे वातावरण में 'उर्ध्वपातन' नामक प्रणाली से पहुँच सकता है। जल ही एक ऐसा पदार्थ है जो अपनी तरल अवस्था से हलका होता है। शुद्ध जल की अपेक्षा खारे पानी में अधिक घनत्व होता है।

हिमनदों का तेजी से पिघलकर निकलना विश्व में समुद्र के जल की वृद्धि के कारक तो हैं ही, साथ-ही-साथ, यह अधिक घनत्व वाले खारे पानी को भी नीचे की ओर धकेलता है जिसके चलते थर्मो हीट, जिसे वैज्ञानिक टी.एस.सी. (थर्मली स्टिम्यूलेटेड करंट) कहते है, में बदलाव आता है।

जिस बर्फ को विकसित होने में सदियाँ लगती है, वह मात्र कुछ ही वर्षो में पिघलकर गायब भी हो सकती है। हिमनद के पिघलने की प्रक्रिया एक बर्फ के टुकड़े के समान धीरे-धीरे निरंतरता से पिघलने के जैसी नहीं होती। एक बार जब हिमनदों की बर्फ नीचे की ओर से पिघलने लगती है तो इसका सीधा प्रभाव समुद्र जल पर पड़ता है। साथ ही, हिमनदों की बनावट में भी बदलाव आता है। हिमनद वाले भू-स्थानों में बर्फ का पिघलना तथा पीछे हटना तेजी से जारी हो जाता है।

पृथ्वी पर वर्तमान में 71 प्रतिशत जल, 10 प्रतिशत हिम और 19 प्रतिशत भूमि है। दुनिया की अधिकतर बर्फ आर्कटिक एवं अंटार्कटिक में है। कुछ पृथ्वी के चारों ओर पर्वतीय हिमनदों के रूप में फैली हुई है।

पानी जम जाने की अपेक्षा गर्म होने पर अधिक फैलाव लेता है। यह अनुमान लगाया गया है कि 21वीं शताब्दी में बर्फ की चोटियों और हिमनदों के पिघलने के साथ ही समुद्र जल के तापमान में वृद्धि की वजह से समुद्र जल स्तर में अनुमानतः एक मीटर (एक गज से ज्यादा) वृद्धि की संभावना है। यह वृद्धि कुछ स्थानों पर अत्यधिक होगी ओर कुछ स्थानों पर कम। समुद्र स्तर स्वतः ही घटता-बढ़ता रहता है। कहीं उफान पर होता है तो कहीं यह उतरने-ढलने वाली स्थिति में होता है। बढ़ता हुआ समुद्र जल-स्तर एक बहुत संकटपूर्ण स्थिति है। इससे भारत, बाँग्लादेश और चीन, साथ ही संयुक्त राज्य अमेरिका तथा खाड़ी के देश और उत्तर-पूर्वी समुद्री किनारे वाले इलाकों के प्रभावित होने की सतत आशंका बनी हुई है।

जिस प्रकार इस ग्रह को वातानुकूलित रखने वाली ध्रुवीय हिम की सतह मौसम व जलवायु गतिशीलता पर प्रभाव डालती है, उसी प्रकार से हिमनद भी जलवायु परिर्वतन के प्रमुख सूचक हैं जिसका शीघ्रता से तो नहीं, पर धीमी गति से पृथ्वी संचालन प्रणालियों पर प्रभाव पड़ता है। हिमनद मौसमी परिवर्तन के लिए एक सजग प्रहरी के समान है। यह वर्तमान में वैश्विक परिवेश के सबसे स्पष्ट सूत्र हैं। समुद्र-स्तर में वृद्धि तथा बड़े पैमाने पर हिमानियों की क्षति से जलवायु प्रतिमान जटिलतापूर्वक बदल जाएँगे। हिमनदों की श्वेत सतह सूर्य किरणों को परिवर्तित करती है जिससे उस समय तापमान हलका व सुहावना बना रहता है। जब हिमनद पिघलते हैं तथा खुली हुई गहरे रंग वाली या काली सतहें गर्मी को सोख लेती हैं और बाद में वातावरण में छोड़ देती हैं तो इस कारण से तापमान में बढ़ोतरी होती है। हम जानते हैं कि हमारी जीवन-पद्धति जलवायु पर ही आधारित है।

मैंने विभिन्न मंचों के माध्यम से हिमालय से जुड़े कई गंभीर विषयों को उठाने का प्रयास किया है। ग्राम पंचायत स्तरीय बैठक से लेकर विधानसभा, भारतीय संसद में हमने हिमनद के संरक्षण-संवर्धन के लिए व्यापक मंथन किया है। कहने में कोई अतिशयोक्ति नहीं होगी कि हिमनद मनुष्य तथा पृथ्वी, दोनों के

अस्तित्व के लिए अत्यंत महत्वपूर्ण कारक है। एक तरह से यह भी कह सकते हैं कि जीवनदायी हिमनद हमारी जीवन-पद्धति का एक अति आवश्यक व अभिन्न अंग है जिनकी सुरक्षा एवं संरक्षण की दिशा में संपूर्ण विश्व में आज और अभी से ही ठोस प्रयास किए जाने की आवश्यकता है। मैं तो यहाँ तक कहता हूँ कि हिमालय और हिमनद बचेंगे तभी हमारा अस्तित्व बचेगा। हिमालय पर, हिमनद पर लोगों की बढ़ती जागरूकता निश्चित रूप से एक सकारात्मक लक्षण है।

हिम के भीतर विकसित होता जीवन

जहाँ जल है वहाँ जीवन है। हिमनद कोई अपवाद नहीं है। कई वर्षों से किए जा रहे शोधकार्यों से यह बात सामने आती है कि हमें हिमनदों के पारिस्थितिकी तंत्र के विषय में पुनः विचार करना चाहिए। हमारे हिमनद और बर्फ की परतें पृथ्वी के ज्यादातर शुद्ध जल को संरक्षित रखते हैं। हिमनद में बडी़ मात्रा में शुद्ध जल पारिस्थितिक तंत्र विद्यमान है, जो कि एक पृथक वृहत् पारिस्थितिक समुदाय को विकसित करता है।

निश्चित रूप से बर्फ में जीवन धीमी गति से चलता है, परंतु यह रुकता नहीं है। शून्य से बहुत नीचे का तापमान भी सूक्ष्म जीवों की गतिविधि में रुकावट नहीं होता। इसलिए इन स्थानों पर भी जीवन पलता है। हिमनदों की बर्फ में दबे हुए जीवाणु हिमनदों पर आधारित रहते हैं। चट्टानों को अपना भोजन बनाने वाले जीवाणु जल की बहुत पतली परतों पर बर्फ पर चढ़े हुए मलवे (कचरे) की सतह पर वास करते हैं। कुछ अन्य जीवाणु बर्फ के टुकड़ों से निर्मित नालियों के जल पर तैरते रहते हैं। कुल मिलाकर यह कह सकते हैं कि विभिन्न जीवाणु बर्फ की चादरों पर गहराई में बर्फ के टुकड़ों के भीतर रह सकते हैं। अपने जीवन के लिए जीवाणु कार्बन डाईऑक्साइड व मिथेन गैस का उपभोग करने के साथ ही उनका उत्पादन भी करते हैं।

हिमनदों की सतह पर पर्याप्त मात्रा में सूर्य का प्रकाश व तरल अवस्था में जल रहता है। ग्रीष्म ऋतु में उनका वातावरण से सीधा संपर्क रहता है। इसलिए कुछ समय के लिए यहाँ पर जीवन आसान रहता है। इसके अतिरिक्त जैसा कि हम शुष्क दिनों में देखते हैं कि ग्रीष्म ऋतु के चरम तक पहुँचने पर उत्तरी गोलार्द्ध से ठंडी बर्फ गायब हो जाती है। उन स्थानों पर जीवाणुओं के पनपने की

क्षमता अत्यधिक बढ़ जाती है और पिघलती हुई बर्फ के ढेरों में अनेक जीवाणु फलने-फूलने लगते हैं।

बर्फ एवं वायुमंडल के मिलन-बिंदु पर रहने वाले जीवाणु हिमनदों के घनत्व का संतुलन बनाए रखने के लिए भी महत्वपूर्ण हैं। ग्रीष्मऋतु के दौरान कुछ पौधों एवं जानवरों के लिए बर्फ की सतह पर पनपने हेतु स्थिति सुविधाजनक रहती है। हरी काई, या बर्फ के कीट इस दौरान खूब फूलते-फलते हैं। ये अंततः बर्फ की खाद्य शृंखला की जटिलता को सुलभ कर देते हैं।

यह बात स्पष्ट है कि हिमनद और बर्फ की परतें भी कोई निर्जीव स्थल नहीं हैं, बल्कि यहाँ पर भी विभिन्न तरीके की जैवविविधता के आधार का सुंदर समावेश है।

मानव-जीवन पर प्रभाव

पर्वतीय क्षेत्रों में हिमनद प्रायः पर्यटकों के लिए आकर्षण का केंद्र होते हैं। पर्वतों के निकट शुष्क जलवायु में रहने वाले लागे अपनी आवश्यकता की जलापूर्ति के लिए प्रायः पिघले हुए हिमनदों पर ही निर्भर रहते हैं। भारत, चीन तथा एशिया महाद्वीप के विभिन्न इलाकों से प्रवाहित होने वाली नदियों की जलापूर्ति हिमालय से पिघलने वाली बर्फ द्वारा होती है। ग्रीष्म ऋतु के अंत में नदियों में जल प्रवाह का एक महत्वपूर्ण हिस्सा पिघलते हिमनदों से ही आता है।

आज के समय में हिमनद के जल की माँग अन्य क्षेत्रों में भी बढ़ती जा रही है। कुछेक पेय पदार्थों की कंपनियाँ हिमनद के पिघले हुए जल को बोतलों में डालकर बेचते हैं। हिमनद की बर्फ से बने आइस-क्यूब (बर्फ के टुकड़े) भी कुछ विशेष पेय पदार्थों में अधिक लोकप्रिय है।

जलविद्युत ऊर्जा के उत्पादन में भी हिमनदों की अहम भूमिका है। नार्वे, मध्य यूरोप, कनाडा, न्यूजीलैंड और दक्षिणी अमेरिका के वैज्ञानिकों तथा इंजीनियरों ने हिमनदों से पिघलकर बहते हुए जल वाले इलाकों में जल प्रवाह से उत्पन्न होने वाली विद्युत का प्रयोग करके हिमनदीय स्रोतों को जोड़कर सँजोने हेतु एक साथ मिलकर कार्य किया है।

यहाँ विशेष ध्यान रहता है कि जलविद्युत योजनाओं का क्षेत्रीय पारिस्थितिकी के अनुकूल और हर दृष्टि से डिजाइन अत्यंत सुरक्षित हो, ताकि निर्माण के दौरान प्रकृति पर कम-से-कम विपरीत असर पड़े।

ग्लेशियर की पारिस्थितिकी पर विश्व के कई संस्थान कार्य कर रहे हैं। आपसी समन्वय से शोध के लाभ कई गुना बढ़ जाएँगे। अच्छी बात यह है कि गैर-वैकल्पिक ऊर्जा की श्रेणी में उत्पादित यह बिजली कोई प्रदूषण उत्पन्न नहीं करती और ऊर्जा का सस्ता विकल्प प्रदान करता है।

3

हिमालय और हिमनद

महान हिमालय भारतवर्ष के लिए सदियों से एक सीमा प्रहरी के रूप में यथावत है। इतिहास इस बात का गवाह है, जो यह बतलाता है कि उत्तरी सीमा में स्थित हिमालय पर्वत प्रागैतिहासिक काल से सन् 1962 तक किसी भी शत्रु के लिए ढाल के समान अडिग खड़ा रहा है। हिमालय पर्वत भारत में मानसून की बेहतर वर्षा करने में प्राथमिक भूमिका अदा करता है जो किसी भी राष्ट्र की आर्थिक समृद्धि के लिए महत्वपूर्ण है। यह मानसूनी हवाओं को यहीं पर रोके रखता है जो कि चोटियों से टकराकर वर्षा लाती है। दूसरी ओर, यह उत्तर की ओर से बहकर आने वाली हानिकारक शीतल पवन को भीतर आने से भी रोकता है। हिमालय पर्वत के उच्चतम स्थानों पर स्थित अनेकों हिमनद, भारत में बहने वाली कई जीवन-रक्षक जल-धाराओं के स्रोत हैं।

हिमालय एक युवा पर्वत-शृंखला है जो ध्रुवों के पश्चात सर्वाधिक हिमनदों के लिए जानी जाती है। संभवतः इसी कारण से इस पर्वत को 'तीसरे ध्रुव' की संज्ञा दी गई हो (मायवस्की एवं जेस्च्केए 1979)। हिमालयी क्षेत्रों में हिमनदों की सघनता बहुत अधिक है। भारत की प्रमुख नदियाँ सिंधु, गंगा, ब्रह्मपुत्र तथा उनकी कई सहायक नदियाँ ग्लेशियरों से निकलती हैं। गंगा और ब्रह्मपुत्र की तुलना में सिंधु बेसिन के वार्षिक जलप्रवाह में ग्लेशियर के पिघलने की औसत दर काफी अधिक है (इमरजील, 2010)। हालाँकि, सिंधु बेसिन में अत्यधिक विकसित नहरों

की तंत्र व्यवस्था, पाकिस्तान और भारत के खाद्य उत्पादन का क्रमशः लगभग 96% और 26% उत्पादन करता है (RBI, 2011)। ग्लेशियर के पिघलने के कारण सिंधु बेसिन में अपवाह पैटर्न में बदलाव भारत और पाकिस्तान की खाद्य सुरक्षा को विशेष रूप से प्रभावित कर सकते हैं। हाल के अध्ययनों से पता चलता है कि ग्रीन हाउस गैस उत्सर्जन(GHG) का तेजी से शमन, यानी RCP 8.5 से RCP 2.6 तक खिसकना हिमालयी ग्लेशियरों के संरक्षण में मदद कर सकता है और प्रवाह के वर्तमान स्वरूप को बनाए रखने में भी मदद कर सकता है (चतुर्वेदी, 2014)।

मुझे देश-विदेश के कई मंचों पर हिमालय के हिमनदों के विषय में व्याख्यान देने का अवसर मिला। मैंने देखा कि हिमनदों के विषय में भू-वैज्ञानिकों की राय पृथक है। कुछ भूवैज्ञानिक यह मानते हैं कि हिमालय का अनुमानतः 33,200 वर्ग कि.मी. का क्षेत्र हिमनदों से घिरा हुआ है।

हिमालय क्षेत्र से लगते हुए काराकोरम पर्वत के 33 प्रतिशत भाग में हिमनद का फैलाव है, जिसका क्षेत्रफल लगभग 16,000 वर्ग कि.मी. आँका जाता है। भारतीय भूवैज्ञानिक सर्वेक्षण के अनुसार हिमालय के अनुमानतः 8,500 वर्ग कि.मी. क्षेत्र पर हिमनद फैले हुए हैं। लगभग 3,500 हिमनद गंगा और उसकी सहायक नदियों के लिए जल स्रोत है। इतनी ही संख्या में सिंधु बेसिन (भारत और पाकिस्तान) तथा लगभग 611 हिमनद तीस्ता एवं ब्रह्मपुत्र बेसिन (भारत) को जल उपलब्ध कराते हैं।

हिमालयी ग्लेशियर विश्व में सर्वोच्च ऊँचाई पर स्थित हिमनद हैं, जो भौगोलिक स्थिति के अनुसार उत्तरी गोलार्द्ध के दक्षिण में स्थित है। एशिया महाद्वीप के ऊँचे पर्वतों पर ध्रुव प्रदेशों के अलावा विश्व के कुछ हिमनदों में से लगभग 50 प्रतिशत विद्यमान है जो कि ऐल्पस पर्वत के हिमनदों की तुलना में 33 प्रतिशत अधिक क्षेत्र में फैले हुए हैं।

हिमालय पर्वत क्षेत्र में ठहरी हुई बर्फ की ऊँचाई एक जैसी नहीं है। पश्चिमी हिमालय में, जहाँ पर वर्षभर बर्फ का ठहराव रहता है उस क्षेत्र में यह 2,300 मीटर ऊँचाई तक है। मध्य हिमालय में ये ऊँचाई बढ़कर 2,600 से 2,800 मीटर और पूर्वी हिमालय में 3,000 मीटर तक है।

मुझे वर्ष 2013 की आपदा के पश्चात पूछा गया कि आपको क्यों लगता है कि हिमालय के बिना हमारा अस्तित्व ही नहीं है। मैंने कहा कि अगर हिमालय

के लाभ गिनाने की बात है तो मै घंटे ही नहीं, पूरा दिन उस पर बोल सकता हूँ। हिमालय हम सबके अस्तित्व की धुरी है।

असल में हिमालय एक पर्वत-शृंखला नहीं है, बल्कि यह अलग-अलग पर्वत शृंखलाओं का पुंज है। यह पृथ्वी के शीर्ष से पूर्व दिशा में अनुमानतः 2,500 कि. मी. तक एक-दूसरे के समानांतर जा रही है जिसमें दक्षिण में उत्तर की ओर आगे बढ़ते हुए शिवालिक शृंखला है, जिसे 'बाह्य हिमालय' या लोअर हिमालय नाम से भी जाना जाता है। इसकी ऊँचाई लगभग 1,000 से 1,500 मीटर तक है।

यहाँ पर ऊँचे भागों में वन है तथा निचले भागों का उपयोग खेती के कार्यों के लिए किया जाता है। आगे की ओर चलते हुए शिवालिक शृंखला के बाद में मध्य हिमालय शृंखला आती है, जो 'लेसर हिमालय' भी कहलाती है, जिसकी ऊँचाई औसतन 1,500 से 3,000 मीटर तक है। इस शृंखला में कई महत्वपूर्ण नदियों का उद्गम स्थल है। यहाँ पर विशेषतः हिमनदों का निर्माण होता रहता है, परंतु उन पर बर्फ का ठहराव अधिक समय के लिए नहीं होता है। बर्फ शीघ्र ही पिघलकर नदियों व नालों के रूप में मैदानी क्षेत्रों की ओर बहने लगती है।

हिमनदों की जन्मस्थली

3,500 मीटर से अधिक ऊँचाई को लिये हुए मध्य हिमालय के उत्तर में 'उच्च हिमालय शृंखला' है जो हिमनदों की जन्म स्थली है। यहाँ पर हमेशा बर्फ का ठहराव बना रहता है। हिमालय की सबसे ऊँची चोटियाँ भी इसी शृंखला में हैं जिनमें से लगभग 14 चोटियों की ऊँचाई आठ हजार मीटर से भी अधिक है। अकसर मैं अपने व्याख्यानों में इस बात पर बल देता हूँ कि हिमालय देवतुल्य है। यह पर्वत-शृंखला विलक्षण है। दुनिया में ऐसी कौन-सी पर्वत-शृंखला होगी जिसमें 100 चोटियाँ सात हजार फीट से भी अधिक ऊँची हैं। हिमालय में जहाँ पर ऊँची चोटियाँ हैं, जैसे कि नुन-कुन, चौखंबा, नंदा देवी, धौलागिरि आदि, ऐसे क्षेत्रों में हिमनदों का घनत्व अधिक रहता है।

हिमनदों के आकार की बात हो तो यह अपने उद्गम स्थल की विभिन्न परिस्थितियों पर निर्भर रहता है। हिमालय पर हिमनदों का विस्तार लगभग एक से 5 कि.मी. के मध्य होता है। अनेक छोटे हिमनद यहाँ पर ऐसे भी हैं जो कि बहुत छोटे और अपने उद्गम स्थलों तक ही सीमित है। कुछ हिमनद अति विशाल होने के कारण विश्व के विशालतम घाटी हिमनदों में शामिल हैं।

ग्लेशियरों पर अध्ययन के बाद यह अनुमान लगाया गया है कि पूर्व में हिमालय के हिमनदों का आकार आज से दुगना रहा होगा। कुछ भू-वैज्ञानिकों का यह भी मानना है कि तिब्बत और हिमालय पर्वत पर कभी भी महाद्वीपीय हिमनदों का उद्गम नहीं हुआ, बल्कि वहाँ पर पहले भी घाटी हिमनद मौजूद थे, जो आज भी विद्यमान हैं। भू-वैज्ञानिकों का मानना है कि प्लिस्टोसिन युग में हिमयुग का तीन बार आगमन हुआ।

संपूर्ण भारत, बाँग्लादेश और पाकिस्तान के 700 मिलियन से भी अधिक लोगों को हिमालयन ग्लेशियरों से निकलने वाली नदियों द्वारा ही जल प्राप्त होता है। यह संयुक्त राज्य अमेरिका की जनसंख्या की तुलना में दो गुने से भी ज्यादा बड़ी संख्या है, जहाँ एकमात्र स्रोत के द्वारा जल की पूर्ति हो रही है (मैकार्थी, 2016)।

यह हिमनद दुनिया में अन्य हिमनदों की तरह ही तापमान तथा अस्थिर मौसम की वजहों से पिघलने के जोखिम की स्थिति में है। हिमनदों का अस्तित्व वार्षिक आधार पर अत्यंत तीव्रता से उन पर बर्फ की पुनः पूर्ति करने पर टिका होता है। जैसे ही भारत में मानसून बाधित होते हैं तो बर्फ गायब होने लगती है। तेजी से हो रहे मौसम परिवर्तन के कारण हिमनदों के अस्तित्व पर गंभीर खतरा मँडरा रहा है जिसके लिए एक सक्षम एवं निर्णायक नीति सृजित करने की आवश्यकता है। एक ऐसी नीति, जिसके सृजन और क्रियान्वयन में हिमालय से जुड़े सभी हितधारकों का पर्याप्त और सार्थक प्रतिनिधित्व हो।

उत्तराखंड हिमालय के हिमनद

हैम्बर्ग विश्वविद्यालय, जर्मनी, जापान, यूक्रेन, युगांडा, मॉरीशस आदि देशों में जब-जब भी मैं गया, वहाँ के विद्यार्थियों के समक्ष अपने व्याख्यान की शुरुआत में मैंने उन्हें बताया कि मैं हिमालय से हूँ और उनके बीच आया हूँ तो उनकी उत्सुकता देखते ही बनती थी। जब मैंने उन्हें बताया कि मेरे गृहप्रदेश उत्तराखंड में 1,400 से अधिक हिमनद चार हजार वर्ग किलोमीटर में फैले हैं तो वे सब विस्मित रह गए।

गंगा बेसिन एक बहुत बड़ा क्षेत्र है, जिसके अंतर्गत ब्रह्मपुत्र बेसिन (अरुणाचल प्रदेश), तीस्ता बेसिन और सिक्किम भी आता है। गंगा घाटी के इस भाग में कुल 968 हिमनद चिह्नित किये गए हैं जिनका क्षेत्रफल लगभग 2,850 वर्ग कि.मी. आँका गया है, जोकि संपूर्ण घाटी के क्षेत्र से आठ प्रतिशत कम है।

अलकनंदा श्रेणी में कुल हिमनदों की संख्या 407 है जो 1,230 वर्ग कि.मी. तक फैले हुए हैं और संपूर्ण क्षेत्र में फैले हिमनदों का 11 प्रतिशत है।

यमुना बेसिन में सबसे कम हिमनद हैं जिनकी संख्या 52 है और यह मात्र 142 वर्ग कि.मी. का क्षेत्र ही ग्रहण किये हुए है जो कि कुल हिमनदों के क्षेत्रफल का 2 प्रतिशत है।

भागीरथी बेसिन गंगा बेसिन की एक उप श्रेणी है जो कि गंगा की दो मुख्य सहायक नदियों में से एक है। इस श्रेणी को उत्तर में अंतरराष्ट्रीय सीमा तथा सतलुज और भागीरथी की जल विभाजक के रूप में परिभाषित किया जाता है। दक्षिण में देवप्रयाग में इस श्रेणी की सीमा चिह्नित होती है। इस श्रेणी का सीमांकन पूर्व में भिलंगना नदी और मंदाकिनी नदी, पश्चिम में यमुना बेसिन के मध्य जल विभाजन द्वारा होता है। भागीरथी श्रेणी का 7,502 वर्ग कि.मी. (10.06 प्रतिशत) क्षेत्र हिमनदों के अधीन है। इसके अंतर्गत 238 हिमनद अभी तक चिह्नित किए जा चुके हैं।

भिलंगना उप बेसिन में 13 हिमनद हैं, जो लगभग 88.20 वर्ग कि.मी. के क्षेत्र में फैले है।

पिलाँग बेसिन में 23 हिमनद लगभग 48.54 वर्ग कि.मी. तक फैले हुए हैं, जो कि बेसिन के कुल क्षेत्र का 3.63 प्रतिशत है।

जलंधरी गाड़ बेसिन में अब तक 64 हिमनद चिह्नित किए जा चुके हैं, जो कि 105 वर्ग कि.मी. के क्षेत्र को घेरे हुए हैं, जो संपूर्ण बेसिन क्षेत्र का 15.13 प्रतिशत है।

जाह्नवी गंगा उप बेसिन के अंतर्गत 60 हिमनद चिह्नित हुए हैं, जो कि लगभग 136 वर्ग कि.मी. के क्षेत्र में फैले हुए हैं, जो कुल क्षेत्र का 9.46 प्रतिशत है।

भागीरथी उप बेसिन में 78 हिमनद हैं, जो 377.52 वर्ग कि.मी. तक फैले हुए हैं। इनसे कुल क्षेत्र का 37.21 प्रतिशत क्षेत्र घिरा हुआ है।

नंदा उप बेसिन अलकनंदा, गंगा की एक अन्य मुख्य सहायक नदी है। इसके अंतर्गत 407 हिमनद आते हैं, जिनका फैलाव 1,204 वर्ग कि.मी. तक है, जो कि संपूर्ण क्षेत्र का लगभग 11 प्रतिशत है।

रक्तहोंग बेसिन दूसरी सबसे बड़ी सुदूर दक्षिणी, हिमनदों से परिपूर्ण हिमालयी घाटी है जो कि तीस्ता से पश्चिम में स्थित है। इसका क्षेत्रफल लगभग

2,400 वर्ग कि.मी. है। लगभग सभी हिमनद इस बेसिन के उत्तरी भाग तक सीमित हैं। इसके अंतर्गत 36 हिमनद आते हैं जिनसे 58.44 वर्ग कि.मी. का इलाका घिरा हुआ है।

तालुंग बेसिन तीस्ता नदी के पश्चिम में और नेपाल सीमा के पूर्वी इलाके में स्थित है। ये हिमनद 1,270 वर्ग कि.मी. का क्षेत्र घेरे हुए है। तालुंग बेसिन के संपूर्ण क्षेत्रफल का लगभग 143 वर्ग कि.मी. इलाका हिमनदों से आच्छादित है, जिसमें 61 हिमनद हैं। अधिकांश हिमनद तालुंग ग्लेशियर के साथ उत्तर-पश्चिमी भाग तक सीमित हैं।

चंग्मी खाँगपू बेसिन सिक्किम हिमालय के हिमनद वाले बेसिन की पूर्वी सीमा को चिह्नित करता है। यह पश्चिम में झेमू घाटी और पूर्व में चुंबी घाटी (तिब्बत) के मध्य में स्थित है, जो लगभग 1,159 वर्गमीटर का क्षेत्र घेरे हुए है। हिमनद का क्षेत्र लाचुंग के उत्तर तक सीमित है जिसमें 102 हिमनद हैं और जिनसे लगभग 144.35 वर्ग कि.मी. का इलाका ढका हुआ है।

हिमालय क्षेत्र के विशालतम झेमू बेसिन का क्षेत्रफल 2,392 वर्ग कि. मी. है। यहाँ पर दो प्रमुख सहायक नदियाँ झेमू छू और हेमा छू बहती हैं। झेमू छू खंड का क्षेत्र 1,359 वर्ग कि.मी. है। यह सबसे बड़ी घाटी है, जिसमें 250 हिमनद मौजूद हैं। ये 360 वर्ग कि.मी. इलाका घेरे हुए है जो कि संपूर्ण क्षेत्रफल का 15.05 प्रतिशत है। इस इलाके में सबसे बड़ा हिमनद झेमू हिमनद है जो कि संपूर्ण हिमालय में भी सबसे बड़ा है।

हेमा छू खंड झेमू छू के पूर्व में 1,032 वर्ग कि.मी. के क्षेत्र में फैला है। हेमा छू खंड में सबसे बड़ा हिमनद तीस्ता खाँगसी हिमनद है जो कि तीस्ता नदी का स्रोत भी है।

4

हिमनद : द्रवण की प्रक्रिया

हिमालयी हिमनद बहुत पहले से सामुदायिक या वैज्ञानिक वाद-विवाद का केंद्रबिंदु रहे हैं। पहले से प्रचलित अनिश्चितता अत्यधिक चिंता का विषय है क्योंकि उनके भविष्य के दृश्यपटल में जल संसाधनों के लिए गंभीर परिणाम हैं। अधिकतर हिमालयी हिमनद अन्य हिमनदों की अपेक्षा व्यापक रूप से घट रहे हैं, सिवाय काराकोरम के, जो स्थिरता और व्यापक रूप से बढ़ने के संकेत दे रहे हैं। हिमनदों के घटने के प्रमुख कारक हैं–उन्हें प्रभावित करने वाली प्रक्रियाओं के विषय में जानकारियों का अभाव, जलवायु की विविधता की स्थिति और क्षेत्र के अंतर्गत स्थलाकृति में चरम सीमा तक बदलाव। हालाँकि, काराकोरम का बढ़ना या अन्य हिमनदों का सिकुड़ना या बहाव मौसम में परिवर्तन के हिसाब से होता है, जो कि कृषि या जलविद्युत उत्पादन के लिए एक संकट साबित हो सकता है (बोल्श, 2012)।

हिमालय के हिमनदों के आकार में शीत ऋतु के दौरान वृद्धि देखी गई है। ग्रीष्म ऋतु में यह घटने लगते हैं। इनके पिघलाव में वायुमंडलीय तापमान के साथ चट्टानों के तापमान में वृद्धि मुख्य कारक होते हैं। हिमनद पर अत्यधिक हिम-भार का दबाव भी बर्फ को पिघलाने का कार्य करता है। बादलों के प्रस्फुटन के समान ही कभी-कभार हिमनदों में भी प्रस्फुटन होने के परिणामस्वरूप बड़ी मात्रा में जल फैलकर बह जाता है।

हिमालय के पूर्वी भाग में सामान्यतः फरवरी से अक्तूबर माह तक हिम के पिघलने की प्रक्रिया जारी रहती है। दूसरी ओर, पश्चिमी भाग में यह क्रिया अप्रैल माह से प्रारंभ होकर अक्तूबर तक कायम रहती है। जहाँ पर हिमनद नहीं हैं, पर्वतों के उन निचले स्थानों पर सर्वप्रथम बर्फ का पिघलना आरंभ होता है। सामान्यतः हिमनद जून से जुलाई माह में पिघलना प्रारंभ होता है। कहने का तात्पर्य यह है कि यह वर्षा ऋतु के दौरान भी पिघलते रहते हैं, जिससे नदियों में जल की मात्रा बढ़ जाती है। ऐसी स्थिति में कई बार बाढ़ से प्रलय का खतरा मँडराने लगता है।

वायुमंडल में नमी अधिक होने की वजह से ही हिमनद वर्षा ऋतु में तीव्र गति से पिघलते हैं। बर्फ के तरल अवस्था में आने के दौरान निकलने वाली भाप की ऊष्मा बाहर निकल जाती है और यही ऊष्मा बर्फ के पिघलाव का कारण भी बनती है। जितनी ऊष्मा भाप के जल में परिवर्तित होने पर निकलती है, वह भाप की तुलना में कहीं अधिक आयतन की बर्फ को पिघला सकती है। उच्च हिमालय के ग्लेशियर पीछे हट रहे हैं और दुनिया के अन्य क्षेत्रों के ग्लेशियरों की तुलनात्मक दरों में बड़े पैमाने पर नुकसान हो रहा है (काब, 2012। भविष्य में होने वाले परिवर्तनों और उनसे संबद्ध हाइड्रोलॉजिकल प्रभावों के आकलन मुश्किल हैं। इनमें या तो ग्लेशियर की गतिशीलता की निगरानी की जाती है या इसमें सीमित संख्या में जलवायु मॉडल शामिल हैं। यहाँ हम उच्च हिमालय में बॉल्टेरो और लैंगटैंग वाटरशेड में दो विपरीत जलवायुवीय परिवर्तन के हाइड्रोलॉजिकल प्रभाव का आकलन करने के लिए एक उच्च रिजोल्यूशन ग्लेशियो हाइड्रोलॉजिकल मॉडल के संयोजन में जलवायु मॉडल के नवीनतम प्रभाव के परिणामों का उपयोग करते हैं। सिंधु और गंगा नदियों का अपवाह ये दर्शाता है कि सबसे बड़ी अनिश्चितता जलवायु मॉडल के माध्यम से अनुमानित वर्षा में भिन्नता के परिणामस्वरूप हो सकती है। दोनों जलागम क्षेत्रों में भविष्य में मजबूत, किंतु अत्यधिक परिवर्तनशील वृद्धि का अनुमान लगाया जा सकता है, और जलागम की विभिन्न विशेषताओं के बावजूद उनकी प्रतिक्रियाएँ आश्चर्यजनक रूप से समान हैं। दोनों ही मामलों में ग्लेशियर फिर से पैदा हो जाएँगे, लेकिन ग्लेशियर के पिघलते हुए प्रवाह की गति कम-से-कम 2050 तक बढ़ जाएगी। वर्षा में सकारात्मक परिवर्तन के साथ इस सदी के दौरान

पानी की उपलब्धता में गिरावट की संभावना नहीं है (इमरजील एवं बायरकेंस, 2012, इमरजील, 2013) ने यह निष्कर्ष निकाला है कि नदी के बेसिन के क्षेत्र, जो कि मानसून की वर्षा और ग्लेशियरों के पिघलने पर निर्भर है, बढ़ती पानी की माँग को बनाए रखना जारी रखेंगे।

संवहनीय विकास लक्ष्यों पर लोकसभा में अपने अभिभाषण में मैंने सदैव इस बात पर जोर दिया है कि देश के बड़े भू-भाग में जल आपूर्ति तभी संभव है जब हमारे ग्लेशियर बचेंगे।

द्रवण में उतार-चढ़ाव

उन्नीसवीं सदी के मध्य में जबसे हिमनदों की निगरानी की शुरुआत हुई थी, तभी से हिमालय के हिमनद लगातार पीछे खिसक रहे हैं। ऊपरी श्योक घाटी के कुमदन हिमनद समय-समय पर उतार-चढ़ाव के लिए एक अपवाद है।

हिमनदों के पीछे खिसकने की औसत वार्षिक दर 20वीं शताब्दी के पाँचवें दशक तक आमतौर पर 5 मीटर तक थी। मध्य और पूर्वी हिमालयी ग्लेशियरों के पीछे खिसकने की गति 70 के दशक से 80 के दशक के मध्य तक कई हिमनदों में बढ़कर 25 मीटर से 30 मीटर तक हो गई। गंगोत्री हिमनद के साथ भी यही हुआ है। 90 के दशक के आगमन पर यह पीछे हटने की दर सियाचिन, मचोई, दारूंग-दारूंग, गंगोत्री, सत्तोपंथ, भागीरथी खरक और झेमू हिमनदों पर कुछ धीमी होने लगी थी। सन् 2007 से 2009 के दौरान यह गति स्थिर रही।

यह बात गौर करने लायक है कि 1906 में पहली बार रिकार्ड हुए हिमनदों के रूप में दर्ज किए जाने तक कुमाऊँ हिमालय के कुछ हिमनदों, जैसे—पिंडारी पर पीछे हटने की उच्चतम दर 8 मीटर से 10 मीटर तक दर्ज की गई थी।

श्योक घाटी के कुमदन हिमनदों को उभरते हुए या बढ़ते हुए हिमनदों के रूप में जाना जाता है जिनके 40-50 वर्षों के आस-पास के सामयिक चक्र से बढ़ने की गतिविधि की तीन अवस्थाएँ हैं। उन्नत चरण—इसके अंतर्गत 15-17 वर्षों का समय होता है, जब हिमनद तेजी से उन्नति करते हैं। दूसरी स्थिर अवस्था है, जिसमें एक समान टूटने व बनने में लगभग 20 वर्षों का समय लगता है। अंतिम चरण है पीछे हटने का, जो कि 13 वर्षों का समय

होता है, जब हिमनद अपनी वास्तविक स्थिति से पीछे हटते हैं और नदियों से दूर होते हैं।

निगरानी के अंतर्गत सभी हिमनदों पर 70 से 90 के दशक के दौरान एक समान नकारात्मक द्रव्यमान संतुलन दर्ज किया गया।

हिमाचल प्रदेश में हामटा हिमनद को निगरानी में रखा गया है। हामटा हिमनद पर नकारात्मक द्रव्यमान संतुलन दर्ज किया गया।

संचय काल के दौरान वार्षिक बर्फबारी हिमनद के सकारात्मक या नकारात्मक द्रव्यमान संतुलन के लिए जिम्मेदार एक प्राथमिक पैरामीटर है। उत्तर-पश्चिमी से लेकर उत्तर-पूर्व में स्थित हिमनदों पर नकारात्मक द्रव्यमान संतुलन मान के आधार पर कमी देखी गई। उपग्रह द्वारा हिमालय के हिमनदों पर संतुलन रेखा के उतार-चढ़ाव पर निगरानी रखे हुए स्पेस एप्लीकेशन केंद्र के वैज्ञानिकों का यह मानना है कि वहाँ पर हिमनद नकारात्मक वार्षिक द्रव्यमान संतुलन दरशा रहे हैं। यह इस तथ्य को प्रमाणित करता है कि वार्षिक हिमपात में तेजी का सीधा असर द्रव्यमान संतुलन पर पड़ता है। जहाँ तक हिमनद के अग्रभाग का संबंध है तो यह हिमनद के व्यवहार में आकस्मिक बदलाव पर प्रतिक्रिया नहीं करते। यह भी जरूरी नहीं है कि सकारात्मक द्रव्यमान संतुलन हिमनद के आकार में वृद्धि के कारक हों, या फिर नकारात्मक द्रव्यमान संतुलन इसके पिघलाव या पीछे खिसकने की प्रक्रिया को बढ़ावा दे रहा हो।

अक्षांशीय उतार-चढ़ाव का योगदान हिमनद के पिघलने में, पिघलाव काल के दौरान निरपेक्ष रूप से उसी क्रम में होता है, जो कि हिमनद की बर्फ के कुल बहाव का लगभग 25 प्रतिशत से 30 प्रतिशत प्रतिदिन, प्रति वर्ग कि. मी. है। सकारात्मक संतुलन वर्ष के दौरान हिमनद के पिघलाव का योगदान पृथक्करण क्षेत्र के घटने की वजह से थोड़ा-सा कम हो जाता है, परंतु सर्दियों में बर्फ के संग्रह की अधिकता, जो कि सकारात्मक संतुलन के लिए उत्तरदायी है, इससे मुक्त हुए जल के द्वारा इसकी पुनः आपूर्ति कर देती है।

हिमनदों से अधिकतम रिसाव मध्य जुलाई से अगस्त के मध्य तक होता है। पिघलाव का सीधा संबंध दिन के प्रारंभिक भाग के दौरान सतही पृथक्करण से है। दोपहर तक ताप में काफी बढ़ोतरी होने से बर्फ के नीचे वाले भाग के हिमोढ़ ठोस हो जाते हैं, फलस्वरूप शाम तक अधिकतम रिसाव होता है। जैसा कि कुछ छोटे हिमनदों में रिकार्ड किया गया है कि हिमालय में पिघलाव को द्रव्यमान संतुलन या हिमनदों के खिसकने से स्वतंत्र आँका गया है।

हिमालय के हिमनदों को मोटे तौर पर शीतोष्णीय श्रेणी से संबद्ध रखकर वर्गीकृत किया जाता है। अध्ययन द्वारा यह प्रकट किया गया है कि जो बर्फ हिमालय में हिमनद का निर्माण करती है, वह अपने ऊर्ध्वाधर रूप में शीतोष्ण हिमनद के अन्य स्तरों की तुलना में निश्चित स्तरों पर शीत हिमनदों की विशेषताओं को प्रदर्शित कर सकती है।

हिमनदों का पीछे खिसकने के अनुरूप परिवर्तन वास्तव में कुछ सीधे तौर पर दिखाई पड़ने वाले और बहुत आसानी से समझे जाने वाले, भू-मंडलीय तापन के संकेतक होते हैं। हिमनदों का बढ़ना या पीछे खिसकना किसी हिमनद के द्रव्यमान संतुलन पर निर्भर करता है। भार (घनत्व) के घटने की वजह से हिमनद सिकुड़ना या पीछे खिसकना प्रारंभ कर देते हैं।

पर्वतीय हिमनद आमतौर पर छोटे और अति संवेदनशील होते हैं, जो कि स्थानीय जलवायु परिस्थितियों में मामूली समायोजन होने पर भी प्रभावित होते हैं। पिघलाव की मात्रा एक हिमनद से दूसरे हिमनद और एक घाटी से दूसरी घाटी पर भिन्न होती है।

वैश्विक पैमाने पर, ऊष्णकटिबंधीय हिमनदों को छोड़कर, हिमनदों की सिकुड़न को दर्शाने में वायु तापमान एक मुख्य कारक माना जाता है। छोटे हिमनद जलवायु परिवर्तन के प्रति अधिक संवेदनशील होते हैं और तेजी से अपना स्थान छोड़ते हैं। बड़े घाटी हिमनद, संचय क्षेत्र में सहायक हिमनदों के योगदान की वजह से जलवायु परिवर्तन के प्रति अपेक्षाकृत कम संवेदनशील होते हैं।

भारत में चिनाब घाटी पर किये गए एक अध्ययन द्वारा भी यही पता लगा है कि छोटे हिमनद बड़े हिमनदों की तुलना में अधिक गति से पीछे खिसक रहे हैं। आज संपूर्ण विश्व में अधिकतर हिमनद अपने स्थान से पीछे खिसकते जा रहे हैं, यानी कि पिघलाव की तीव्र गति के कारण सिकुड़ते जा रहे हैं।

भू-वैज्ञानिकों द्वारा विश्व के विभिन्न भागों से 169 हिमनदों का विश्लेषण करने के पश्चात उनके पीछे हटने का अनुमान लगाया गया। जिन हिमनदों का डेटा तैयार किया गया था वे यूरोपियन आल्पस, काकेशस, ऊष्णकटिबंधीय अफ्रीका, केंद्रीय एशिया, इरिआन जया, न्यूजीलैंड, पैटागोनिया, उत्तर पश्चिमी अमेरिका, दक्षिणी ग्रीनलैंड, आइसलैंड, जनमायन, सवालबाई और स्कैंडिनेविया है। इस विश्लेषण द्वारा भी यही बात निकलकर सामने आई कि न्यूजीलैंड के हिमनदों को छोड़कर सभी धीरे-धीरे सिमटते जा रहे हैं।

आई.पी.सी.पी. की तीसरी मूल्यांकन रिपोर्ट के अनुसार भी विश्व के विभिन्न क्षेत्रों से 20 हिमनद, जिनकी लंबाई अलग-अलग हैं, पीछे खिसक रहे हैं। अतः इस बात की पुष्टि हो जाती है कि विश्व में लगभग सभी हिमनदों का सिकुड़ना जारी है। आई.पी.सी.सी. एक ऐसा वैज्ञानिक अंतरराष्ट्रीय संगठन है जो जलवायु परिवर्तन से जुड़ी सामाजिक, आर्थिक जानकारियों को एकत्रित कर उनका विश्लेषण करता है। इस संगठन का गठन 1988 में संयुक्त राष्ट्र संघ की जनरल असेम्बली के दौरान हुआ था। यह संगठन प्रतिष्ठित पत्रिकाओं में छपे जलवायु परिवर्तन के शोध पत्रों के आधार पर अपनी रिपोर्ट प्रस्तुत करता है। आई.पी.सी. सी. की इस रिपोर्ट के अनुसार आल्पस के हिमनदीय क्षेत्र में सन् 1850 के बाद से ही कमी आई है और इसमें अनुमानित मात्रा का 50 प्रतिशत तक नुकसान पहुँचा है। आज स्पेन में मात्र 13 हिमनद ही बचे रह गए हैं जिनकी संख्या सन् 1980 में 27 थी। हिंदूकुश हिमालयी ग्लेशियरों के तेजी से पिघलने और पीछे हटने के कारण यह एक बहस का विषय रहा है। बहस का मूल कारण उच्च हिमालयी क्षेत्रों में ग्लेशियरों की सीमा के एक बड़े पैमाने पर व्यवस्थित अवलोकन की कमी, निर्जन भूखंड तथा विकट जलवायु की स्थिति है। यहाँ हम हिंदूकुश हिमालयी ग्लेशियर क्षेत्र की सीमा में वर्तमान स्थिति में देखे गए परिवर्तन के विषय में एक रिमोट सेंसिंग आधारित व्यापक आकलन प्रस्तुत कर रहे हैं। यह अध्ययन जलवायु परिवर्तन के अत्यधिक विषम प्रभावों को प्रकट करता है (बज्रचर्या, 2015)।

हिमालय के ग्लेशियर भी तीव्र गति से सिकुड़ते जा रहे हैं। सन् 2011 में पश्चिमी हिमालय की विभिन्न घाटियों में रिकार्ड की गई पिघलने की दर इस प्रकार थीः

1. **गौरी गंगा** में ऐसे 41 हिमनद, जिनका क्षेत्रफल सन् 1962 में 335 वर्ग कि.मी. था वह सन् 2001 से 2011 तक 269 वर्ग कि.मी. रह गया।
2. **भागीरथी** में 212 हिमनद, जिनका 1962 में कुल क्षेत्रफल 1,365 वर्ग कि.मी. था, 2001 से 2011 तक 1,178 वर्ग कि.मी. पहुँच गया।
3. **बरपा** के 19 हिमनद, जिनका क्षेत्रफल 1962 में कुल 173 वर्ग कि. मी. था, 2001 से 2004 के मध्य घटकर 140 वर्ग कि.मी. रह गया।
4. **पार्वती** में 90 हिमनदों का क्षेत्रफल, जो 493 वर्ग कि.मी. था, अब 390 वर्ग कि.मी. पहुँच गया।

5. **चंद्रा** में 116 हिमनद, जिनका क्षेत्रफल 696 वर्ग कि.मी. था यह 554 वर्ग कि.मी. पर रह गया।
6 **भागा** में 111 हिमनद थे, जिसका क्षेत्रफल 363 था वर्ग कि.मी. था, अब घटकर 254 वर्ग कि.मी. रह गया।
7. **मियार** के अंतर्गत 166 हिमनद, जिनका क्षेत्रफल 568 वर्ग कि.मी. था, उसका क्षेत्रफल घटकर 523 वर्ग कि.मी. रह गया।
8. **भुत** के 189 हिमनद, जिनका क्षेत्रफल 469 वर्ग कि.मी. था, अब सिमटकर 420 वर्ग कि.मी. पहुँच गया।
9. **बरवान** के 253 हिमनद, जिनका क्षेत्रफल 847 वर्ग कि.मी. था, अब घटकर 672 वर्ग कि.मी. पर पहुँच गया।
10. **जंस्कार** के अंतर्गत 671 हिमनद थे, जिनका कुल क्षेत्रफल 1,023 वर्ग कि.मी. था, जो पिघलकर अब 929 वर्ग कि.मी. पर पहुँच गया।
11. **तीरता** में 57 हिमनद आते हैं। सन् 1997 में इनका क्षेत्रफल 403 वर्ग कि.मी. था, जो इतने सिमट गए हैं कि अब इनका क्षेत्रफल 392 वर्ग कि.मी. ही रह गया।

यह सभी आँकड़े सन् 2011 में एक वरिष्ठ वैज्ञानिक द्वारा पश्चिमी हिमालय की 11 विभिन्न घाटियों पर किये गए अध्ययन के आधार पर दर्शाये गए हैं।

हिमनदों की सिकुड़न क्षेत्रीय ऊँचाई से भी प्रभावित होती है। ठीक वैसे ही जैसे बर्फ एवं हिम पृथक्करण ऊँचाई से प्रभावित होता है। वैज्ञानिकों का मानना है कि यदि बड़ा क्षेत्र हिमरेखा के नीचे है तो पृथक्करण काल के अंत में नकारात्मक द्रव्यमान संतुलन देखा जाता है जो कि सिकुड़न को बढ़ाता है।

हिमनद ताप में वृद्धि के कारण पीछे हटते हैं। इनसे होने वाला रिसाव अल्प अवधि के लिए तो बढ़ जाता है, परंतु हिमनदों के गायब होने पर यह समाप्त हो जाता है।

इस सत्यता से तो कोई भी इनकार नहीं कर सकता कि संपूर्ण विश्व में हिमनद धीरे-धीरे सिकुड़ते चले जा रहे हैं। यह प्रकृति द्वारा स्वनिर्मित प्रक्रिया है जो कि हिमनद के आकार, ज्यामिति, आधार, स्थलाकृति और क्षेत्र की जलवायु द्वारा नियंत्रित होती है। क्षेत्रफल व हिमनदों के आयतन के लगातार

घटने की वजह से इनके पीछे हटने और सिकुड़ने की दर में तीव्र वृद्धि हुई है।

कुछ वर्षों से हिमनदों के पीछे हटने की बढ़ी हुई दर ने बड़े पैमाने पर भूमंडलीय तापमान व हिमनदों की सत्ता पर इसके प्रभावों के संदर्भ में एक बड़ी बहस का आरंभ कर दिया है। हिमनदों के पीछे हटने के अध्ययन का हम आयतन तथा जलवायुवीय बदलावों के आधार पर निर्धारण कर सकते हैं।

घाटी हिमनदों के क्षैतिज व सीधे खड़े रूप में सिकुड़ने के मूल्यांकन से हमें हिमनदों के बारे में व्यापकता से समझने का मौका मिलता है। जैसे, वह कई वर्षों से जलवायु में होने वाले विभिन्न परिवर्तनों पर कैसी प्रतिक्रिया देते रहे हैं। हिमनद का अग्रभाग हिमनदों के पीछे हटने की स्थिति एवं वृद्धि का एक श्रेष्ठ संकेतक होता है। यह घनत्व के बढ़ने से आगे की ओर बढ़ता है और कम हो जाने पर अपना स्थान छोड़कर पीछे हट जाता है। हिमालय के हिमनदों के उतार-चढ़ाव का जो रिकार्ड है वह मात्र 150 वर्ष पुराना है। हिमालय और काराकोरम क्षेत्रों के 122 हिमनदों पर अध्ययन करने के बाद यह परिणाम निकाला गया कि इनमें से ज्यादातर अपना स्थान छोड़ते जा रहे हैं।

हिमालय के हिमनदों के पीछे हटने की दर को सामने रखते हुए यह ज्ञात हुआ है कि यह सामान्यतः 15 से 20 मीटर वार्षिक औसत दर से पीछे हटने की स्थिति में है। मध्य हिमालयी ग्लेशियरों में सतही मलबे की पर्तों के घनत्व में अस्थिरता होती है जो कि अपक्षरण की दर को अत्यधिक प्रभावित करते हैं। डोकरियानी हिमनद में (7 km^2) 2009-10 से 2012 मे किये गए अध्ययन में साफ और मलबे से ढकी बर्फ के पिघलने की दर तथा उसकी सार्थक ऊँचाई के अंतर का पता किया गया। यहाँ तक कि अध्ययन में ये भी पता चला कि एक छोटे-से मलबे के आवरण की मोटाई वार्षिक आधार पर स्वच्छ बर्फ की तुलना में बर्फ के पिघलने की दर को कम करती है। अध्ययन-अवधि के दौरान देखा गया कि मलबे से ढकी बर्फ के पिघलने की दर स्वच्छ बर्फ की अपेक्षा 37 प्रतिशत तक कम होती है। उसी समयावधि में, डोकरियानी ग्लेशियर के अभयारण्य क्षेत्र के बर्फ के सबसे ज्यादा भंडारण वाले अपक्षय क्षेत्र में 1.2 m(w.e.) जल के समकक्ष वार्षिक अपक्षय दर से ज्यादा मजबूत गिरावट देखी गई। हिमालय के कुछ प्रमुख हिमनदों के अग्रभाग

को कुछ वैज्ञानिकों द्वारा अलग-अलग समय पर मापा गया, उसके बाद जो आँकड़ा निकलकर सामने आया वह इस प्रकार है—

1. मिलम हिमनद को सन् 1849 से 1957 यानी 108 वर्षों तक निगरानी में रखा गया। इस अवधि में यह 1,250 मीटर प्रतिवर्ष की दर से 1,350 मीटर पीछे खिसक गया है।
2. पिंडारी हिमनद को 1845 से 1966 यानी 121 वर्षों तक निगरानी में रखा गया। इस अवधि में यह 23.40 मीटर प्रतिवर्ष की दर से 2,840 मीटर पीछे खिसक गया है।
3. गंगोत्री ग्लेशियर 1935 से 1990 की अवधि यानी 55 वर्षों में 27.9 मीटर प्रतिवर्ष की औसत दर से पीछे हटा है। पुनः 1990 से 1996 तक 6 वर्षों में गंगोत्री हिमनद 28.3 मीटर प्रतिवर्ष की दर से पीछे खिसक गया।
4. तिपरा बैंक हिमनद को 1960 से लेकर 1986 तक 26 वर्षों के लिए निगरानी में रखा गया। यह इस अवधि में 12.50 मीटर प्रतिवर्ष की औसर दर से 325 मीटर तक पीछे खिसका है।
5. डोकरानी हिमनद 1962 से 1991 तक 29 वर्षों की पर्यवेक्षण अवधि में 16.5 मीटर प्रतिवर्ष की औसत दर से 480 मीटर तक पीछे हटा है। पुनः 1991 से 2000 तक की नौ वर्षों की अवधि के दौरान यह 17.9 मीटर प्रतिवर्ष की औसत दर से 161.15 मीटर पीछे हटा। एक बार पुनः 2001-2007 तक सात वर्ष के समय में यह हिमनद 15.7 मीटर प्रतिवर्ष की औसत दर से 110.2 मीटर तक पीछे हटा है।
6. चौराबारी हिमनद को 1962 से 2003 तक के 41 वर्षों की निगरानी अवधि में रखा गया । यह इस दौरान 4.8 मीटर प्रतिवर्ष की औसत दर से खिसक गया। पुनः सन् 2003 से 2007 तक के चार वर्षों के दौरान यह 10.2 मीटर प्रतिवर्ष की दर से 4.1 मीटर पीछे हटा है।
7. शंकुल्पा हिमनद 1881 से 1957 तक 76 वर्षों के पर्यवेक्षण काल के दौरान 6.8 मीटर प्रतिवर्ष की दर से 518 मीटर तक पीछे खिसका है।
8. पोंटिंग हिमनद 1906 से 1957 की 51 वर्षों की अवधि में 5.13 मीटर प्रतिवर्ष की औसत दर से 265 मीटर तक पीछे गया है।

9. सत्तोपंथ हिमनद 1962 से 2005 तक की 43 वर्षों की अवधि में 26.9 मीटर प्रतिवर्ष की दर से 1157.15 मीटर तक पीछे पहुँचा।
10. भागीरथी खरक पर 1962 से 2005 तक के 43 वर्षों में 7.4 मीटर प्रतिवर्ष की दर से 319.3 मीटर तक पीछे हटना दर्ज किया गया। सन् 2005 से 2006 में एक वर्ष के दौरान यह 6.5 की दर से पीछे हटा है।
11. बड़ा सिगरी हिमनद 1962 से 1969 तक के सात वर्षों में 31.28 मीटर प्रतिवर्ष की दर से 219 मीटर तक पीछे हटा है।
12. छोटा सिगरी हिमनद सन् 1987 से 1989 के तीन वर्षों के अपने पर्यवेक्षण काल के दौरान 18.5 मीटर प्रतिवर्ष की दर से 54 मीटर तक खिसक गया।
13. त्रिलोकनाथ हिमनद 1969-1995 तक के 27 वर्ष के दौरान 14 मीटर प्रतिवर्ष की दर से 400 मीटर पीछे हट गया।
14. सोनापानी हिमनद पर किए 1909 से 1961 तक 52 वर्ष के पर्यवेक्षण के दौरान यह 17.2 मीटर प्रतिवर्ष की दर से 899 मीटर तक अपने स्थान से पीछे हटा पाया गया।
15. कोलाहाई हिमनद पर 1912 से 1961 तक 49 वर्ष की निगरानी के दौरान 16.3 मीटर प्रविवर्ष की औसत दर से 800 मीटर तक पीछे हटना दर्ज किया गया।
16. झेमू हिमनद 1977 से 1984 तक सात वर्ष के अंतराल में 27.5 मीटर प्रतिवर्ष की औसत दर से 193 मीटर तक अपने स्थान से पीछे खिसक गया है।

यह सभी आँकड़े वरिष्ठ वैज्ञानिकों के द्वारा तैयार की गई रिपोर्ट के आधार पर दर्शाये गए हैं जिसका उद्देश्य वर्षों से हिमालय के हिमनदों के पीछे हटने या सिकुड़ने की दर का आकलन कर सबका ध्यान आकर्षित करना है।

हिमालय के हिमनद अलग-अलग समय पर होने वाले उतार-चढ़ाव के लिए जाने जाते हैं। गंगाघाटी में गंगोत्री हिमनद पर लंबे समय से मापन-प्रक्रिया जारी रही है। इसके घट जाने के संबंध में भी काफी समय से आँकड़े लिये जाते रहे है। सन् 1937 में 'औडन' द्वारा सर्वप्रथम इस हिमनद के अग्रभाग के नक्शे का रेखाचित्र बनाया गया और इसे नापने के लिए दो संदर्भ बिंदु

स्थापित किये गए। बाद में भारतीय भू-वैज्ञानिक सर्वेक्षण विभाग द्वारा गंगोत्री हिमनद के अग्रभाग की स्थिति में रैखिक सरकन के संदर्भ में कई पैमाइशें की गईं। सन् 1935 से 1996 के दौरान एकत्र किये गए आँकड़ों के अनुसार यह हिमनद 20 से 28 मीटर प्रतिवर्ष की दर से 161.5 मीटर तक खिसक गया।

डोकरानी, क्षेत्र का एक अन्य हिमनद है जिसको सन् 1991 तक निश्चित तिथि वार्षिक मापन-प्रणाली के आधार पर निरंतर निगरानी में रखा गया। सन् 1962 और 1991 के मध्य यह हिमनद 480 मीटर तक पीछे हटा है जिससे 0.74 वर्ग कि.मी. का स्थान रिक्त हो गया। सन् 1991 से 2000 के दौरान किये गए क्षेत्र पर्यवेक्षण से यह ज्ञात हुआ कि यह हिमनद 127.8 मीटर प्रतिवर्ष की औसत दर से 161.5 मीटर तक घट गया। आगे भी सन् 2000 से 2007 के दौरान यह लगभग 15.7 मीटर प्रतिवर्ष की दर से 110 मीटर तक पीछे खिसका है।

उपरोक्त दिये गए आँकड़ों के आधार पर यह साबित होता है कि हिमनद लगातार पीछे की ओर खिसक रहे हैं। जैसा कि 1962 से 2007 के दौरान की गणना के आधार पर इसके खिसकने की गति को भिन्न-भिन्न दरों से वर्गीकृत किया गया।

इससे यह साफ हो जाता है कि हिमनद के पीछे हटने की प्रक्रिया हर समय एक समान नहीं होती। वर्ष 1997 से 2000 के दौरान किये गए क्षेत्रीय अध्ययन में यह सामने आया है कि हिमनद 17.8 मीटर प्रतिवर्ष की दर से घट रहा है, परंतु सन् 2000 से 2007 के दौरान पीछे हटने की औसत दर लगभग 15.7 मीटर प्रतिवर्ष रही और इसको हिमनद के सिकुड़ने की वर्तमान दर माना गया। अध्ययन से यह भी पता चला कि जिस समय हिमनद को निगरानी में रखा गया उस दौरान हिमनद के अग्रभाग पर कोई भी बढ़ोतरी नहीं देखी गई, जबकि सन् 1991 तक हिमनद पर लगातार सिकुड़न देखी गई।

ऐसा ही अध्ययन हिमाचल प्रदेश की चंद्रा घाटी में छोटा सिगरी हिमनद पर किया गया, जिससे यह संकेत मिले कि वर्ष 1962 से 1989 के दौरान सिकुड़ने की दर 7.5 मीटर प्रतिवर्ष रही। कुछ अन्य वैज्ञानिकों के द्वारा हिमालय, हिमाचल प्रदेश के चिनाब, पार्वती और बस्पा घाटी में सुदूर संवेदन डेटा तथा भारतीय सर्वेक्षण विभाग के स्थलाकृतिक नक्शे के प्रयोग द्वारा 1962 और 2004 में 466 हिमनदों के पीछे खिसकने की प्रक्रिया पर अध्ययन किया गया।

अध्ययन यह कहता है कि हिमनदों की सतह के क्षेत्रफल में 21 प्रतिशत तक की कमी आई है और इसकी सीमा के औसत क्षेत्र भी इस दौरान 1 वर्ग कि.मी. से 0.3 वर्ग कि. मी. तक घट गए हैं।

हिमनद के अग्र भाग पर सिकुड़न के लिए संभवतः जलवायु परिवर्तन को ही जिम्मेदार ठहराया गया है। हजारों हिमनदों में से कुछ चुने हुए हिमनदों के अग्रभाग की स्थिति का अध्ययन इस बात को प्रमाणित करता है कि सामान्यतः हिमाचल के हिमनद हाल के वर्षों के दौरान पिघलने की स्थिति में हैं।

5

हिमनदों पर मानवीय गतिविधियों का प्रभाव

भू-मंडलीय ताप वृद्धि (ग्लोबल वार्मिंग) से मानव-जीवन पर पड़ने वाले दुष्प्रभाव की पूरे विश्व में चर्चा है। परिणामस्वरूप, अभी तक इस विकराल समस्या का प्रभाव कम करने के लिए हम उपाय ढूँढ़ने में लगे हुए हैं। इसके साथ-साथ हमें वर्तमान में एक और बड़ी समस्या का सामना करना पड़ रहा है। जीवनदायी हिमनदों पर ग्लोबल वार्मिंग के प्रभाव को केंद्रित किया गया है। इस विषय पर हमें गंभीरता से चर्चा करने की आवश्यकता है।

जैसा कि हाल की घटनाओं से स्पष्ट हुआ है कि प्राकृतिक आपदाओं, जैसे बाढ़, सूखा, भूकंप, जंगल की आग, भूस्खलन, समुद्र के स्तर में वृद्धि, प्रजातियों का विलुप्त होना, जैवविविधता की हानि, गरीबी और आजीविका का नुकसान आदि की आवृत्ति और तीव्रता अधिक उग्र और गंभीर हो गई है। जलवायु परिवर्तन का एक प्रमुख प्रभाव ग्लेशियरों का संकुचन एवं पीछे हटना है जिसके परिणामस्वरूप ग्लोबल वार्मिंग के कारण ग्लेशियर में स्थित झीलों के आकार एवं संख्या में वृद्धि हुई है (बज्रचर्या, 2008)।

ग्लेशियर स्थलीय जलवायु परिवर्तन के सर्वोत्तम संकेतक हैं। वे पहाड़ी क्षेत्रों में जल संसाधनों के साथ-साथ वैश्विक स्तर पर समुद्र के स्तर में वृद्धि में महत्वपूर्ण योगदान देते हैं (काब, 2012)। ये मौसमी हाइड्रोलॉजिकल चक्र के प्राकृतिक बफर हैं। पहाड़ों पर पानी का स्रोत होने के कारण ये तराई

की नदियों पर भी प्रभाव डालते हैं, वे नदियों के अपवाह को भी प्रभावित करने के साथ ही नदी किनारे के एक्वीफर्स को रिचार्ज करने तथा वैश्विक स्तर पर समुद्र के स्तर में बदलाव करने में योगदान करते हैं। ध्रुवीय क्षेत्रों के बाहर हिमालयी ग्लेशियर ही सबसे बड़े हिमक्षेत्र हैं जिसमें कुल ग्लेशियर कवर 33,000 वर्ग किमी. (डायरेजेरोव एवं मिएर, 1997) और कुल 9,600 ग्लेशियर (रैना एवं श्रीवास्तव, 2008) शामिल हैं।

दुनिया भर में स्थानीय मौसम में बदलाव, वैश्विक वायुमंडलीय संरचना और जलवायु परिवर्तन के कारण अल्पाइन ग्लेशियर लगातार पीछे हटते जा रहे हैं (कोगले, 2009)। लगातार बढ़ते वायुमंडल में CO_2 के जमाव ने पैलियोक्लाइमैटिक इतिहास में सबसे तेजी से जलवायु परिवर्तन की घटना को जन्म दिया है (मीहूल, 2007; फूरिएर, 1827)। पृथ्वी के वायुमंडलीय वातावरण में सबसे पहले ग्रीनहाउस के प्रभाव को व्यापक रूप से पहचानना आवश्यक था। इसके बाद वायुमंडलीय व्यापक अध्ययन और वैश्विक तापमान पर इसके प्रभाव का अध्ययन कैलेंडर (1938, 1939) के द्वारा किया गया जिसमें सुझाव दिया गया कि कार्बन डाइऑक्साइड की वजह से तरंगों के अतिरिक्त वातावरण में मजबूत अवशोषण शक्ति हमारे वायुमंडल में CO_2 की बढ़ती मात्रा का विश्वस्तरीय औसत तापमान पर प्रभाव गर्म होगा। जलवायु प्रणाली में प्राकृतिक और मानवजनित हस्तक्षेप के कारण विकिरण संतुलन में परिवर्तन होता है। दुनिया भर के अध्ययनों ने इस ओर ध्यान आकर्षित किया कि इस विकिरणकारी बल के अनुरूप एक नए संतुलन तक पहुँचने के लिए तापमान, वर्षा और अन्य मात्रा में समायोजन आवश्यक है। 1930 के दशक में इस सिद्धांत के प्रस्ताव के बाद से, वायुमंडल में CO_2 की सांद्रता बढ़ने के कारण जलवायु परिवर्तन से होने वाले प्रभाव का असर अल्पाइन ग्लेशियरों पर पड़ेगा। वर्ष 1950 से 2010 तक, वैश्विक स्तर पर भौगोलिक रूप से मापा गया द्रव्यमान संतुलन का विकास, विश्व स्तर पर औसत तापमान में वृद्धि के कारण लगातार कम हुआ है। इस समयावधि में इसके घटने की दर सबसे अधिक है (कोगले, 2009)। अल्पाइन ग्लेशियरों के इन कठोर परिवर्तनों में से अधिकांश 30 साल के भीतर हुए हैं, जो जलवायु परिवर्तन के साथ एक मजबूत संबंध को दर्शाता है (ओरलिमंस, 2005)। हालाँकि, उच्च हिमालय के

अंतर्गत काराकोरम रेंज में अल्पाइन ग्लेशियरों का एक क्षेत्र है, जो वैश्विक रूप से जलवायु में देखे गए परिवर्तनों के लिए काफी अलग तरह से प्रतिक्रिया करता है।

एक ओर जहाँ विश्वभर में हिमनदों का पिघलना जारी है, वहीं हिमालयी हिमनद भी लगातार पिघलते जा रहे हैं। इसकी सबसे बड़ी वजह है भू-मंडलीय ताप वृद्धि (ग्लोबल वार्मिंग)। विश्वभर में शोध पर लगे लगभग सभी शोधकर्ताओं द्वारा यह निष्कर्ष निकाला गया है कि ग्लोबल वार्मिंग की वजह से विश्वभर में पर्यावरण को नुकसान पहुँच रहा है। इसी कारण से आने वाले दिनों में पानी की कमी होने की आशंका है जिसके कारण हिमनद वाले स्थान रेगिस्तान में तब्दील होना शुरू हो जाएँगे। जब धरती, वायु व जल का तापमान बढ़ जाता है तो कार्बन डाईऑक्साइड की मात्रा बढ़ जाती है। आमतौर पर भूमंडलीय तापन का प्रमुख कारण धरती पर वाहनों की अधिक आवाजाही से बढ़ता प्रदूषण व कारखानों से निकलने वाले धुएँ से पर्यावरण का दूषित होना माना जाता है। हालाँकि इसके कई अन्य कारण भी हैं।

ग्लोबल वार्मिंग की वजह से जब हिमनद पीछे की ओर हटने लगते हैं तो वहाँ पर कृत्रिम झील का निर्माण होता है। इस बात की प्रबल आशंका होती हैं कि इस प्रकार की झीलें कभी भी टूटकर आबादी वाले क्षेत्र में कहर बरपा सकती हैं। पूर्व में ऐसा उत्तराखंड में दो बार आई भयंकर आपदा में घटित हो चुकी है। केदारनाथ क्षेत्र में चौराबारी झील से आई आपदा इसका सबसे ताजा उदाहरण है, जिसमें भारी जान-माल की क्षति हुई थी। ये भी सच है कि हर बार इस तरह की आपदाओं का यही एकमात्र कारण नहीं होता है (एन, 2021)।

हिमनदों पर कई बार इस प्रकार की छोटी झीलें बन जाया करती हैं, जिनसे कोई खतरे की आशंका नहीं रहती। ये झीलें कुछ ही वर्षों में सूख जाती हैं और छोटी होने के कारण इन झीलों के फटने की उम्मीद कम रहती है। यदि ये झीलें टूट भी जाएँ तो नुकसान कम ही पहुँचाती हैं। इनमें इकट्ठा हुआ जल आबादी वाले क्षेत्रों में पहुँच पाने से पहले ही मार्ग में सूख जाता है।

जलवायु से होने वाले परिवर्तन के कारण हिमनदों का पिघलना और बर्फ की पर्तों का पतला होना और भी कई उन प्राकृतिक आपदाओं से जुड़ा है, जिनमें कोई बड़ा बदलाव लाने की क्षमता है। हिमनदों के पिघलाव से जो

सबसे अधिक संबंधित हैं उन्हें दो भागों में वर्गीकृत किया गया है। प्रत्यक्ष और अप्रत्यक्ष गतिशील ढलान गतिविधि (डायनेमिक स्लोप मूवमेंट)। जहाँ प्रत्यक्ष गतिशील ढलान गतिविधि में हिमस्खलन आते हैं वहीं अप्रत्यक्ष गतिशील ढलान में एक हिमनद प्रक्रिया, जैसे चट्टानी हिमस्खलन में मलबे का बहाव तथा भूस्खलन द्वितीयक परिणाम से संबंधित है। (एम्मर, 2018) ये प्रत्यक्ष और अप्रत्यक्ष गतिशील ढलान गतिविधियाँ निचली नदी घाटियों वाले क्षेत्रों में आबादी तथा आधारिक संरचनाओं के लिए अधिक जोखिम की स्थिति उत्पन्न कर सकती हैं। छोटे हिम युगों के बाद अनेक उच्च हिमालयी क्षेत्रों में हिमनदों की वापसी हिमनदों से पेरिगल हिमनदीय स्थिति में परिवर्तन का कारण बना है, जो तलछट की गतिशीलता को नियंत्रित करता है। हिमोढ़ के किनारों पर यांत्रिक अपक्षय और ढलान की प्रक्रिया और हिमोढ़ के तल पर किनारों का क्षरण अकसर बड़ी मात्रा में नष्ट हो जाता है, जिसके परिणामस्वरूप बिखरे हुए मलबे की विस्तृत परतें जम जाती हैं। हिमनदों को ढकने वाली ये तलछट आमतौर पर कम होने या ज्यादा खिसकने से प्रभावित होती है (कुमार, 2019)

संपूर्ण विश्व आज के समय में जलवायु परिर्वतन के दुष्प्रभावों को झेल रहा है, परंतु इस बदलाव के कारण हिमालय पर इसका सबसे अधिक व सीधा प्रभाव पड़ता साफ देखा जा रहा है। वैश्विक ताप में वृद्धि के चलते वृक्ष-रेखा धीरे-धीरे ऊपर की ओर खिसकती जा रही है जिससे अन्य जीवों के रहने के स्थान में परिवर्तन हो रहा है, जिसके आँकड़े वैज्ञानिकों द्वारा एकत्रित किये गए हैं। इनसे यह पता चलता है कि अपेक्षाकृत गर्म स्थानों पर रहने वाले जीव वृक्ष-रेखा से ऊपर के इलाकों में दिखायी दिए हैं। वन्य जीव वैज्ञानिकों को इस बदलाव ने चिंता में डुबो दिया है।

वैज्ञानिक इसे जलवायु परिवर्तन के साथ-साथ हिमालय पर बढ़ते ताप और इस कारण प्रभावित हो रहे पारिस्थितिकीय तंत्र के साथ जोड़कर देखते हैं। यद्यपि, वैज्ञानिकों को शोध किए जाने से पूर्व ही यह बात मालूम हो चुकी थी कि वैश्विक ताप में वृद्धि की वजह से हिमनदों के पिघलने की गति अनुमान से अधिक तीव्र हो चुकी है। अब हिमालय में वास करने वाले जीवों के व्यवहार तथा आवास में हो रहे बदलाव स्थिति की गंभीरता को दर्शाते हैं। वैज्ञानिकों द्वारा चेतावनी के रूप में सलाह दी गई है कि यदि वैश्विक ताप

को नियंत्रित करने और इस स्थिति में सुधार के लिए शीघ्रातिशीघ्र उपाय नहीं खोजे गए तो भविष्य में सभी को एक बड़ी त्रासदी के लिए तैयार रहना होगा।

हिमालय में स्थित लगभग सभी हिमनद जलवायु परिवर्तन की मार झेल रहे हैं। यह लगातार तीव्रता से पिघलते जा रहे है। इस कारण, सबसे बड़ा खतरा हमारी सदानीरा नदियों पर मँडरा रहा है। हिमनदों को पूर्ण रूप से पिघलने में बहुत लंबा समय लगेगा, परंतु वैश्विक ताप वृद्धि से जलवायु परिवर्तन के बाद प्रकृति में जो बदलाव देखने को मिल रहे हैं वह भविष्य के लिए अच्छे संकेत नहीं कहे जा सकते (शेरलर, 2011)।

विश्व की कई शीर्ष संस्थाएँ हिमालय के हिमनदों की स्थितियों पर नजर रखकर इन पर शोध कर रही हैं, जिससे एक बात उभरकर आई है कि सामान्यतः हिमालय पर हिमनदों की स्थिति बहुत अच्छी नहीं है। हिमनदों पर बर्फ जमने की गति की तुलना में उनके पिघलने की रफ्तार तेज है। देवभूमि उत्तराखंड में गोमुख, ढोकरानी, चोराबाड़ी, पिंडारी और मिलम हिमनदों पर वाडिया हिमालय भू-विज्ञान संस्थान द्वारा गहनता से अध्ययन किया जा रहा है। ये हिमनद उत्तराखंड से निकलने वाली बड़ी नदियों के स्रोत हैं, जिनसे उत्तराखंड सहित अन्य राज्यों को भी पानी मिलता है। हिमनदों से उत्पन्न होने वाली नदियाँ अन्य जल स्रोतों से निकलकर बहने वाली नदियों से अपेक्षाकृत ज्यादा अच्छी स्थिति में होती हैं। हाल के वर्षों में नदियों का जलस्तर निरंतर कम होता जा रहा है जो बहुत चिंता का विषय है। हिमनदों को जल का प्राकृतिक भंडारगृह भी कहा जाता है इसलिए इनका तीव्र गति से सिमटना आज सभी के लिए चिंता का कारण बना है।

हिमालयी क्षेत्र की सबसे दिलचस्प विशेषता इसकी भूवैज्ञानिक और स्थलाकृति संबंधी विशेषताएँ हैं जो 5 करोड़ साल पहले से लगातार विकसित हो रही हैं (रॉय एवं पुरोहित, 2018)। वैश्विक जलवायु परिवर्तन से ग्लेशियरों का पिघलना और झीलों के निर्माण की प्रक्रिया के तेज होने के फलस्वरूप झीलों के टूटने की घटनाओं में वृद्धि हुई है (बज्राचार्य, 2008; राज, 2013; GSI, 2017)। इन घटनाओं ने मानव की आजीविका, जीवन और संपत्ति के नुकसान के साथ ही मानव के अस्तित्व पर प्रतिकूल प्रभाव डाला है। अध्ययनों से पता चला है कि हिमालयी क्षेत्रों में ग्लेशियर झीलों के टूटने की घटना की आवृत्ति तीन से दस साल है जिसके अलग-अलग सामाजिक-आर्थिक प्रभाव होते

हैं (बज्राचार्य, 2008)। भारत में हिमालयी राज्य उत्तराखंड को व्यापक रूप से प्राकृतिक घटनाओं के लिए जाना जाता है। ऐसा प्रतीत होता है कि देवभूमि में बसे लोगों की बार-बार परीक्षा ली जा रही हो। उत्तराखंड हिमालय में 6,600 से 3,800 मी. ऊँचाई के मध्य 968 ग्लेशियर हैं जो 2,857 वर्ग किमी. क्षेत्र को आच्छादित करते हैं तथा इसमें 209.37 क्यूबिक किमी. बर्फ की मात्रा है (रैना एवं श्रीवास्तव, 2020)।

जलवायु परिवर्तन के साथ हिमनदों पर मानवीय हस्तक्षेप, बढ़ती जनसंख्या के लिए आवास हेतु वृक्षों के अत्यधिक दोहन और हरियाली के कम हो जाने से भी हिमनदों पर अंततोगत्वा खतरा उमड़ने लगता है। यही कारण है कि पर्यावरण विशेषज्ञ व समाज के बुद्धिजीवियों द्वारा वृक्ष लगाने तथा पर्यावरण को लेकर सजग रहने के लिए जनजागरूकता अभियान चलाए जा रहे हैं। उत्तराखंड की भूमि से प्रारंभ हुए 'चिपको आंदोलन' ने पूरे विश्व के पर्यावरण संरक्षण से जुड़े लोगों के भीतर नई ऊर्जा और उत्साह का संचार किया। औद्योगिकीकरण के बाद से मानवजनित गतिविधियों के कारण वायुमंडलीय संरचना में काफी बदलाव आए हैं, जिससे एक अभूतपूर्व चरित्र का जलवायु परिवर्तन हुआ है। आने वाले 100 वर्षों में वैश्विक तापमान के औसतन 1.4 से 5.8° तक बढ़ने की उम्मीद है। वैश्विक जलवायु में इस परिवर्तन के परिणाम पहले से ही हिमालय के हिमनदों तथा हिमनदीय झीलों में देखा जा रहा है। हिमालयी ग्लेशियर 10 से 60 मीटर प्रतिवर्ष की दर से घट रहे हैं।

परिवर्तन की इस विकट स्थिति को देखते हुए समय की यह माँग है कि जलवायु परिवर्तन के खतरों को गंभीरता से लिया जाए। काफी समय से देखा जा रहा है कि विभिन्न क्षेत्रों में ग्रीष्मकाल शुरू होते ही पानी के लिए त्राहि-त्राहि मच जाती है। सूखे जैसे हालात पैदा हो जाते हैं। मौसम के इस आक्रोश का असर हिमालय के हिमनदों पर भी सामान्य रूप से पड़ रहा है। हिमनद कुछ ही दिनों में सूखने वाले हों, ऐसी स्थिति अभी तो नहीं है। अभी इनमें काफी समय तक के लिए पर्याप्त जल मौजूद है, परंतु हम यह मानकर बेफिक्र नहीं रह सकते कि अभी चिंता की कोई बात नहीं है। हमें समय रहते हिमनदों पर होने वाले प्रत्येक बदलावों पर नजर रखनी चाहिए। इस चिंता के लिए समय रहते उपाय खोजने चाहिए। अन्यथा प्रकृति के इस बिगड़े हुए संतुलन के कारण भविष्य में दुश्वारियाँ बढ़ने की संभावना अधिक है।

बढ़ती जनसंख्या, अंधाधुंध अनियोजित विकास, भौतिकतावाद की चकाचौंध से मौसम में प्रत्यक्ष रूप से बदलाव आया है। काफी समय से हिमरेखा लगातार पीछे की ओर खिसक रही है, जिससे हिमालय पर हिमक्षेत्र घट रहा है। हिमविहीन होने के बाद खाली भू-सतह पर पेड़-पौधे उग जाते हैं। यह स्थिति हिमनदों के संदर्भ में खतरनाक है।

दिसंबर व जनवरी माह में भी हिमपात कम होने से वैज्ञानिक हैरान और परेशान हैं। यह जलवायु परिवर्तन का ही प्रभाव है कि मध्य हिमालय क्षेत्र में जो इलाके बर्फ से ढके रहते थे उन पर हिमपात में बहुत कमी आई है।

हर समय बर्फ से ढके रहने वाले गंगोत्री के भोजवासा क्षेत्र में अब वनस्पतियाँ उग आई हैं। पूर्व में गंगोत्री हिमनद काफी बड़े क्षेत्रों में फैला हुआ था। वर्तमान में वहाँ पर हिमरेखा के पीछे खिसकने के कारण यह हिमनद सिकुड़न की स्थिति में आ गया है।

इस पर वैज्ञानिकों का यह कथन है कि क्षेत्र में पेड़-पौधे उग आने से उस स्थान पर यदि बर्फवारी होती भी है तो वह बहुत समय तक इकट्ठा नहीं रह पाती। अधिक ऊँचाई वाले क्षेत्र पर बर्फवारी होती है तो जब तक वह नीचे की ओर नहीं ब़ढ़ेगी तब तक हिमनदों को बेहतर स्थिति में नहीं माना जा सकता है। गढ़वाल हिमालय के गंगोत्री क्षेत्र में सबसे बड़ा हिमनद है और हिमरेखा लगातार पीछे खिसक रही है। वर्तमान में यह गंगोत्री हिमनद में हिमरेखा लगभग 5,200 मीटर ऊँचाई पर है, जो 1962 में लगभग 4,800 मीटर ऊँचाई पर थी। हिमरेखा का पीछे खिसकना जाड़ों में कम हिमपात का होना दर्शाता है। यही वजह है कि वैज्ञानिकों, पर्यावरणविदों तथा जानकारों को हिमरेखा के अधिक सिकुड़ने का डर सता रहा है।

आज यदि हम वैश्विक तापमान वृद्धि की इस गंभीर विश्वव्यापी समस्या के विषय में बात करते हैं तो यह समझना ज्यादा जरूरी है कि संपूर्ण विश्व में हिम क्षेत्रों पर सबसे अधिक तापमान वृद्धि हो रही है, जिससे अति संवेदनशील हिमालय भी अछूता नहीं है। एशिया का जल भंडारगृह माने जाने वाले हिमालय पर खतरा मँडरा रहा है।

एक अनुमान लगाया जा रहा है कि सन् 2030 तक यदि इस क्षेत्र में 1.5 डिग्री तापमान की वृद्धि हो जाती है तो वर्तमान में मौजूद विशाल हिमनद भारी संकट में आ सकते हैं। इसके साथ ही, जीवनदायिनी माँ गंगा की कई

मुख्य एवं सहायक जलधाराओं का अस्तित्व संकट में आ सकता है। वैज्ञानिकों का मानना है कि 2030 से सन् 2040 तक संपूर्ण विश्व का तापमान अनुमानतः 1.5 डिग्री सेल्सियस तक बढ़ जाने से विश्वभर के समुद्रतटीय इलाकों से भयंकर तूफान आने की प्रबल संभावना है।

उत्तराखंड प्रदेश के हिमालयी क्षेत्र को भी जलवायु परिवर्तन ने अपनी चपेट में ले लिया है। बीते कई वर्षों से किए जा रहे शोध कार्यों से जो परिणाम निकलकर आया है वह संतोषजनक कदापि नहीं है। पिछले एक दशक के आँकड़ों को एकत्रित करने पर पता चलता है कि इस दौरान वायुमंडल में कार्बन डाईऑक्साइड की मात्रा में 12 प्रतिशत की वृद्धि हुई है, साथ ही, 5 से 20 मीटर प्रतिवर्ष की दर से इस क्षेत्र में हिमनद पीछे की ओर खिसकते जा रहे हैं।

उत्तराखंड के उच्च हिमालयी क्षेत्र पर इस समस्या का काफी हद तक गहन प्रभाव है। यहाँ पर केदारनाथ धाम और ऊँचाई वाले क्षेत्रों पर तापमान में वृद्धि महसूस की गई है, जिससे इस इलाके में कम हिमपात होना और बर्फ का लगातार पिघलना जारी है।

सन् 2013 में चौराबाड़ी झील के फटने के कारण आई भयंकर आपदा से पूर्व 11,000 फीट की ऊँचाई पर स्थित केदारनाथ पर जनवरी माह तक 11 से 12 फीट तक बर्फ जमा हो जाती थी। आज वहाँ पर चलाए जा रहे विस्थापन व पूर्ण निर्माण कार्यों के कारण मानवीय हस्तक्षेप बढ़ने की वजह से प्रतिवर्ष बर्फ पिघलती जा रही है।

उत्तराखंड की हिमाच्छादित नदियाँ, विशेष रूप से गंगा नदी बेसिन, राज्यों में सिंचाई के लिए पानी का प्रमुख स्रोत हैं। घनी आबादी वाले राज्य, जैसे उत्तर प्रदेश, बिहार, दिल्ली, हरियाणा आदि कृषि पर अत्यधिक निर्भर राज्य हैं (राव, 2008)। भारतीय भूवैज्ञानिक सर्वेक्षण ने रिमोट सेंसिग और मल्टीस्पेक्ट्रल डाटा के माध्यम से पाया है कि वर्तमान में उत्तराखंड में स्थित 486 ग्लेशियल झीलों में से 13 जोखिमपूर्ण हैं (GSI, 2016)। कालानुक्रम में 1894 में गढ़वाल क्षेत्र में हुए भूस्खलन से डर्मी झील के बाँध के फटने से बाढ़ आ गई जिससे एक अस्थायी झील बन गई। वर्ष 1998 में पिथौरागढ़ जिले में हुए एक विशाल भूस्खलन से पूरा मालपा गाँव नष्ट हो गया, क्योंकि

यह एक भूकंपीय क्षेत्र में स्थित था। सक्रिय भूकंपीय दोषों/थ्रस्ट से उत्पन्न फ्लूवियल/अन समेकित सामग्रियों पर अनियोजित निर्माण और शहरीकरण इन प्राकृतिक आपदाओं का प्रमुख कारण है (जोशी एवं कोटलिया, 2015)। वर्ष 2012 में उत्तर भारत में बादल फटने की घटना ने तेज बाढ़ (डिजास्टर) को जन्म दिया जिसने उत्तराखंड को तो सबसे ज्यादा प्रभावित किया ही, साथ ही, हिमाचल प्रदेश, जम्मू और कश्मीर तथा उत्तर प्रदेश को भी प्रभावित किया। उत्तराखंड के गढ़वाल क्षेत्र में स्थित ग्लेशियरों को जलवायु परिवर्तन के प्रभावों से सबसे अधिक खतरा है। भविष्य में सुपर ग्लेशियल झीलों, जो संख्या में कुल 809 हैं, में यदि कोई विस्फोट होता है तो बहाव के कारण गढ़वाल क्षेत्र सबसे अधिक प्रभावित होगा (सति, 2020)। भूकंप, बाढ़, भूस्खलन, जंगल की आग और हिमालय में नदी के जलस्तर और ग्लेशियर की निगरानी और समय पर आपदा प्रबंधन के लिए निश्चित क्षेत्रों में सेंसर नोड्स लगाकर वायरलेस नेटवर्क सिस्टम के माध्यम से अनुसंधान एवं चेतावनी प्रणाली विकसित की जा सकती है (फुजिता, 2008; पंत, 2017; सैन, 2021। उत्तराखंड उच्च न्यायालय के एक फैसले के अनुसार, गंगा नदी, यमुना नदी, गंगोत्री एवं यमुनोत्री ग्लेशियर और ऐसे प्राकृतिक संसाधनों से जीवित अस्तित्व को स्वीकार कर पर्यावरण संरक्षण की दिशा में महत्वपूर्ण कदम उठाए जाने चाहिए। उत्तराखंड में जलविद्युत परियोजना के निर्माण के दौरान और बाद में होने वाली घटनाओं के लिए परियोजना से जुड़े विभागों की जिम्मेवारी निर्धारित करना आवश्यक है। इन क्षेत्रों में रहने वाले समुदायों का ठीक से प्रतिनिधित्व प्रदान किए जाने की आवश्यकता है (काला, 2014)।

वर्ष 2004 की सुनामी के बाद आई सबसे बड़ी आपदाओं में से केदारनाथ में आई बाढ़ और भूस्खलन एक था, जो वर्ष 2013 में मूसलाधार बारिश और चौराबाड़ी ग्लेशियर फटने के कारण हुआ था। इसने उत्तराखंड को सबसे ज्यादा प्रभावित करने के साथ ही अन्य पड़ोसी राज्यों को भी प्रभावित किया था। भारतीय वायु सेना, थल सेना तथा अन्य अर्धसैनिक बलों ने बचाव अभियान चलाकर 1,10,000 से अधिक लोगों को इस क्षेत्र से बाहर निकाला (गोखले, 2013)। सिमुलेशन का उपयोग करते हुए जलवायु विसंगतियों पर प्राकृतिक और मानवजनित प्रभावों का विश्लेषण करने पर यह पाया गया

चौराबाड़ी हिमनद

आईसीटीई प्रेक्षागृह में हिमालय दिवस 2020 का कार्यक्रम

केंद्रीय मंत्री एवं सांसदों के साथ 'हिमालय पर चर्चा'

वर्ष 2018 में हिमालयी राज्यों का शिमला में कॉन्क्लेव

एक छात्र एक वृक्ष अभियान की शुरुआत

हिमालयी सरोकारों पर भूटान के प्रधानमंत्री श्री शेयरिंग तोगबे से विमर्श

हिमालय के सतत विकास के लिए सांसदों एवं मंत्रीगण से चर्चा

पेरिस में बाँग्लादेश की विदेश मंत्री दीपू मोनी के साथ हिमालयी राज्यों के मध्य शैक्षणिक आदान-प्रदान हेतु वार्ता

धनौल्टी (टिहरी) के निकट सुवाखोली से गढ़वाल हिमालय श्रृंखला का मनोहर दृश्य

कुटी (पाण्डवों की माता कुंती के नाम पर रखा गया है), व्यास घाटी, धारचूला में हिमाच्छादित घाटी

भागीरथी समूह की तीन चोटियाँ

मेरू पर्वत, गढ़वाल हिमालय

हमता हिमनद, लाहौल स्पीति के मुख का दृश्य

परकाचिख हिमनद, जांस्कर क्षेत्र में द्रवण प्रक्रिया

मेमोस्टांग हिमनद, नुब्रा घाटी, लद्दाख

बादलों से ढका हुआ दूनागिरी हिमनद, गढ़वाल

गोमुख, गंगोत्री हिमनद

यमुना घाटी में स्थित जौनधार हिमनद

भागीरथी घाटी में स्थित डोकरियानी हिमनद

गिदारा बुग्याल, गंगनामी क्षेत्र, उत्तरकाशी

नैनी झील, नैनीताल का मनोहर दृश्य

डोकरियानी हिमनद के द्रवण का दृश्य

गोमुख से भागीरथी नदी का उद्गम

मंदाकिनी घाटी में स्थित चौराबाड़ी हिमनद

एक छात्र एक वृक्ष योजना के अंतर्गत क्रियाकलाप

शिमला में हिमालयी राज्यों का मुख्यमंत्री कॉन्क्लेव-2009

बंगेली गाँव, उत्तरकाशी में भारी हिमपात का एक दृश्य

संसद में हिमनद प्राधिकरण की अवधारणा पर प्रस्तुतीकरण

सोर घाटी, पिथौरागढ़ में वन आच्छादन

ग्राम नौटी, चमोली से त्रिशूल चोटी का दृश्य

नेपाल के तत्कालीन प्रधानमंत्री श्री पुष्प कमल दहल 'प्रचण्ड' के साथ हिमालयी पर्यावरण को लेकर विचार-विमर्श

चौराबाड़ी झील (मारेन डेम्मड लेक) का नयनाभिराम दृश्य

कि उत्तर भारत में 1980 के दशक के उत्तरार्ध से भारी वर्षा हुई है। इसका कारण ऊपरी क्षोभमंडल में प्रवर्धित लघु तरंगों की ओर झुकाव और इन प्रवर्धित लघु तरंगों के चरणबद्ध तरीके से ग्रीन हाउस गैसों और एरोसोल्स की लोडिंग से जुड़ा हुआ है (चो, 2016)। केदारनाथ त्रासदी में लगभग यू.एस. $ 200 मिलियन से यू.एस. $ 500 बिलियन तक के आर्थिक नुकसान का अनुमान लगाया गया है (पंडित, 2013)।

हिमनदों पर तीव्रगति से बर्फ के पिघलने से निर्मित हुई कश्मीर से लेकर उत्तराखंड तक की झीलें, क्षेत्र के निचले क्षेत्रों में वास करने वाली एक बड़ी जनसंख्या पर खतरे की तलवार की भाँति लटक कर रही है। सन् 2013 में केदारनाथ में आई भीषण आपदा के पश्चात इसके कारणों पर की गई जाँच एवं अन्वेषण के बाद यह नतीजा निकाला गया कि इस त्रासदी की मुख्य वजह चोराबाड़ी हिमनद के पिघलने के बाद बनी एक बड़ी झील का अत्यधिक दबाव के कारण अचानक फट जाना था। कुमाऊँ में मिलम, नामिक और जौलिगकांग हिमनद पर इसका सबसे अधिक प्रभाव है। संभावित खतरों को भाँपते हुए भारत में भी पड़ोसी देश नेपाल की तरह इस प्रकार की झीलों के पानी से निकास प्रबंधन के लिए उपाय खोजने होंगे। नेपाल में पिछले दिनों सेना की मदद से हिमालय की सर्वोच्च चोटी माउंट एवरेस्ट के पास खतरा बन चुके एक विशाल तालाब को सुखा दिया गया था, हिमनद के पिघलाव से 5,000 मीटर की ऊँचाई पर बना 149 मीटर गहरा यह तालाब, निचले इलाकों, ट्रैकिंग के मार्गों तथा पुलों के लिए खतरा बन गया था। आज हिमनदियों के पिघलने के कारण नेपाल के पहाड़ों में 1,600 छिटपुट तालाब बन चुके हैं, जिसमें कुछ खतरनाक होने की हद में आते हैं। हिमनदों के पिघलने और उनके खिसकने से एशिया की नदियों के जीवन को भी खतरा पैदा हो सकता है।

उत्तराखंड के चमोली जिले में 07 फरवरी 2021 को दर्ज की गई हालिया आपदा हिमालय के ऊपरी भाग में स्थित नंदा देवी ग्लेशियर के टूटने के कारण हुई। इसके कारण मानव एवं उनके निवास स्थान को भारी क्षति हुई। धौली गंगा, ऋषि गंगा तथा अलकनंदा नदियों में आई तेज बाढ़ के कारणों का अभी तक पता नहीं चल पाया है, परंतु अनेक वैज्ञानिक हिमालयी क्षेत्रों में बन रही पनबिजली परियोजनाओं को इसका जिम्मेदार मानते हैं जो हिमालय के पारिस्थितिक तंत्र के संतुलन को बिगाड़कर कहर बरपा रहा है। हिमालय

की नाजुक पारिस्थितिक प्रणाली में इस तरह की कई परियोजनाओं के विस्तार के गंभीर परिणाम हो सकते हैं। जो कुछ भी इस राज्य में हाल ही में हुआ वह इसका एक गंभीर उदाहरण है। बाढ़ के दौरान लाखों टन गाद जमा हो गई है। जो भी इसके रास्ते में आया वो उसमें ही दफन हो गया।

हिमनदों से बनी झीलों का टूटना एक ऐसी घटना है जो उन पर बने बाँध के विफल होने के बाद उभरती है (हगेल, 2002; काव, 2005)। इसकी मुख्य विशेषता है अचानक और कभी-कभी चक्रीय रूप से पानी का गिरना, घंटों या दिनों तक चलने वाली तीव्र घटनाएँ, और नदी की निचली धारा में पानी में तेजी से वृद्धि, जिसकी मात्रा क्रमिक रूप से बढ़ती है (रिचर्डसन एवं रेनॉल्ड्स, 2000)। इन घटनाओं के मुख्य कारणों में भू-कटाव, पानी के दबाव का निर्माण, बर्फ की चट्टानों में हिमस्खलन, बर्फ के नीचे भूकंप का आना, जलग्रहण क्षेत्र में बादल का फटना, उच्च तापमान से बर्फ के पिघलने की गति में तीव्रता और अन्य भूगर्भीय कारकों, जैसे हिमनद झील में निकटवर्ती ग्लेशियर के टूटकर समा जाने से उसके भीतर से बड़े पैमाने पर पानी का बहाव होता है। उपग्रह से प्राप्त जानकारियों के अनुसार, 40 वर्षों तक भारत, नेपाल, भूटान एवं चीन में हुए एक अध्ययन में पाया गया है कि जलवायु परिवर्तन के कारण हिमालय के ग्लेशियर दोगुनी गति से पिघल रहे हैं (मॉरेर, 2019)। हालाँकि, हिमनदों से बनी झीलों के टूटने को उत्तराखंड के चमोली जिले में आई आपदा का सबसे संभावित कारण माना जा सकता है, परंतु फिर भी हिमस्खलन को भी एक संभावना के रूप में देखा जा सकता है। हिमस्खलन के कारण आई भारी बाढ़ बड़े पैमाने पर मौत और विनाश का कारण हो सकती है। बर्फ की आंतरिक थर्मोडायनमिक अस्थिरता के कारण इसकी गतिशीलता का अध्ययन कर पाना एक कठिन कार्य है। बर्फ से ढके क्षेत्र में थर्मल ग्रेडियेंट ऐसी प्रक्रियाओं को जन्म देता है जो ढाल को कम करती हैं। जलवायु परिवर्तन ने कई ऐसी पारिस्थितिकीय प्रक्रियाओं को निर्धारित किया है जो अपरिवर्तनीय है (और वास्तव में इसका परिणाम हैं)। इसलिए बर्फ और उसके पिघलने से संबंधित खतरों की संभावना भी बढ़ जाती है।

ऊँचाई पर यदि इस रफ्तार से लगातार बर्फ पिघलती रही तो आने वाली पीढ़ियाँ हिमालय के हिमनदों को केवल इतिहास के रूप में किताबों में ही देख और पढ़ पाएगी। वैज्ञानिकों का मानना है कि बढ़ते हुए प्रदूषण

को जल्द-से-जल्द काबू नहीं किया गया तो अंजाम खतरनाक होगा। हिमालय की छत्रछाया में विश्व की अनेक सभ्यताओं का विकास हुआ। वैज्ञानिकों का मानना है कि अफगानिस्तान से लेकर भारत के पूर्वी छोर तक फैली यह पर्वत-शृंखला घनघोर संकट की स्थिति से गुजर रही है।

ब्लैक कार्बन का अधिक मात्रा में उत्पन्न होना हिमालय के लिए बहुत खतरनाक स्थिति है। वाडिया भू-विज्ञान संस्थान के वैज्ञानिकों का मानना है कि ब्लैक कार्बन की मात्रा सामान्य से ढाई गुना बढ़ गई है, जिससे हिमनदों पर बर्फ पिघलने की गति बढ़ते तापमान के कारण पारिस्थितिकीय तंत्र बुरी तरह से प्रभावित हो रहा है। गाँवों में लकड़ियों को जलाना, जंगल में लापरवाही से लगने वाली आग, शहरों में वाहन तथा उद्योगों से निकलने वाला धुआँ हिमालय की सेहत के लिए ठीक नहीं है। इसको नियंत्रित किए जाने की आवश्यकता है, अन्यथा परिणाम खतरनाक हो सकते हैं।

ब्लैक कार्बन से सबसे अधिक खतरनाक रूप से प्रभावित कम ऊँचाई पर स्थित हिमनद, जैसे मिलम, नेवला, सुंदरदुंगा, गंगोत्री और चिपको ग्लेशियर हैं। (झू, 2009) ने इस बात का सबूत दिया है कि तिब्बती ग्लेशियरों पर जमा ब्लैक सूट एरोसोल ग्लेशियरों के तेजी से पीछे हटने में महत्वपूर्ण योगदान दे रहे हैं। ब्लैक कार्बन उत्सर्जन को कम करने तथा ग्रीन हाउस गैसों को कम होने से बचाए रखने से संभवतः हिमालयी ग्लेशयरों को खत्म होने से बचाया जा सकेगा तथा ग्लेशियरों से मिलने वाले लाभ, ताजे पानी की आपूर्ति बनी रह सकेगी। वैज्ञानिकों द्वारा किए गए परीक्षणों से पता चला है कि हिमालय में वर्ष 2006 में वायुमंडल कार्बन डाईऑक्साइड की मात्रा 355 से 365 पी.पी.एम. के माध्यम से नापी गई थी जो सामान्य मानी जा सकती है। सोचने का विषय यह है कि वर्ष 2009 में यह आँकड़ा बढ़कर 365 से 375 पी.पी.एम. पहुँच गया। कुछ समय तक उसकी मात्रा में हालाँकि गिरावट रहने के बाद वर्ष 2016 में पुनः इसकी मात्रा बढ़कर 385 से 395 के मध्य पहुँच गई थी।

वर्तमान में वायुमंडल में कार्बन-डाईऑक्साइड की मात्रा 395 पी.पी.एम. एक से बढ़कर 415 पी.पी.एम. के मध्य हो गई है जिससे वैज्ञानिकों के माथे पर चिंता की लकीरें खिंच गई हैं।

उत्तराखंड पर्वतीय राज्य है। यहाँ पर ऊँचाई वाले स्थानों में अनेक तीर्थ धाम व शक्तिपीठ हैं, जिनके दर्शनों के लिए प्रतिवर्ष लाखों श्रद्धालु दूर-दूर के राज्यों से इस क्षेत्र में पर्यटन व तीर्थाटन हेतु आते हैं।

यात्राकाल में सड़क वाहनों के साथ हेलीकॉप्टरों की अत्यधिक उड़ानें उच्च हिमालयी क्षेत्र के लिए खतरा हो सकती है। एक ओर जहाँ हेलीकॉप्टर से उत्सर्जित होने वाली कार्बन डाईऑक्साइड गैस के कारण हिमालयी क्षेत्र की जैवविविधता वनस्पतियों, जड़ी-बूटियों व बुग्यालों, जीव-जंतुओं पर बुरा प्रभाव पड़ रहा है, दूसरी ओर क्षेत्र में पाए जाने वाले दुर्लभ जीव-जंतुओं के व्यवहार और उनकी प्रजनन-क्षमता पर भी दुष्प्रभाव पड़ रहा है। हेलीकॉप्टरों की अनियंत्रित व बिना ऊँचाई के निर्धारण वाली उड़ानें मध्य हिमालय में जमी बर्फ की सतह को कमजोर कर रही हैं। वैज्ञानिकों द्वारा निरीक्षण करने पर यह तथ्य सामने आया कि आस-पास के अनेक अन्य हिमनद भी इनसे प्रभावित हो रहे हैं।

वैज्ञानिकों के अनुसार, उत्तराखंड में हिमाचल प्रदेश की 228 झीलों की तुलना में 809 बड़ी झीलें हैं। यह समझा जाता है कि हिमाचल प्रदेश के हिमनद, जो अधिकतर ऊँचाई वाले अक्षांशों पर विद्यमान हैं, जहाँ पर वर्षा अपेक्षाकृत कम होती है, उन पर सूर्य की रोशनी भी कम पड़ती है, इनसे अधिक ग्रहणशील एवं संवेदनशील उत्तराखंड स्थित हिमनद हैं।

जब बर्फ पिघलती हैं तो हिमनदों की सतह पर बड़ी हिमनदीय झीलों का निर्माण होता है जो कि जलवायु परिवर्तन के प्रभाव की ओर संकेत करती है। उत्तराखंड के हिमनदों का अधिक संवेदनशील होना इस कारण से भी है, क्योंकि यह हिमाचल प्रदेश के हिमनदों की अपेक्षा ज्यादा सौर विकिरण झेलते हैं। इसके अतिरिक्त, उत्तराखंड में मानसून भी हिमनदों के निचले हिस्से से टकराती है जिसके कारण बर्फ तेजी से पिघलने लगती है।

हिमाचल प्रदेश में हिमनदों पर बर्फ के बने रहने का एक मुख्य कारण यह है कि यहाँ पर पश्चिमी विक्षोभ की वजह से अधिक हिमपात होता है,जबकि मौसम की ये स्थिति उत्तराखंड में ज्यादा घटित नहीं होती है। यह बात एक अध्ययन से पता लगी है, जिसका उद्देश्य हिमाचल में सभी हिमनदीय झीलों का एक डाटा एकत्र करना था। शोधकर्ताओं ने 1,266 हिमनदीय झीलों की भी पहचान की, जिनमें से 329 ऐसी हिमनदीय झीलें थीं जो अवरुद्ध थीं।

हिमालय में वनाग्नि से हिमनदों की क्षति

उत्तराखंड के हिमनद उत्तरी मैदानी इलाकों में बहने वाली प्रमुख नदियों की जीवनरेखा है। प्रदेश के वनों की प्रचंड अग्नि से इन पर विनाशकारी प्रभाव पड़ रहा है। धुएँ वाली धुँध और राख हिमनदों पर छा जाती है, जिसकी गर्मी से ग्लेशियर तेजी से पिघलने की ओर अग्रसर है (कैसपरी, 2015)। काले रंग का कार्बन जीवाश्म ईंधन तथा वनों में विचरण करने वाले जीवों के जलने की अधूरी प्रक्रिया से उत्पन्न होता है। यह रोशनी को सोख लेता है। ताप को बढ़ाता है, जो हिमनदों के तेजी से पिघलाव का एक बड़ा कारण हो सकता है। हिमनदों से अवतरित नदियाँ भी कार्बन से निकले हानिकारक कणों व अन्य तत्वों से बहुत अधिक प्रदूषित होती हैं। वर्तमान में वनों की आग से उत्तरी भारत के इलाकों के तापमान में 0.15 K (0.12 से 0.19 K) का उछाल आया है (लिउ, 2019) तथा मानसून पर बुरा प्रभाव पड़ा है। कार्बन हवा के साथ उड़कर बादलों में जमा हो जाता है और सामान्य मानसून चक्र को बाधित करता है। कार्बन के बादलों में घुल जाने के विविध प्रभाव भी हो सकते हैं।

कम ऊँचाई वाले गंगोत्री जैसे हिमनद खतरे की जद में हैं। सामान्य परिस्थितियों में दर्पण की तरह व्यवहार करते हुए ज्यादातर हिमनद रोशनी व ताप को प्रतिबिंबित करके वापस मोड़ देते हैं। इस प्रक्रिया को 'अल्बेडो' नाम दिया गया है। परंतु जब काला कार्बन उन पर जमा हो जाता है तो वह संपूर्ण प्रकाश एवं ताप को अपने में समाहित कर लेते हैं जो कि अंत में हिमनदों के पिघलने का कारण बनते है (E360digest, 2010)।

हर साल उत्तराखंड के जंगलों में लगने वाली आग से संपूर्ण हिमालय क्षेत्र में हिमनदों पर हिमस्खलन का खतरा बढ़ता जा रहा है। अग्नि से हुई पर्यावरण की क्षति को पूरा करना आसान नहीं है। इस भयंकर अग्निकांड ने हिमालय क्षेत्र में संपूर्ण पारिस्थितिकी तंत्र को तहस-नहस करके रख दिया है।

इससे क्षेत्र की जैवविविधता के अकूत भंडार के साथ जंगलों की अधिकांश वनस्पति, जो जमीन को जकड़कर रखने की क्षमता रखती है, वह राख हो जाती है। विशेषज्ञों का यह भी कहना है कि कीटों पर निर्भर रहने वाले पक्षियों की हजारों प्रजातियाँ भी भस्म हो जाती हैं।

जंगल में लगातार होने वाले इस दावानल से आने वाले समय में संपूर्ण हिमालय क्षेत्र प्रभावित हुए बिना नहीं रहेगा। इससे तापमान में बढ़ोतरी होने

की वजह से कमजोर हिमनदों पर चटकने की प्रक्रिया बढ़ेगी तथा हिमस्खलन का खतरा भी बढ़ेगा। आग से उत्पन्न कार्बन के कारण हिमनदों पर बर्फ जमना कम होगा और पिघलना बढ़ जाएगा।

कम ऊँचाई वाले हिमनद, जैसे गंगोत्री, नेवाला, मिलम, चीपा और सुंदरढुंगा आदि पर जंगलों की आग के कारण ब्लैक कार्बन की हलकी परत जमनी शुरू हो गई है।

हिमनदों के ऊपर धुएँ वाला कार्बन जम जाने से वहाँ पर बर्फ का रुकना असंभव है। इससे चोटियों की बर्फ तेजी से पिघलेगी और ऊँचाई पर निर्मित कमजोर हिमनद भी गर्मी की वजह से तीव्र गति से पिघलने लगेंगे, जो हमारे लिए शुभ संकेत तो बिलकुल भी नहीं है।

संपूर्ण विश्व की जलवायु की रक्षा व संतुलन बनाए रखने वाले महान हिमालय पर ही आज जलवायु परिवर्तन का गंभीर संकट आ खड़ा हुआ है। यहाँ पर जलवायु में अप्रत्याशित परिवर्तन स्पष्ट दिखाई दे रहे हैं। हिमनदों का लगातार पीछे खिसकना जारी है। सैकड़ों हिमनदीय झीलें टूटने के कगार पर आ खड़ी हुई हैं। कुछ हिमनद विशेषज्ञों ने संपूर्ण हिमालय क्षेत्र के संरक्षण हेतु भू-सांस्कृतिक कार्ययोजना की आवश्यकता पर बल दिया है। अवैज्ञानिक तरीकों से किए जा रहे विकास कार्यों के कारण क्षेत्र में भूस्खलन की घटनाओं में वृद्धि हो रही है। आज उच्च हिमालय क्षेत्रों में पवर्तारोहण के शौक ने प्रदूषण को बढ़ाने का कार्य किया है। प्लास्टिक कचरा पूरे क्षेत्र में फैला पड़ा है। सरकारों को इसे रोकने हेतु एक स्पष्ट पर्वतारोहण नीति बनानी बहुत आवश्यक है। प्लास्टिक कचरे की समस्या के समाधान हेतु नियामक ढाँचा तैयार करने की आज विशेष आवश्यकता है (भाटी, 2015)।

यूरोपीय देशों में हो रहा प्रदूषण हजारों कि.मी. की दूरी होने के बावजूद हिमालय की सेहत को बिगाड़ने का कार्य कर रहा है। यह प्रदूषण शीत ऋतु में पश्चिमी विक्षोभ के साथ यहाँ पहुँचकर हिमालय के हिमनदों पर ब्लैक कार्बन के रूप में जमा हो रहा है। वरिष्ठ भू-वैज्ञानिकों के अनुसार हिमनदों के पिघलाव के लिए जिम्मेदार ब्लैक कार्बन के उत्सर्जन के लिए जंगल की आग, स्थानीय लोगों द्वारा वनों के दोहन और पर्यटन को ही उत्तरदायी माना जाता था। इसकी सटीक वजह जानने के उद्देश्य से वाडिया संस्थान द्वारा गोमुख से पहले 3,600 मीटर की ऊँचाई पर 'चीड़वासा' में एक उपकरण लगाया गया। इस उपकरण से मिले नतीजों से ज्ञात हुआ कि जनवरी माह

में भी इस क्षेत्र में ब्लैक कार्बन का स्तर मई से थोड़ा ही कम था। जबकि शीत ऋतु की अवधि में इस क्षेत्र में न तो स्थानीय लोग रहते हैं और न तीर्थयात्री और पर्यटक आते हैं। वर्ष भर के अध्ययन के पश्चात यह बात सामने आई कि यह ब्लैक कार्बन जाड़ों में पश्चिमी यूरोप से हिमालय तक पहुँचने वाली हवाओं के साथ यहाँ तक पहुँच रहा है। इससे यह बात स्पष्ट हो जाती है कि हिमनदों के पिघलने का कारण जितना स्थानीय व राष्ट्रीय है, उतना ही वैश्विक भी है।

तेनजिंग और एडमंड हिलेरी ने जिस वक्त माउंट एवरेस्ट पर चढ़ाई की थी, उन दिनों चारों ओर बर्फ की चादर ओढ़े पहाड़ फैले थे। आज जो लोग वहाँ बेस कैंप में काम करते हैं उनका कहना है कि वो सब पहाड़ मटमैले हो गए हैं। बेस कैंप में बर्फीली चादर की अपेक्षा नालानुमा बदसूरत मटमैली बर्फ दिखाई देती है।

एक शोध के अनुसार, हिमालय क्षेत्र में सिंधु, गंगा व ब्रहमपुत्र के उद्गम स्थल के 76,799 वर्ग कि.मी. के हिमनदीय क्षेत्र में 34,919 हिमानियाँ हैं जिनमें से 1,752 ग्लेशियर अभी भी यथावत हैं, जबकि 18 हिमनद बढ़ने की ओर अग्रसर हैं। बाकी शेष 33,149 ग्लेशियर जलवायु परिवर्तन की मार से सिकुड़ते जा रहे हैं। अध्ययन के अनुसार, पिछले 40 वर्ष में हिमालय क्षेत्र के हिमनद 13 फीसदी तक पीछे खिसक चुके हैं। यही नहीं, 1975 से 1985 तक जहाँ इनमें मौजूद जल में 9 गीगा टन प्रतिवर्ष की गिरावट आई थी, वहीं 2010 से 2015 तक यह बढ़कर 20 गीगा टन प्रतिवर्ष तक हो गई है। इस अध्ययन के अनुसार, तापमान में वृद्धि की वजह से समुद्रतल से कम ऊँचाई पर स्थित हिमनद तीव्र गति से पिघल रहे हैं।

हिमालय, जो कि विशालतम हिमनदों का सबसे महत्वपूर्ण स्थान है, वहाँ पर जलवायु परिवर्तन की वजह से तापमान लगातार बढ़ता जा रहा है। ग्रीनहाउस गैसों की वजह से मौसम में बदलाव आने से विभिन्न समस्याएँ उत्पन्न हो रही हैं।

हिमालय से पिघलकर निकला जल एशिया की कई नदियों से बहकर अन्य कई नदियों में आता है और यहाँ पर इन नदी घाटियों में 1.3 बिलियन से भी अधिक लोगों का आवास है। यह जल संसाधन वायुमंडलीय परिसंचरण, जैवविविधता, वर्षा आधारित कार्य, कृषि सिंचाई तथा पनबिजली हेतु बहुत ही

महत्वपूर्ण है। हिमालय पोलर सतहों के बाहर पृथ्वी पर एक विशाल बर्फ का भंडार है जहाँ पर अनुमानतः 12,000 क्यूबिक कि.मी. तक जल एकत्र होता है। यह लाखों लोगों की जल संबंधी आवश्यकताओं की पूर्ति हेतु विश्व की विशाल नदियों—गंगा, सिंधु, ब्रह्मपुत्र आदि का भी पोषण करते हैं।

हाल ही में भारत सरकार के सहयोग से विश्वबैंक द्वारा प्रस्तुत की गई एक रिपोर्ट में कहा गया है कि निकट भविष्य में हिमालय से निकलने वाली विशाल नदियों पर सूख जाने का खतरा मँडरा रहा है। आने वाले सात या आठ दशकों में हिमालयी हिमनदीय नदियों में जल स्तर बहुत नीचे आ जाएगा। यह एक चिंता का विषय है।

नेपाल के सबसे बड़े बर्फीले झरने खुंबू के आस-पास पहले 16 किलोमीटर लंबी हिमानी का अद्भुत दृश्य हुआ करता था, जहाँ बर्फ-ही-बर्फ दिखाई देती थी। अब वहाँ पत्थर दिखाई देते हैं (दीक्षित, 2019)।

हिमालय क्षेत्र के 50 करोड़ तथा चीन द्वारा अधिकृत तिब्बत के एक अरब के एक-चौथाई लोग, जो कि जलापूर्ति हेतु हिमनदों से निकले जल पर आश्रित रहते हैं इन सभी पर इसका गंभीर प्रभाव पड़ने की बड़ी संभावना है।

बारहमासी नदियाँ, जैसे गंगा, सिंधु और ब्रह्मपुत्र, ये सभी अद्वितीय जल संसाधनों से भरपूर हैं जो कि हिमालय के 16,000 से भी अधिक हिमनदों द्वारा पोषित हैं।

वर्तमान तिब्बत में हिमनदों के घटने से भारी बदलाव आ चुका है। चीन के शोधकर्ताओं द्वारा दिये गए आँकड़ों में बर्फ के घटने तथा व्यापक रूप से ऊँचाई वाले क्षेत्र में अनेक नदियों में तापमान बढ़ने तथा भू-मंडलीय तापमान बढ़ने के कारण बाढ़ आने वाले खतरों के संकेत दिये गए हैं। हिमालय हिमनद औसतन 30 मीटर प्रतिवर्ष की दर से घटते जा रहे हैं तथा इनके पिघलने की दर भी निरंतर बढ़ती जा रही है। यहाँ तक कि शीत ऋतु में भी इस दर में कोई बदलाव दर्ज नहीं किया गया है।

यह जरूरी नहीं होता है कि हिमनदों से निकलकर पानी सीधे ही नीचे की ओर नदियों में बहने लगे। पिघलकर निकला जल प्राकृतिक बाँधों में रुककर एकत्र हो सकता है। हिमनद के मलबे तथा पानी के दबाव से इन झीलों पर खतरा बढ़ेगा। पूर्व में भी इस तरह की झीलों की संख्या में बढ़ोतरी हुई है।

इस वजह से ऐसे प्राकृतिक बाँधों के फटने का खतरा उच्चतम स्तर तक बढ़ा है। लाखों क्यूबिक मीटर पानी अचानक से छूटने के कारण नीचे की ओर 100 कि. मी. तक भयंकर तबाही ला सकता है। इस तरह का खतरा झीलों में हिमस्खलन से उत्पन्न लहरों से प्राकृतिक बाँधों में पानी बढ़ जाने से, बाँधों में अत्यधिक पानी के दबाव से या धरती पर भूकंप के झटकों की वजह से यह बढ़ जाता है।

हिमालय पर 72 कि.मी. लंबा और 2 कि.मी. तक चौड़ा सियाचिन हिमनद सबसे महत्वपूर्ण है जो कि ध्रुवीय इलाकों के बाहर एक विशालतम ग्लेशियर है। इसके जम्मू-कश्मीर वाले इलाके पर चट्टानों और बोल्डरों का बिखराव है। सियाचिन हिमनद का केंद्रीय भाग एक बड़ा हिमक्षेत्र है। इस ग्लेशियर की ऊँचाई समुद्रतल से ऊपर 6,000 तथा 7,000 मीटर के बीच है। यह मुतजेगाह व शक्सगम नदियों का जल स्रोत है जो तिब्बत में प्रवेश से पहले काराकोरम श्रेणी के पास समांतर रूप से बहती है।

सियाचिन ग्लेशियर विश्व का सबसे ऊँचा सैनिक संघर्ष का मैदान भी है। वैज्ञानिकों के अध्ययन द्वारा यह पता चला है कि सियाचिन ग्लेशियर पिघल रहा है। इसका पिघलना एक पारिस्थितिक एवं पर्यावरणीय आपदा आने जैसा है। इस क्षेत्र में जलवायु परिवर्तन तथा भूमि का तापमान वृद्धि भी एक चिंता का विषय है। लगातार हिमस्खलन और प्रतिकूल परिस्थितियाँ केवल सियाचिन को ही प्रभावित नहीं कर रहीं, बल्कि कई ऊँचे सीमावर्ती क्षेत्र भी इससे प्रभावित हो रहे हैं।

अन्य हिमनद, जैसे कि बाल्टरों, बाइफो, नुब्रा और हिपसर, जो जम्मू कश्मीर में बंदरपूँछ में डोकरियानी, खतलिंग, दूनागिरी और टिपराबमक ग्लेशियर अनेक नदियों के स्रोत हैं, परंतु यह दुखद है कि आज इनमें से ज्यादातर तीव्र गति से घटते जा रहे हैं।

जिस प्रकार से वायुमंडलीय तापमान में वृद्धि होती जा रही है तो यह निश्चित है कि विश्व के किसी भी भाग में स्थित हिमनदों के पिघलाव को कोई नहीं रोक सकता। जहाँ तक इस संदर्भ में हिमालय के हिमनदों का सवाल है, उसके लिए यह समझना जरूरी है कि पाँच दशकों में जलवायु परिवर्तन की वजह से 16 प्रतिशत तक घट चुके हैं। यह बात भारतीय वैज्ञानिकों द्वारा चार राज्यों के चुने हुए इलाकों में किए गए अनुसंधान के बाद सामने

निकलकर आई है। हिमालय के हिमनदों के घटने एवं वास्तविक क्षति के आकलन के लिए जम्मू-कश्मीर, हिमाचल प्रदेश, उत्तराखंड तथा सिक्किम के चुने हुए इलाकों में भारतीय अंतरिक्ष अनुसंधान संस्थान, इसरो द्वारा अंतरिक्ष आधारित वैश्विक जलवायु परिवर्तन पर्यवेक्षण कार्यक्रम आयोजित किया गया। भारतीय विज्ञान संस्थान के अनुसार, भारत के अधिकांश क्षेत्रों में सतही वायु तापमान बीसवीं शताब्दी के द्वितीय चरण में आधा डिग्री सेंटिग्रेड तक बढ़ा है। हिमालयी इलाकों में भीतरी सतह का वायु तापमान एक डिग्री सेंटिग्रेड तक बढ़ चुका है, जोकि हिमनदों को तीव्र गति से पिघलाने में सहायक है। हालाँकि, बर्फ पर आधारित नदियों के बहाव व उनकी सिंचाई प्रणाली पर इसका असर कुछ समय बाद पड़ेगा, परंतु तापमान में वृद्धि होने से कृषि पर इसका सीधा प्रभाव पड़ सकता है। हिमालय के मध्यवर्ती क्षेत्रों तथा ऊँचाई वाले स्थानों पर औसत तापमान उच्चतम स्तर तक घटता-बढ़ता रहता है। वहाँ पर इसका प्रभाव पहले से ही बड़ा तथा विविधतापूर्ण है। जम्मू और कश्मीर में 20 वर्षों में सर्वा घाटी से अनेक छोटे-बड़े हिमनद गायब हो चुके हैं। हिमाचल प्रदेश में भी सिंगरी और छोटा- धारा हिमनद तेजी से पिघलकर घट रहे हैं। यहीं पर एक और धानी-नारा हिमनद का अस्तित्व ही समाप्त हो चुका है।

विश्व में हिमनदों की निगरानी करने वाली एजेंसी ने 442 हिमनदों पर अध्ययन के दौरान यह पाया कि इनमें से 90 प्रतिशत सिकुड़ रहे हैं। कुछ हिमनदवेत्ताओं का तो यहाँ तक कहना है था कि हिमालय के 800 हिमनदों की पड़ताल करने पर उन्होंने यह महसूस किया कि उनमें से 95 प्रतिशत तीव्र गति से पिघल रहे हैं। संपूर्ण विश्व में जिस प्रकार से उष्ण कटिबंधीय हिमनद पिघलकर आकार में घट रहे हैं यह उनके लिए भी और हिमालय के अन्य हिमनदों के लिए भी विनाश का द्योतक है। हिमालय के केंद्रीय इलाकों में दक्षिणी ढलान पर अनेक हिमनद अपने स्थानों से पीछे खिसक रहे हैं। हाल ही में इनके घटने की दर में और भी इजाफा हुआ है, जिसका कारण जलवायु परिवर्तन से कम बर्फवारी और तापमान में वृद्धि है। एक अध्ययन द्वारा यह भी पता चला है कि हिमनदों के भार-संतुलन की दृष्टि से सन् 1995 के बाद से नकारात्मक स्थिति में है। 'इसरो' द्वारा भी यह विशेष विश्लेषण किया गया है कि मध्यवर्ती व पश्चिमी हिमालय पर बर्फ के आवरण में बदलाव की स्थिति है। आँकड़े यह दर्शाते हैं कि शीत ऋतु में भी बर्फ का पिघलना जारी है, जिस कारण से वहाँ पर बहती नदियाँ भी इससे प्रभावित हुए बिना नहीं रहेगी।

इस बात से हम सभी सहमत होंगे कि आगे भी वैश्विक तापमान की वजह से हिमनदों की स्थिति पूर्व की अपेक्षा बद से बदतर होगी। हिमालयी राज्यों में काफी गतिरोध के बावजूद नदियों को अविवेकपूर्ण तरीके से बाँधकर एवं उन पर बड़ी-बड़ी नदी परियोजनाओं का निर्माण करवाने की वजह से नदियों की स्थिति को गंभीर संकट हो गया है। यह सभी कृत्य गरीब आदमी, विशेष तौर पर उस महिला के लिए, जो हिमालय की कठिन परिस्थितियों में कड़ी मेहनत से जीवनयापन हेतु कड़ी मेहनत करती हैं, उनके लिए जल संकट के बढ़ जाने की चुनौती उत्पन्न करते हैं। विशेषकर ऐसे लोगों को भी ध्यान में रखकर हिमालय के हिमनदों के संरक्षण हेतु सार्थक प्रयास किए जाने की आवश्यकता पर बल दिया जाना आवश्यक है।

पवित्र गंगा के जल को अमृत समान माना गया है। गंगा नदी की अमृत समान जलधारा हजारों-लाखों लोगों के लिए जीवनदायिनी है। यदि हमारे हिमनद इसी गति से कम होते हुए एक दिन समाप्त हो गए तो उत्तरी भारत के असंख्य लोगों को सूखे का सामना करना पड़ सकता है। हालाँकि, यह अभी दूर की बात है, किंतु इसको भी एक चेतावनी के रूप में लेना होगा। अंतिम छोर तक हिमनदों की पैमाइश से ज्ञात होता है कि मध्य हिमालय में यह निरंतर पीछे हटते जा रहे हैं। हिमतत्वों पर किये गए अध्ययन यह बताते हैं कि हिमनदों पर हिमसंचय-दर पिछली शताब्दी से अस्थिर है और घटने की प्रकृति धारण किये हुए है। मौसम विज्ञान के आँकड़े यह दर्शाते हैं कि सामान्य औसत तापमान में धीमी वृद्धि है और ग्रीष्मकाल के तापमान मे पिछले 30 वर्षों में अधिक उछाल दर्ज किया गया है। तीव्र गति से घटने व तापमान का बढ़ना ही हिमनदों के पीछे हटने की मुख्य वजह है। अतः यदि वातावरण में तापमान बढ़ता है और सूखे की स्थिति बनी रहती है तो इस क्षेत्र में हिमनदों का सिकुड़ना तेजी से बढ़ेगा। हिमनदों के पिघलाव के बारे में बहुत सारे अनुमान, हिमभार या परिणाम के बदलाव पर न होकर अंतिम छोर पर उतार-चढ़ाव की स्थिति या हिमनदीय क्षेत्रों में बदलाव पर आधारित है। जब हम हिमनदों के विषय में बात करते हैं, हम इस तथ्य को नकार देते हैं कि हिमालयी राज्यों में रहने वाले मनुष्यों के जीवन पर हिमनदों के पिघलाव का गहरा प्रभाव पड़ता है। विज्ञानी प्रायः लोगों के प्रत्यक्ष ज्ञान, उनके जीवन की सच्चाई व उनके संदर्भ को उतना महत्व नहीं दे पाते हैं। आलोचकों ने

कभी भी वैश्विक रूप से हिमनदों की नाजुक स्थिति को हिमालयी लोगों के संदर्भ में उचित तरीके से पेश नहीं किया। आज स्थिति बद से बदतर होने वाली है। अतः भविष्य में जलसंकट गहराने की गंभीर आशंका है। इसकी बर्फीली चट्टानें पूरे दक्षिण एशिया के लोगों की साइबेरियाई बर्फीले थपेड़ों से रक्षा करती हैं। हिमालय के वासियों, कृषकों को फलने-फूलने के लिए अवसर देती हैं। बौद्ध धर्म का जन्म यहीं हुआ जिसने बामियान से लेकर कम्पूचिया तक अपना प्रभाव छोड़ा।

हिमालय क्षेत्र में रहने वाले अनेक समुदाय पहले से ही यह महसूस कर रहे हैं कि वहाँ पर उनकी आजीविका के स्रोत या तो घट गए हैं या समाप्त हो गए हैं। अनेक जीव-जंतुओं एवं वनस्पतियों की प्रजातियाँ समाप्त हो चुकी हैं। वैज्ञानिकों और शोधकर्ताओं का कहना है कि संपूर्ण विश्व को कार्बन का उत्सर्जन घटाना पड़ेगा, नहीं तो निकट भविष्य में पीने योग्य जल की कमी हो जाने की प्रबल आशंका है।

हिमालय पर्वत शृंखलाओं से घिरे राज्य उत्तराखंड को 'देवभूमि' की संज्ञा दी जाती है। यहाँ की शांत फिजाएँ, शुद्ध आबो-हवा, अनेक मठ-मंदिर एवं हरियाली से भरपूर तिलस्मी पर्वत घाटियाँ, जहाँ विभिन्न वन्यजीव और प्रचुर मात्रा में वरस्पतियाँ विद्यमान हैं, यह सभी कुछ किसी के भी मन में आस्था व रोमांच भर देते हैं। यहाँ पर्वतों की ऊँचाइयों पर छोटे-बड़े हिमनद विद्यमान हैं जो कि उत्तराखंड देवभूमि की अनेक पवित्र एवं जीवनदायिनी नदियों के उद्‌गम स्थल भी हैं।

यहाँ पर बर्फ से ढकी पर्वत चोटियाँ क्षेत्र में रहने वाले प्राणियों की आत्मा से जुड़ी हुई हैं तथा उन पर इनका गहरा प्रभाव रहता है। उत्तराखंड की सुंदरता का बखान तो पूर्व में भी यहाँ की धरती पर पहुँचने वाले अनेकानेक बुद्धिजीवियों द्वारा होता रहा है। परंतु यह कहना अतिशयोक्ति न होगी कि हिमालय में पर्वत-घाटियों, पशु-पक्षियों, अनेकानेक जीव-जंतुओं, दुर्लभ जड़ी-बूटियों तथा अनुपम आस्था का एक अद्‌भुत संगम है।

भू-मंडलीय ताप वृद्धि (ग्लोबल वार्मिंग)

जैवविविधता का मूल आधार पर्यावरण है। ग्लोबल वार्मिंग अथवा वैश्विक तापमान के बढ़ने से पृथ्वी निरंतर गर्म होती जा रही है। ग्लोबल वार्मिंग का

अर्थ है पृथ्वी के तापमान में वृद्धि होने से मौसम में होने वाले परिवर्तन। पृथ्वी के तापमान में बढ़ोतरी होने के कारण पूरे पर्यावरण में परिवर्तन दिखाई दे रहा है। तापमान वृद्धि का प्रभाव विश्व के सारे हिमनदों पर पड़ना स्वाभाविक है।

आज पूरी दुनिया में तापमान का स्तर ऊपर उठता जा रहा है जिस कारण से हमारे हिमनद आवश्यकता से अधिक तीव्रता से पिघलते जा रहे हैं। विश्व में कुछ निश्चित स्थानों पर हलकी बर्फ वाले हिमनद लगभग गायब हो चुके हैं।

सूर्य के ताप को हिमनदों द्वारा अवशोषित करने की प्रक्रिया हिमनद विज्ञान की महत्वपूर्ण शाखा के रूप में विकसित हो रही है। साधारणतया, अवशोषण प्रक्रिया के ये सभी आँकड़े तब उलट हो जाते हैं, जब सूर्य की सीधी धूप हमारे ग्रह पर पड़ती है। उस दशा में हिमनद 80 प्रतिशत ताप को अवशोषित करते हैं और मात्र 20 प्रतिशत को ही वापस मोड़ पाते हैं। भू-मंडलीय तापमान वृद्धि होने के साथ ही, समुद्र-जल के तापमान में भी बढ़ोतरी होती जा रही है। हिमशैलों के तीव्र गति से पिघलने के कारण समुद्र का जलस्तर बढ़ जाता है और निचले भू-भागों में प्रलय या बाढ़ का खतरा मँडराने लगता है।

बढ़ता हुआ तापमान, जो कि 35 डिग्री तक पहुँच जाता है, बर्फ के पिघलने की दर को बढ़ा देते हैं जिससे पानी की मात्रा बढ़ जाती है। पानी का अधिक (गर्म) तापमान सबग्लेशियल ड्रेनेज चैनलों को बढ़ाने और बाँधों को अस्थिर करने का कारण बन सकता है (इतुरीजागा,1997)। इसी तरह, 1930 के दशक में कुमदन ग्लेशियर ने हर दो साल में श्योक घाटी को नुकसान पहुँचाया, जिसने घातक बाढ़ की घटनाओं को जन्म दिया (विस्सेर, 1938)। भारतीय भूवैज्ञानिक सर्वेक्षण ने रिमोट सेंसिंग और मल्टीस्पेक्ट्रा डेटा का उपयोग करके पाया है कि वर्तमान में उत्तराखंड में स्थित 486 हिमनदों में से 13 झीलें असुरक्षित हैं। टर्मिनस के निकट कुछ ग्लेशियल झीलों में बड़ी हिमनदी झीलें बनने की प्रवृत्ति होती है जो ग्लेशियर मौरैन के द्वारा रोक (बाँध) दी जाती हैं। मौरेन ग्लेशियरों और अन्य कारकों के संचयन से जमा चट्टानों, बजरी, बर्फ, गाद और अन्य सामग्री के जमा होने से बने ऐसे क्षेत्र हैं जिसमें बड़े व ढीले बोल्डर भी शामिल होते हैं जिससे ये बैरिकेड्स काफी कमजोर हो जाते हैं।

वैज्ञानिक स्टीफन हॉकिंग ने मृत्यु से दो सप्ताह पूर्व जो खुलासा किया था उसने वैज्ञानिकों एवं बुद्धिजीवियों को परेशानी में डाल दिया था। उन्होंने

कहा था कि सन् 2600 तक पृथ्वी आग का गोला बन जाएगी और उस पर जीवन संभव नहीं रह पाएगा। यदि उनके द्वारा की गई भविष्यवाणी को हम आज के परिप्रेक्ष्य में देखें तो यह सही लगती है। सभी के मस्तिष्क में यह प्रश्न अवश्य उठता है कि हमारी पृथ्वी वर्तमान समय के जैसी विषम सामाजिक एवं आर्थिक चुनौतियों को झेलते हुए आखिर कब तक मानव-जीवन के अनुकूल बनी रहेगी। इसे समझना और इसका पूर्णरूपेण समाधान निकालना चुनौती भरा काम है। इस चुनौती का मुकाबला सामान्य नहीं हो सकता।

उत्तराखंड जैसे नाजुक पारिस्थितिक तंत्र वाले क्षेत्र में हो रही अनियंत्रित विकास गतिविधियों के विरुद्ध बार-बार चेतावनी जारी की जा चुकी है। वाडिया हिमालय भूविज्ञान संस्थान के निदेशक डॉ. कालाचाँद साँइ के अनुसार, जलवायु परिवर्तन के कारण बर्फ का तेजी से जमना और पिघलना ग्लेशियर में फ्रैक्चर का कारण बनता है। वैज्ञानिक लंबे समय से हिमालय के तेजी से गर्म होने के संबंध में चेतावनी दे रहे हैं कि इसके आसपास के पारिस्थितिकीय तंत्र में खतरनाक रूप से लगातार विकास संबंधी गतिविधियाँ हो रही हैं। पंडित, 2013 के अनुसार, ग्लोबल वार्मिंग ने मौजूदा हिमनदीय झीलों को बढ़ाने के साथ ही उच्च हिमालयी क्षेत्र में नए जलनिकायों के निर्माण को बढ़ाया है (जॉली, 2013)। यदि हिमालयी क्षेत्र में बढ़ती आबादी, बड़े पैमाने पर वनों की कटाई और अनियोजित भारी निर्माण कार्य, निर्माण में प्रयुक्त हो रहे डायनामाइट, जिसने पहाड़ों को बुरी तरह हिलाकर रख दिया है तथा नदी-नालों पर अवैध कब्जे एवं निर्माण जैसे मुद्दों को सुलझाया नहीं गया तो वर्ष 2100 तक हिमालय का एक-तिहाई वन-क्षेत्र नष्ट हो जाएगा जिसके परिणामस्वरूप स्थानीय प्रजातियों का विनाश, जैवविविधिता और प्राकृतिक जलप्रवाह में कमी आएगी (पंडित, 2013)।

आज विश्व की जनसंख्या पृथ्वी की क्षमता से लगभग 10 फीसदी अधिक हो चुकी है। आने वाले वर्षों में इसके लगातार बढ़ते रहने की पूर्ण संभावना है। दिनोंदिन बढ़ती जनसंख्या हेतु विकास, पोषण, स्वास्थ्य, शिक्षा, बिजली, पानी तथा अन्य महत्वपूर्ण उपभोग के वस्तुओं की पूर्ति के लिए वर्तमान में उपलब्ध प्राकृतिक संसाधनों की कार्यक्षमता को दोगुना से छह गुना तक बढ़ाना पड़ेगा, अन्यथा मानव-जीवन का अस्तित्व ही खतरे में पड़ सकता है। असल चिंता यह है कि विश्व के देशों में जी.डी.पी. बढ़ाने की अंधी दौड़, संसाधनों की जरूरत से ज्यादा खपत, जीवाश्म ईंधन का उपयोग, मांसाहार, आज भी

कई स्थानों पर वर्षों पुरानी प्रौद्योगिकी का इस्तेमाल, बढ़ती हुई जनसंख्या हेतु आवास के लिए पृथ्वी के अधिकांश भागों पर कब्जा तथा वनों का तेजी से होता कटान, यह सभी कृत्य भूमंडलीय तापमान में वृद्धि के कारक हैं। ये सब भविष्य में मानव-अस्तित्व के लिए खतरा साबित होने वाले हैं।

विश्व के अनेक वैज्ञानिकों ने इस विषय पर एकमत होकर विश्व समुदाय को आगाह किया है कि आबादी के विस्फोट, संसाधनों के असमान उपभोग, अंधाधुंध औद्योगिकीकरण तथा जलवायु परिवर्तन पर शीघ्र ही अंकुश लगाने के लिए कारगर उपाय नहीं किए गए तो परिणाम भयावह होंगे।

आई.पी.सी.सी. 2018 की रिपोर्ट को आधार बनाकर वैज्ञानिकों एवं पर्यावरणविदों के द्वारा यह आशंका जतायी गई है कि यदि तापमान बढ़ता है तो खेती चौपट हो जाएगी और मनुष्य के लिए खाद्यान्न संकट उत्पन्न हो जाएगा। विशेषतौर पर यह भारतीय कृषि के लिए घातक साबित हो सकता है। कृषि चक्र में बदलाव की आशंका के साथ गंगाघाटी के सूखे की चपेट में आने की आशंका व्यक्त की गई है जिससे किसान बेघर, गरीब व तबाह हो जाएँगे। यह बात मैं स्वयं अनेक कार्यक्रमों में कह चुका हूँ। गाँव से लेकर भारत की संसद के पटल पर मैं लगातार इन बातों को दोहराता आया हूँ।

आई.पी.सी.सी. की रिपोर्ट में गर्म हवाओं का प्रकोप बढ़ने की बात की गई है, जो कि बेहद चिंताजनक है। इससे गरीब परिवार, जिनके पास रहने के लिए घर नहीं है व गर्मी से बचने के लिए कोई साधन नहीं है, वे अधिक प्रभावित होंगे। गर्म हवा के थपेड़े उनके लिए जानलेवा साबित होंगे। भारतीय जलवायु गर्म होती जा रही है। अब तक रिकार्ड, 15 सबसे गर्म वर्षों में सन् 2002 के बाद के 14 वर्ष हैं। सबसे गर्म वर्ष 2017 रहा है। वर्ष 2017 में औसत तापमान में 0.71 डिग्री बढ़ोतरी दर्ज की गई, जबकि पिछली एक सदी की औसत बढ़ोतरी 0.6 डिग्री थी। मई 2016 में सर्वाधिक भयावह गर्मी दर्ज की गई, जब जैसलमेर (राजस्थान) में तापमान 52.4 डिग्री पर पहुँच गया। इस साल राजस्थान में अप्रैल माह में ही भयावह लू का अलर्ट जारी किया गया था। भयावह लू की घटनाएँ पहले 100 साल में एक बार होती थी, परंतु वैश्विक तापमान वृद्धि की वजह से अब इनकी 10 साल में एक बार पुनरावृत्ति होने लगी है। सन् 2002 से 2016 के बीच लू लगने से मरने वालों की संख्या करीब 6,000 हो चुकी है। यही वह बिंदु है जिसने सभी की चिंता बढ़ा दी है।

संयुक्त राष्ट्र की रिपोर्ट के अनुसार, 2030 तक, धरती का तापमान 1.5 डिग्री तक बढ़ सकता है। भारत में जलवायु परिवर्तन का सबसे अधिक प्रभाव पड़ेगा। यहाँ अनेक समस्याएँ उत्पन्न होने के साथ ही गरीबी बढ़ेगी।

संयुक्त राष्ट्र के सदस्यों ने जलवायु संधि के लिए 2015 में निश्चित लक्ष्यों को पूरा करने के लिए नए कदम उठाए हैं। जर्मनी की पुरानी राजधानी बॉन में तय किया गया कि गरीब और अमीर देशों के लिए ग्लोबल वार्मिंग रोकने के लिए और ग्रीनहाउस गैसों के उत्सर्जन के लिए एक ही कानूनी दायरे में रखा जाएगा। अब तक विकसित और विकासशील देशों के लिए पर्यावरण को सुरक्षित रखने हेतु भिन्न-भिन्न कानूनी नियम बनाये गए थे। वैज्ञानिकों का मानना है कि ग्लोबल वार्मिंग में बढ़ोतरी के लिए ज्यादा जिम्मेदारी अमीर और विकसित देशों की है। इसी बीच, जहरीली गैसों के उत्सर्जन में बढ़ोतरी के लिए चीन, ब्राजील और भारत भी शामिल होने जा रहे हैं। हालाँकि, इन देशों में कोयला, तेल और गैस की प्रति व्यक्ति औसत खपत अमीर देशों से कम है।

ग्रीनहाउस गैसों के उत्सर्जन में तेजी से व्यापक कटौती नहीं की गई तो धरती पर तापमान में तीव्र वृद्धि होगी। इससे भारतीय उपमहाद्वीप में भी इसके भयावह परिणाम देखने को मिलेंगे। जलवायु परिवर्तन पर संयुक्त राष्ट्र की संस्था आई.पी.सी.सी. (इंटर गवर्न सेंट्रल पैनल ऑफ क्लाइमेट चेंज) ने हाल ही में दक्षिण कोरिया के इंचियोन में जारी की गई रिपोर्ट में आशंका जताई है कि तापमान बढ़ने से गर्म हवाओं का प्रकोप बढ़ेगा, फसलों को भारी नुकसान पहुँचेगा, जिससे गरीबी बढ़ेगी। चालीस देशों के 91 लेखकों और समीक्षा संपादकों द्वारा तैयार की गई 400 पन्नों की रिपोर्ट के अनुसार, दुनिया में 2 डिग्री से ज्यादा तापमान बढ़ गया तो स्थिति बहुत ही संकटपूर्ण होगी (IPCC, 2018)।

इसके साथ ही, यदि अमेरिका की रटगर्स यूनिवर्सिटी की रिपोर्ट को सही माना जाए और भू-मंडलीय तापन पर शीघ्र ही लगाम नहीं लगायी गई तो सन् 2300 तक समुद्र का जलस्तर 50 फीट तक बढ़ जाएगा जिससे समुद्र स्तर से 33 फीट की ऊँचाई तक रहने वाली दुनिया की 11 फीसदी आबादी खतरे की जद में आ जाएगी।

भारत के विषय में यदि बात की जाए तो पर्यावरण पर शोध करने वाली ब्रिटेन की एक संस्था, कार्बन फ्री के अनुसार, पिछले 150 वर्षों में दिल्ली का

तापमान करीब 1 डिग्री सेल्सियस, मुंबई का 0.7 डिग्री, चेन्नई का 0.6 डिग्री और कोलकाता का 1.2 डिग्री सेल्सियस तक बढ़ा है।

शोध के अनुसार, यदि विश्व का तापमान 2 डिग्री सेल्सियस तक बढ़ता है तो समुद्र का जलस्तर 2100 तक की ऊँचाई तक समुद्र की सतह से 8 फुट और 2300 तक की ऊँचाई तक यह 50 फुट तक बढ़ जाएगा। इससे भारतीय उपमहाद्वीप में कोलकाता व कराची पर सबसे बुरा असर पड़ेगा। भारत में सन् 2015 में गर्म हवाओं के थपेड़ों से मरने वालों की संख्या 2,500 थी। यदि धरती का तापमान इसी तरह बढ़ता रहा तो भारत की स्थिति सन् 2015 से भी खतरनाक हो जाएगी।

भारत की 7,000 कि.मी. से भी ज्यादा सीमा समुद्र से जुड़ी है, इस वजह से जलवायु परिवर्तन का सबसे ज्यादा असर भारत पर पड़ सकता है। भारत की समुद्री सीमा से लगे देशों में हिमालय से मानसूनी बारिश की निर्भरता कहीं अधिक है। अतः भारत को भविष्य में पैदा होने वाली खतरनाक स्थितियों से बचाव के तरीके खोजकर इसका सामना करने को पूर्ण रूप से तैयार रहना होगा।

भारत में हाल ही में, केरल राज्य में विनाशकारी बाढ़ आई थी जिसमें भारी मात्रा में जान-माल का नुकसान हुआ था। इससे सबक लेने की आवश्यकता है।

संयुक्त राष्ट्र महासचिव एंतोनिया गुतारेस ने केरल की बाढ़ का हवाला देकर जलवायु परिवर्तन से निपटने की दिशा में निष्क्रियता को आत्मघाती बताया है। प्योर्टोरिको में पिछले वर्ष आए तूफान में भी लगभग 3,000 लोग मौत के मुँह में समा गए थे। वर्ष 2013 में उत्तराखंड के केदारनाथ की त्रासदी में दस हजार से अधिक लोग मौत के मुँह में समा गए। प्रकृति के क्रोधित होकर प्रलयंकारी बन जाने वाली इन सभी घटनाओं का संज्ञान लेते हुए जलवायु परिवर्तन से पैदा होने वाली विषम परिस्थितियों का सामना करने हेतु शीघ्र, अति शीघ्र जनहानि से बचाव के नए तरीके खोजकर अपने को इस दिशा में मजबूत बनाने की आवश्यकता पर बल दिया गया है।

समाचार पत्र तथा पत्रिकाओं में प्रकाशित विभिन्न रिपोर्टों के माध्यम से भूमंडलीय तापमान में वृद्धि से पैदा होने वाली गंभीर समस्याओं के बारे में समय-समय पर अवगत कराया जाता रहा है। एशिया-प्रशांत क्षेत्र के देशों में ग्लोबल वार्मिंग के कारण प्रतिवर्ष दस हजार लोगों के मारे जाने का अनुमान लगाया गया है। संयुक्त राष्ट्र की स्वास्थ्य एजेंसी के आँकड़ों के अनुसार,

पृथ्वी पर तेजी से बढ़ते तापमान के कारण उत्पन्न होने वाली समस्याएँ, जैसे कि जलवायु परिवर्तन या मच्छर जैसे कीटों से होने वाली विभिन्न बीमारियों से इस क्षेत्र में हर वर्ष अनुमानतः 10,000 लोग मर रहे हैं।

विश्व स्वास्थ्य संगठन (डब्ल्यू.एच.ओ.) के अनुसार, सन् 2000 में लिये गए आँकड़ों के हिसाब से ग्लोबल वार्मिंग की वजह से एशिया के उत्तर व दक्षिण-पूर्व सहित प्रशांत क्षेत्र के लोगों का जीवन अधिक प्रभावित है। पर्यावरण में तेजी से आ रहे बदलाव के कारण हर साल लगभग दस हजार लोगों की मौत हो रही है। एक चेतावनी के रूप में यह कहा गया है कि यदि समय रहते इस विषय पर कोई ठोस कदम नहीं उठाए जाएँगे तो आने वाले 50 या 100 सालों में स्थिति और भी भयावह बन सकती है जिससे अधिक जनहानि की आशंका है (WHO, 2005)।

शोधकर्ताओं द्वारा किये गए प्रारंभिक सर्वेक्षण से यह ज्ञात हुआ था कि वैश्विक तापमान वृद्धि के कारण कई क्षेत्रों के मौसम में अप्रत्याशित बदलाव आया है जिससे सूखा, बाढ़, समुद्री तूफान, चक्रवात आदि की आशंका बढ़ी है। पश्चिमी प्रशांत क्षेत्र में 1980 से 1991 के दौरान तूफान आने की घटनाओं में दो प्रतिशत की वृद्धि हुई और विभिन्न प्राकृतिक आपदाओं, जैसे—सूखा, बाढ़ व तूफान के कारण मरने वालों की संख्या में भी 30 से 40 प्रतिशत तक की वृद्धि हुई।

ऑक्सफोर्ड विश्वविद्यालय के वैज्ञानिकों द्वारा जलवायु परिवर्तन से होने वाले बदलाव पर अध्ययन के पश्चात यह आशंका व्यक्त की गई कि पृथ्वी का ताप बढ़ने से अफ्रीका की ज्यादातर उपजाऊ भूमि रेगिस्तान बन जाएगी (स्ट्रिंजर, 2009)।

ग्लोबल वार्मिंग से हिमनदों का सिकुड़ना

यह सत्य है कि कभी-कभी हिमनद अजीबोगरीब व्यवहार करते हैं। हम उनका मानवीकरण करते हुए यह कह सकते हैं कि उनके पास भी अपना एक दिमाग है। यह बात तब ज्यादा महत्वपूर्ण हो जाती है जब हिमनद विषम तरीके का व्यवहार करने लगते हैं। एक तरफ तो कोई हिमनद पिछले सौ सालों में 500 मीटर तक पीछे खिसक जाता है तो दूसरी ओर, उतने ही समय में कोई अन्य हिमनद यथावत बना रहता है।

आज के समय में हिमनदों व बर्फ की चादरों पर भू-मंडलीय तापन का प्रभाव, एक बड़ी बहस और शोध का मुद्दा हो गया है। सामान्य जन के बीच यह धारणा बनी हुई है कि हिमालय में बर्फ की चादरों के पिघलाव को तेजी से बढ़ाने में भूमंडलीय तापन ही एक संभावित कारण है, जिसके परिणाम भयानक हो सकते हैं।

मानव द्वारा किये गए क्रियाकलापों के कारण हमारी पृथ्वी की जलवायु तेजी से गर्म होती जा रही है जिसके परिणामस्वरूप हिमनदों का ह्रास हो रहा है। ग्रीनहाउस गैसों से वायुमंडल पर होने वाले दुष्प्रभावों में वृद्धि को रोक पाना भी वैज्ञानिकों के लिए एक बड़ी चुनौती बनती जा रही है। संपूर्ण विश्व में औद्योगीकरण के बेहतरीन परिणाम प्राप्त हुए हैं। इस बात को भी नहीं नकारा जा सकता है कि इसके दुष्प्रभाव भी जलवायु परिवर्तन के रूप में सामने आए हैं। उद्योगों से निकलने वाली विषैली गैसों की मात्रा में तेजी से वृद्धि हुई है जिससे जलवायु पर अत्यधिक असर पड़ा है। समय रहते इसका उपाय जरूरी है।

ग्रीनहाउस गैसों के कारण भूमंडलीय तापन में वृद्धि होती जा रही है, जो कि हिमनदों के अस्तित्व के लिए सबसे बड़ा खतरा है। कार्बन डाईऑक्साइड, जलवाष्प और ओजोन परत—यह तीनों वायुमंडल में ग्रीनहाउस प्रभाव बढ़ाने के लिए उत्तरदायी हैं। यह प्राकृतिक कारक कई वर्षों से पृथ्वी से परावर्तित होकर अंतरिक्ष की ओर दीर्घ तरंगों के रूप में जाने वाली ऊष्मा को पुनः धरती की ओर परावर्तित करने का अपना कार्य कर रहे हैं। धीरे-धीरे औद्योगीकरण के बढ़ते चले जाने से ग्रीनहाउस प्रभाव को बढ़ाने वाले कारकों में मिथेन, नाइट्रिक ऑक्साइड और हैलोजनित हाइड्रोकार्बन गैसें भी शामिल हो गई हैं जो कि मानवीय व प्राकृतिक कारकों से बहुत अधिक मात्रा में बढ़ी हैं।

ग्रीनहाउस गैसों से सबसे ज्यादा प्रभावित होने वाला जो एक महत्वपूर्ण कारक है वो है जलवायु में हो रहा परिवर्तन। प्राकृतिक कारणों की वजह से वायुमंडल में गैसों की मात्रा संतुलित रहती है। जब कार्बन डाईऑक्साइड, मिथेन, नाइट्रिक ऑक्साइड तथा हैलोजनित हाइड्रोकार्बनों की मात्रा बढ़ने के कारण से जलवायु गर्म होने लगती है तो ऐसी स्थिति में जलवाष्प की मात्रा वायुमंडल में बढ़ जाती है। परिणामस्वरूप, वायुमंडल का ताप लगभग दो गुना अधिक बढ़ जाता है, जो अंततः हिमनदों को प्रभावित करने का कारण बनता है।

कार्बन डाईऑक्साइड के बारे में अधिकतर लोगों में यह धारणा बनी हुई है कि यह स्वास्थ्य के लिए एक हानिकारक गैस है, जबकि हमारे वायुमंडल में इसकी मात्रा बहुत अधिक नहीं है। पेड़-पौधे इसकी मात्रा को सोखकर नियंत्रित करने में महत्वपूर्ण भूमिका निभाते हैं। कार्बन डाईऑक्साइड तापमान वृद्धि में महत्वपूर्ण योगदान देता है।

लगभग सभी वैज्ञानिकों का यह मानना है कि पृथ्वी पर जीवन के अस्तित्व के लिए कार्बन डाईऑक्साइड का होना भी अति आवश्यक है। हालाँकि, प्राकृतिक कारणों के द्वारा वायुमंडल में कार्बन डाईऑक्साइड की मात्रा कम-ज्यादा होती रहती है, परंतु मनुष्य द्वारा औद्योगीकरण व कई अन्य कारणों से भी इस गैस की मात्रा में तीव्र गति से वृद्धि हो रही है।

शोध द्वारा यह बात सामने आई है कि लगभग 150 वर्ष पहले इस गैस की मात्रा अनुमानतः 2.80 भाग प्रति दस हजार थी जो कि आज लगभग 415 भाग है। कुल मिलाकर यह कहा जा सकता है कि जितनी कार्बन डाईऑक्साइड आज वायुमंडल में व्याप्त है, उतनी पिछले लाखों वर्ष में कभी नहीं थी (डॉकरिल, 2019)।

यह सही है कि जीव-जंतु ऑक्सीजन अपने अंदर लेते हैं और कार्बन डाईऑक्साइड बाहर छोड़ते हैं। जो कार्बन डाईऑक्साइड छोड़ते हैं, उसका उपयोग पेड़-पौधों द्वारा किया जाता है, परंतु मनुष्य द्वारा उपयोग किए जाने वाले पेट्रोल, प्राकृतिक गैस, लकड़ियाँ, कोयला और अन्य कार्बनिक पदार्थों को जलाए जाने से काफी मात्रा में कार्बन डाईऑक्साइड निकलती है, साथ ही औद्योगिक क्रांति के साथ-साथ जीवाश्म ईंधनों को उपयोग में लाए जाने से भी वायुमंडल में बड़ी मात्रा में कार्बन डाईऑक्साइड की मात्रा बढ़ गई है (झू एवं लिन, 2015)।

एक ज्वलनशील गैस, जो बिना ऑक्सीजन के वातावरण में जैविक पदार्थों पर बैक्टीरिया की क्रिया के बाद बनती है, जिसे मिथेन गैस नाम दिया गया है, वह भी वायुमंडल पर गहरा प्रभाव डाल रही है। इस गैस के उत्पादन में वृद्धि होने के कई कारक हैं। दलदल भरे गड्ढ़े, जिनमें घर का कूड़ा-करकट डालकर भर दिया जाता है, धान के खेत, जो जल से लबालब भरे हुए होते हैं, विशेषकर ऐसे स्थानों पर मिथेन गैस उत्पन्न होती है। साथ ही, बोरिंग जल हेतु जमीन में खुदाई करना, जैव ईंधन, बायोमास को जलाए जाने से भी यह गैस पैदा होती है। पशुधन भी मिथेन गैस के उत्पादन का कारक हैं।

मौसम विज्ञानियों के अनुसार, सभी स्रोतों के द्वारा वायुमंडल में प्रतिवर्ष 45 खरब टन की दर से मिथेन गैस में लगातार वृद्धि हो रही है। वैसे तो वायुमंडल में मिथेन गैस की मात्रा कार्बन डाईऑक्साइड से बहुत कम है, परंतु ग्रीनहाउस कार्बन डाईऑक्साइड की तुलना में लगभग 21 गुना अधिक मिथेन गैस उत्पन्न करती है।

लाफिंग गैस या नाइट्रस ऑक्साइड रासायनिक रूप से एक क्रियाशील गैस है, जो धरती से दीर्घ तरंगों के रूप में निकलने वाली ऊर्जा को परिवर्तित करने की अधिक क्षमता रखती है। यह गैस मिट्टी पर नाइट्रोजन की मात्रा से अधिक रहती है, या सूक्ष्म जीवों की क्रियाओं तथा बायोमास और जीवाश्म ईंधनों के जलने के कारण उत्पन्न होती है। कुछ लोगों का यह भी मानना है कि वायुमंडल में इस गैस को बढ़ाने में नायलोन उद्योगों का बड़ा योगदान है। कृषकों द्वारा खेती की पैदावार को बढ़ाने के उद्देश्य से प्रयोग में लाए जाने वाले कुछ रासायनिक उर्वरकों का चलन बढ़ने से भी नाइट्रस ऑक्साइड नामक गैस अधिक उत्पन्न हो रही है।

शोधकर्ताओं का मत है कि कार्बन डाईऑक्साइड की तुलना में ग्रीनहाउस प्रभाव उत्पन्न करने में नाइट्रस ऑक्साइड की क्षमता लगभग 200 गुना अधिक है। हमारे वायुमंडल को दूषित करने, पृथ्वी के तापमान में वृद्धि करने के साथ अंततः हिमनदों को प्रभावित करने वाले कारकों में हैलोजनित हाइड्रोकार्बन भी अहम भूमिका निभाता है। इसमें हैलोजन के विशेषतः क्लोरीन एवं ब्रोमीन के परमाणु होते हैं जो कि संताप मंडल में सौर विकिरणों में मौजूद पराबैंगनी किरणों द्वारा बाहर निकल जाते हैं। ओजोन को विघटित करके, उसकी मात्रा को कम करना ही इनका कार्य नहीं होता, बल्कि यह पृथ्वी से अंतरिक्ष की ओर परावर्तित होने वाली ऊष्मा को भी अवशोषित कर लेते हैं। यह मुख्य रूप से वातानुकलन उपकरणों, रेफ्रीजरेटरों और फोम की सीटों के निर्माण के प्रयोग में लाई जाती है। हैलोजनिक हाइड्रोकार्बन का उत्पादन कारखानों में अधिक होता है।

वायुमंडल में जितनी भी क्लोरीन आज मौजूद है, उसकी 50 प्रतिशत मात्रा क्लोरोफ्लोरो कार्बन-11 और क्लोरोफ्लोरो कार्बन-12 नामक गैसों के कारण हैं। यह दोनों ही गैस बहुत बड़ी मात्रा में ऊष्मा को पृथ्वी की ओर

पुनः परावर्तित करती हैं। कार्बन डाईऑक्साइड की तुलना में इनकी ग्रीनहाउस प्रभाव पैदा करने की क्षमता क्रमशः 15,000 तथा 12,000 गुना अधिक है। वायुमंडल में विघटित हुए बिना यह क्रमशः लगभग 65 वर्षों तक मौजूद रह सकती है (शिंडेल व ग्रिउ, 2002)।

वायुमंडल पर ग्रीनहाउस प्रभाव का दबाव दिन-प्रतिदिन बढ़ता ही जा रहा है। यदि समय रहते इसे रोकने के कठोर कदम नहीं उठाये गए तो इसके दुष्परिणाम बढ़ते चले जाएँगे और एक दिन मनुष्य के अस्तित्व के लिए ही संकट पैदा हो जाएगा। ग्रीनहाउस प्रभाव के कारण ही वायुमंडल निरंतर गर्म होता जा रहा है। जलवायु के इस प्रकार से गर्म होते रहने से इसके संभावित दुष्परिणाम बहुत बड़े क्षेत्रों में सूखा या अधिक वर्षा होने, चक्रवातों के प्रबल व अधिक विनाशकारी होने, वनों के सूखने, सूखी धरती पर दरारें पड़ने, वन्यजीवों के विनाश, सागर की सतह के ऊँची हो जाने आदि के रूप में हमारे समक्ष आएँगे।

हिमनदों के तेजी से पिघलने व सिकुड़ने जैसी गंभीर समस्याएँ भी इन्हीं कारणों से उत्पन्न होंगी, जिससे हिमनदों से उत्पन्न होने वाली विभिन्न जल धाराएँ विनाशकारी बाढ़ की चपेट में आ जाएँगी। ग्रीनहाउस गैसों की वृद्धि से पृथ्वी के हर क्षेत्र में प्रभाव पड़ेगा, जिससे भारत जैसा विकासशील राष्ट्र भी प्रभावित हुए बिना नहीं रह सकता। वायुमंडल में कार्बन डाईऑक्साइड की मात्रा में वृद्धि होने के कारण ग्रीनहाउस प्रभाव से भारत की जलवायु कुछ अधिक गर्म हो जाएगी। इससे भारतीय उपमहाद्वीप का उत्तर-पश्चिमी इलाका सबसे अधिक प्रभावित होगा। यहाँ पर वायुमंडल के ताप में 3.5 सेल्सियस से भी अधिक वृद्धि होने की आशंका है। बंगाल की खाड़ी व अरब सागर के जल में 2.5 डिग्री सेल्सियस तक ताप वृद्धि होने की संभावना है।

ऐसा माना जाता है कि 19वीं शताब्दी में, जबसे हिमनदों की निगरानी का कार्य प्रारंभ हुआ, तभी से हिमनद लगातार सिमटते जा रहे हैं। संभव है कि 19वीं शताब्दी से पूर्व भी बहुत-से प्राकृतिक कारणों से हिमानियों के बनने और सिमटने की प्रक्रिया चलती रही हो। परंतु प्रकृति जब अपने ही कारकों से प्राकृतिक क्रियाओं द्वारा बनने और समाप्त हो जाने की क्रिया करती है तो स्वाभाविक प्रक्रिया मानी जाती है। यह माना गया है कि अंतिम हिमयुग के दौरान हिमालय में बर्फ की चादरों का फैलना वर्तमान से तीन गुना अधिक

था। प्रत्येक अंतरा हिमनद ऊष्णकाल के दौरान बर्फ की चादरों का धीरे-धीरे सिकुड़ना प्रारंभ हो गया। ऐसे साक्ष्य सामने निकलकर आए हैं, जो सिद्ध करते हैं कि चतुर्मागात्मक हिमयुग की अंतिम हिमयुगीय चक्र के अंत तक सामान्य तौर पर हिमालय में हिमनद वर्तमान में अग्रभाग की स्थिति से 20 से 30 कि.मी. की सीमा से आगे नहीं बढ़े होंगे।

पिछले 100 वर्षों में हिमालय में हिमनदों पर अध्ययन के पश्चात जो सूचना प्राप्त हुई है वो बहुत चिंतनीय है और वह इस ओर इशारा करती है कि हिमालय के हिमनद बड़े पैमाने पर निरंतर सिकुड़ रहे हैं या अपना स्थान छोड़ रहे हैं, जिनके बारे में सघन उपाय करने की आवश्यकता पूरे विश्व के लिए सर्वोपरि होनी चाहिए।

सियाचिन ग्लेशियर ध्रुवीय तथा उपध्रुवीय क्षेत्रों के बाहर दूसरा सबसे बड़ा घाटी हिमनद है जो लगभग 75 कि.मी. लंबाई लिये हुए है। इस हिमनद का अग्रभाग सन् 1948 से निगरानी मे है। इतने वर्षों की निगरानी के बाद यह बात सामने आई है कि यहाँ पर पिछले 50 वर्षों से असामान्य रूप से आई घटना जैसे कोई भी चिह्न नजर नहीं आए हैं (अग्रवाल, 2017)।

मचोई ग्लेशियर एक छोटा अनुप्रस्थ हिमनद है, जो कि 2 कि.मी. से भी कम लंबाई का है। यह श्रीनगर से लेह जाने वाले राष्ट्रीय राजमार्ग के बहुत नजदीक, जोजीला के पूर्व में 34 डिग्री, 16 एन. 75 डिग्री, 32 ई. के अंतर्गत स्थित है। यह एकमात्र ऐसा हिमनद है, जिसके अग्रभाग के 1875 ईस्वी से संभवतः वास्तविक चित्रों का रिकार्ड मौजूद है। इस हिमनद पर भी पिछले पचास वर्षों में खिसकने की कोई बड़ी घटना नहीं हुई है।

गंगोत्री ग्लेशियर 30 डिग्री 56 उत्तर, 79 डिग्री 04 पूर्व, 30 कि.मी. लंबाई लिये है, जिसका 110 वर्ग कि.मी. का क्षेत्र हिमचादर से ढका हुआ है। यह हिमनद 20 मीटर प्रतिवर्ष की औसत से पीछे खिसक रहा है जो कि इस कल्पनात्मक भविष्यवाणी की ओर बढ़ रहा है कि यह हिमनद अगले 35 वर्षों में समाप्त हो जाएगा। हालाँकि, वास्तविकता यह है कि 2001 ए.डी. से इस हिमनद के पिघलाव की दर में पर्याप्त गिरावट आई है और सन् 2007 सितंबर से जून 2009 के मध्य तक वास्तव में यह हिमनद स्थिर रहा है जो कि एक अच्छी खबर है।

जनसंख्या वृद्धि और सिमटते हिमनद

विश्व के अनेक स्थानों पर मनुष्य के लिए शुद्ध जल हेतु उपलब्धता का एकमात्र स्रोत हिमनद ही है। हमारे ग्रह पर मात्र 2 प्रतिशत ही शुद्ध जल मौजूद है जो कि इनसान के प्रयोग के लिए उपयुक्त है। इसका 70 प्रतिशत भाग हिमनदों की जमी हुई बर्फ तथा हिम के रूप में मौजूद है। पिघलकर निकला जल नए सिरे से हिमनद पर 'अवशेषण' नामक प्रक्रिया के द्वारा पुनः बर्फ का रूप ले लेता है। विश्व में अनेक स्थानों पर वर्षभर की जलापूर्ति का यही एकमात्र स्रोत है।

विश्व में निरंतर बढ़ती जनसंख्या और हिमनदों का लगातार घटता आकार भविष्य में आने वाली एक गंभीर जलापूर्ति समस्या का सूचक है। इस विषय पर यदि मानव द्वारा समय रहते विचार नहीं किया गया तो आने वाले वर्षों में हमें भयानक परिणाम देखने को मिल सकता है। हिमालय के आस-पास के इलाके आज भी, विशेषतः ग्रीष्म ऋतु के सूखे के दिनों में, शुद्ध जल के अभाव का सामना कर रहे हैं, जो हमारे लिए खतरे का संकेत है।

जो कृषि वर्षा पर ही आधारित होती है, वह बर्फ के पिघलते हिमनदों की वजह से ज्यादातर प्रभावित नहीं होती, परंतु ऐसे कुछ ही स्थान हैं जहाँ बड़े भू-भाग पर नदियों से सिंचाई होती है जो बर्फ के हिमनदों से उत्पन्न जल पर ही आश्रित है। ग्रीष्म ऋतु के दिनों में हिमनदों से निकलने वाले शुद्ध जल में कमी आती है। परिणामस्वरूप, धरती सूख जाती है और कृषि के लिए अनुपयुक्त साबित हो जाती है जिससे कृषि उत्पादन घट जाता है और जो खाद्यान्न की कमी का कारण बनता है।

जमे हुए हिमनद या तो छोटे हिमशैलों के रूप में टूटकर सीधे ही पिघलते हुए समुद्र में मिल जाते हैं, या भूमि पर पिघलकर समुद्र में मिल जाने वाली नदियों का निर्माण करते हैं। अतः यह हिमनद के पिघलने की प्रक्रिया होने की सामान्य स्थिति है।

समुद्र का जल निरंतर रूप से वाष्पीकृत हो रहा है। उसकी भरपाई पिघलते हुए हिमनद से हो जाती है। यहाँ पर समस्या तब उत्पन्न हो जाती है, जब पूर्णतः पूर्ति करने वाली बर्फ की मात्रा पिघलकर निकलते जल से कम होती है।

वास्तव में, संपूर्ण विश्व में ज्यादातर हिमनदों में खिसकने और पिघलने की प्रक्रिया घटित हो रही है। क्रमशः उनका आकार घट रहा है, और साथ ही समुद्र का जलस्तर भी बढ़ रहा है जो कि चिंता का विषय है।

शोध द्वारा निकाले गए नवीनतम निष्कर्ष के अनुसार, अंटार्कटिका में बर्फ की चट्टानें अपना वजन और आकार खो रही हैं और तेजी से घट रहा है। उस प्रतिशत तक समुद्र-स्तर में वृद्धि के लिए दक्षिण ध्रुव के चारों ओर के महाद्वीप से गायब होती बर्फ जिम्मेदार है। शोधकर्ताओं ने यह चेतावनी दी है कि यह क्रिया जलवायु परिवर्तन के कारण और तेजी पकड़ेगी और आगे भी जारी रहेगी। यदि मनुष्य द्वारा ग्रीनहाउस गैस उत्सर्जन का वर्तमान दर से बढ़ना जारी रहता है, तो अंटार्कटिका में बर्फ कम होती जाएगी, जो समुद्र जलस्तर को 1 से 37 से. मी. तक बढ़ाने का कारण बनेगा।

अंतरराष्ट्रीय वार्ताकारों को उत्सर्जन के कम होने और वैश्विक तापमान वृद्धि को 2 सेंटिग्रेड, पूर्व औद्योगिक स्तरों तक सीमित किए जाने की उम्मीद है। ये लोग अगले वर्ष पेरिस में एक जलवायु संधि पर हस्ताक्षर करने को पूर्ण रूप से तैयार हो गए हैं (जेवरेजेवा, 2017)।

शोधकर्ताओं का कहना है कि यदि वे इस लक्ष्यप्राप्ति में सफलता प्राप्त कर भी लेते हैं तो भी अंटार्कटिका में बर्फ के पिघलने से समुद्र का जलस्तर 23 से.मी. तक बढ़ सकता है (सिम्प्लिस, 2008)। जलवायु परिवर्तन पर आई. पी.सी.सी. के अंतरसरकारी पैनल की ताजा रिपोर्ट, जो किये गए हजारों शोधों के परिणामों के क्रमवार आधार पर प्रस्तुत की गई है, में अनुमान लगाया गया है कि इस शताब्दी में समुद्र-स्तर 26 और 82 से. मी. के बीच तक बढ़ जाएगा (सिद्दाल, 2009), जिसमें 5 से. मी. तक की बढ़त अंटार्कटिका में पिघलती हुई बर्फ की वजह से होगी। यह संख्या स्पष्ट रूप से आई.पी.सी.सी. 2007 के मूल्यांकन से कहीं अधिक थी, जब नए उपग्रह द्वारा कार्यक्षेत्र संबंधी सूचनाएँ प्रकाश में आईं। कई शोध यह संकेत देते हैं कि स्थिति और भी ज्यादा गंभीर हो सकती है। हजारों-लाखों की संख्या में लोग निचले तटवर्ती क्षेत्रों में वास करते हैं जो बढ़ते हुए समुद्र-स्तर से हमेशा भयग्रस्त रहते हैं।

वर्तमान में किये गए एक शोध ने इंगित किया है कि दीर्घावधि में अंटार्कटिका बहुत महत्वपूर्ण विषय बन जाएगा। सभी साक्ष्यों को सामने रखकर देखा जाए तो यह लगता है कि बहुत जल्द ही समुद्र-स्तर में वृद्धि का बड़ा कारण भी अंटार्कटिका ही बनेगा।

वर्तमान में मौजूद हिमनदों को आकार लेने में सदियाँ लगी हैं। यह नदियों और सरोवरों का निर्माण करते हुए दिन-रात पिघलते रहते हैं। यह

प्राकृतिक क्रिया संपूर्ण विश्व के कई स्थानों पर मुनष्य जाति के अस्तित्व के लिए अत्यंत आवश्यक है। ऊँचाई पर पिघली हुई बर्फ के स्थान पर पुनः नई बर्फ जम जाती है, जो बाद में जमकर कठोर रूप में परिवर्तित हो जाती है। हिमनदों पर समस्या तब उत्पन्न होने लगती है जब पिघलते हुए हिम के जल की मात्रा अधिक होती है और उसकी भरपाई करने वाली ताजा बर्फ की मात्रा कम होने लगती है।

हिमालय के हिमनदों का तेजी से सिकुड़ना एक नाटकीय घटनाक्रम जैसा है, जिसके अनेक पारिस्थितिक परिणाम होते हैं। हिमालय में हिमनद सामान्यतः 3,500 मीटर की ऊँचाई से भी ऊपर स्थित है और वृक्षों की सीमारेखा के निकट है। हिमरेखा एवं वृक्षरेखा के मध्य यहाँ पर एक महत्वपूर्ण तालमेल-सा दिखाई पड़ता है। हिमनद के अग्रभाग के ऊपर की ओर खिसकने की वजह से एक खुले चट्टानी परिदृश्य (हिमोढ़) का निर्माण होता है। यह हिमोढ़ आरंभिक जीवन हेतु एक पौधशाला के समान होते हैं। नवीन निवास और उन अग्रणी प्रजातियों के लिए खुले हुए होते हैं जो हिमनदीय पर्यावरण में आक्षेप करते हैं (सिंह, 2012)।

एक दशक या और लंबे समय के बाद ऊपरी वृक्षरेखा एवं हिमनद के अंतिम छोर के मध्य ऊँचाई की दूरी कम हो जाएगी। वनस्पति पर आश्रित प्रजातियों में कई बदलाव देखे जाएँगे। वन पारिस्थतिकी तंत्र पर प्रभावों से वनों की सीमाओं में बदलाव, प्राणियों की रचना एवं वनस्पति प्रकार में परिवर्तन शामिल है।

हिमालय के पारिस्थितिकी तंत्र के लिए हिमनदों का तेजी से घटना पारिस्थितिकी तंत्र में विस्तृत परिवर्तन को प्रतिबिंबित करता है। हिमनदों के घटने के कारण अधिक ऊँचाई पर उगने वाली घास के मैदान अस्तित्व में आ जाते हैं। वृक्षों के सीमा बढ़ने से मैदानी क्षेत्रों में घास के पौधों की विविधता कम हो जाएगी। हिमनदों के सिकुड़ने से ठंडी हवाओं की निकासी में परिवर्तन आ जाता है। हिमनदीय घाटी में ग्रीष्म ऋतु के दौरान नमी कम हो जाएगी और तापमान में वृद्धि होगी जिससे तापमान के प्रति संवेदनशील जलचर प्रभावित होते हैं।

हिमनद के पिघलने से पेड़-पौधों को बढ़ने के लिए नए क्षेत्र तो मिलते ही हैं, साथ ही इससे जलधाराओं में तल के मलबे के बहाव में बदलाव भी

आता है। लगातार पीछे हटने या पिघलाव के कारण मिट्टी की नमी, बदली हुई अग्नि आवृत्ति, वन विकास तथा वनस्पतियों में वितरण परिवर्तन जैसे जलवायु संबंधित पारिस्थितिक तंत्र में बदलाव आते हैं। हिमनदों के सिकुड़ने से अनेक हिमनदीय झीलें उत्पन्न हो जाएँगी। हिमनदों पर बर्फ के घट जाने से पर्वतारोहण एवं ट्रैकिंग जैसे रोमांचक खेलों पर प्रतिकूल प्रभाव पड़ेगा। इससे प्राकृतिक आपदाओं में भी वृद्धि होगी और उच्च क्षेत्रों में मार्गों पर यातायात खतरनाक साबित होगा। हिमनदों का सिकुड़ना तथा वैश्विक जलवायु परिवर्तन इस बदलाव पर निगाह बनाए रखने का एक पुख्ता प्रमाण है।

हिमनदों के पिघलाव से प्राप्त जल इनसे उत्पन्न होने वाली नदियों का भंडारगृह हैं जो कि एक बड़े भारतीय भू-भाग पर जीवनरेखा को नियंत्रित रखता है। हिमनद जलवायु तथा जलवायु परिवर्तन का एक उत्पाद है इसलिए जलवायु के प्रति संवेदनशील हैं। दो मिलियन वर्षों पूर्व पृथ्वी के 30 प्रतिशत हिस्से पर हिमनदों का बहुतायत था, जो कि वर्तमान में 10 प्रतिशत ही रह गया है (ग्लिक, 2019)। एक अनुमान के अनुसार भारतीय भू-भाग पर हिमालय के अंतर्गत 5,243 से भी अधिक हिमनद हैं। ये हिमनद सिंधु, गंगा और ब्रह्मपुत्र नदियों के चिरस्थायी जलस्रोत हैं, जो नदियाँ भारतीय भू-भाग के एक बहुत बड़े हिस्से पर जल संबंधी आवश्यकताओं एवं जीवन को गति प्रदान करने वाली एक अहम कड़ी के रूप में कार्य करती हैं।

सक्रिय विवर्तनिक प्रक्रियाओं के कारण से हिमालय के अंतर्गत विश्व की सबसे गतिशील एवं जटिल पर्वत-शृंखलाएँ आती हैं। वैश्विक तापन और प्रकृति के विरुद्ध मानवीय गतिविधियों में वृद्धि के कारण से आज हिमनदों की सुरक्षा पर खतरा मँडरा रहा है। हाल ही के अध्ययनों से यह साफ हो गया है कि हिमालय पर अधिकतर हिमनद बदतर स्थिति में हैं। जलवायु परिवर्तन की वजह से हिमनदों का लगातार पिघलना और पारिस्थितिक एवं सामाजिक-आर्थिक परिदृश्य पर संभावित प्रभाव एक विस्तृत चर्चा का विषय होना मानव तथा प्रकृति में व्याप्त जैवविविधता के लिए अति आवश्यक है।

हिमनदों में सिकुड़न, विशेषतः पीछे खिसकना और दुर्बल होना, एक प्रलयंकारी विपदा का कारण बन सकता है। तेजी से पिघलकर निकले जल की तीव्रता में अचानक से बाढ़ आने और अत्यधिक मलबा या कचरे का तेजी से

बहकर आने का खतरा रहता है। हिमनदों का तजे पर्वतों में एक बड़ा जोखिम है। अत्यधिक सर्दी और तेजी से बढ़ना भी पश्चिमी हिमालयी तेज हवाएँ वन्य, जीवन, घरेलू जानवर और मनुष्यों में भय उत्पन्न करती हैं। पूर्वी व मध्य हिमालय में, जहाँ पर हिमनदों की सतह पर मलबे की मोटी परत चढ़ी हुई है, वहाँ जलवायु परिवर्तन के कारण हिमनदों के पिघलाव की वजह से खुले स्थानों पर हिमनदीय झीलों के निर्माण की संभावनाएँ बढ़ जाती हैं, जो कि आगे चलकर चिंता का सबब बनता है। ऊँचाई पर स्थित इसी तरह की कई झीलें एक संभावित खतरा हैं। हिमोढ़ से बँधे ऐसे बाँध अपेक्षाकृत कमजोर होते हैं, जो कभी भी फट सकते हैं, जिससे अचानक से भारी मात्रा में पानी व मलबा निकलकर नीचे की ओर तेजी से बह सकता है और ये बाढ़ का रूप लेकर वनों, जान-माल, फार्म तथा आधारिक संरचना को भारी नुकसान पहुँचा सकता है। उत्तराखंड हिमालय में ऊँचाई पर इसी तरह झीलों के फट जाने से कई बार भयंकर आपदा आने से जान-माल का पूर्व में भारी नुकसान झेलना पड़ा है।

हिमनदों के सिकुड़ने से पर्वतीय क्षेत्रों पर संभावित महत्वपूर्ण सामाजिक-आर्थिक प्रभाव पड़ सकते हैं। वास्तविक स्थानीय प्रभाव अनिश्चित होंगे और इनमें बदलाव हो सकता है। जिन क्षेत्रों में हिमनदों के बड़े भाग कम हो जाएँगे, वहाँ जल विज्ञान में भी बदलाव महसूस किये जाएँगे। हिमनद प्रारंभ में पिघलाव से अतिरिक्त बहाव छोड़ते हैं, परंतु जब बर्फ घटती है तो बहाव भी कम हो जाता है।

पर्वतों से बाहर आने वाला जल भविष्य में क्षेत्र की आर्थिकी पर प्रभाव डालेगा। जल-विद्युत संयत्रों से पैदा होने वाली ऊर्जा सीमित हो जाएगी, जिससे औद्योगिक उत्पादन में बाधा पहुँचेगी। अधिक ऊँचाई वाले भू-भागों पर पुनः वनस्पतियों की उत्पत्ति धीमी होती है। हिमरहित क्षेत्र अपरदन और घटते स्थायित्व के अधीन होते हैं। परियोजनाओं, जैसे सड़कों, संचार कड़ी और अन्य संरचनाओं की आवश्यकता को उच्च स्तर पर पहुँचा देते हैं। पर्यटन पर आश्रित क्षेत्रों पर शीतकालीन खेलों के मौसम में अनिश्चित हिमपात, प्राकृतिक आपदा, जैसे कि चट्टानों एवं बर्फ का खिसकना या प्राकृतिक दर्शनीय सुंदरता को क्षति, एक गंभीर चिंता का विषय हो सकता है।

हमारी पृथ्वी पर अनेकों ऐसे स्थान हैं जो कि विद्युत उत्पादन की आवश्यकता हेतु केवल पिघलते हिमनदों से निरंतर बहते जलप्रवाह पर आश्रित हैं। आने वाले समय में यदि यहाँ पर बहते जल की गति धीमी पड़ जाती है या प्रवाह रुक जाता है तो विद्युत उत्पादन में भी गतिरोध आ जाएगा। हमें ज्ञात है कि कोई भी राष्ट्र विद्युत आपूर्ति के बगैर विकास नहीं कर सकता है। भविष्य में यदि उन स्थानों पर यह परिस्थिति उत्पन्न हो जाती है तो उन्हें विद्युत उत्पादन हेतु विभिन्न अन्य तरीकों को ग्रहण करने के लिए बाध्य होना पड़ेगा, जिनमें से अधिकांश विधियाँ हमारे ग्रह को प्रदूषित करने वाली होंगी और भूमंडलीय तापमान को भी बढ़ाने में सहायक होंगी। यह स्थिति हमारे लिए नुकसानदायक साबित होगी। इसीलिए हमें समय रहते इस ओर विशेष ध्यान देते हुए हिमनदों के संरक्षण हेतु जल्द-से-जल्द उचित नीतियाँ बनाकर इस दिशा में सार्थक प्रयास करने चाहिए, अन्यथा बहुत देर हो चुकी होगी।

जैवविविधता पर खतरा

हिमनदों की स्थिरता मनुष्य के साथ ही विभिन्न जीव-जंतुओं के लिए भी आवश्यक है। अनेक प्रकार के ऐसे जीव-जंतु हैं, जो सीधे तौर पर उत्तरजीविता हेतु केवल हिमनदों पर आश्रित हैं। अपनी दैनिक गतिविधियों के लिए कुछ जीवों को हिमनद के एक विशेष तापमान की आवश्यकता पड़ती है। कुछ पक्षियों की प्रजातियों का भोजन विशेष प्रकार की मछलियाँ होती हैं, जो हिमनद के पिघलते हुए शुद्ध जल में पाई जाती हैं। समुद्र के बढ़ते हुए जलस्तर और जल के तापमान में वृद्धि हो जाने से सर्वप्रथम समुद्र के भीतर उगने वाले पौधों पर इसका दुष्प्रभाव पड़ता है। इन पौधों पर निर्भर जलचरों का जीवन खतरे में पड़ सकता है जिसके परिणामस्वरूप इन पर आश्रित पक्षियों की विभिन्न प्रजातियों के अस्तित्व पर भी संकट आ सकता है (विलिस, 2000)।

समुद्र में पाया जाने वाला मूँगा अपने जीवन के फलने-फूलने हेतु प्रकाश संश्लेषण की प्रक्रिया के लिए सूर्य की किरणों पर निर्भर रहता है। जब भी समुद्र में जलस्तर बढ़ता है, उन तक सूर्य की रोशनी नहीं पहुँच पाती, जिससे उनकी गुणवत्ता तथा संख्या में कमी आने लगती है। यहाँ तक कि वे समाप्त भी हो जाते है।

इस दशा में जो मछलियाँ व परजीवी भोजन हेतु इन पर आश्रित हैं, उनका जीवित रहना असंभव हो जाता है। इसका सीधा-सीधा प्रभाव मछुआरों या उन लोगों पर पड़ता है जो अपनी आजीविका व भोजन के लिए केवल समुद्री इलाकों पर ही निर्भर रहते हैं। इसलिए समुद्री जीवन व इसके भीतर पलने वाले अनेकानेक जीवों के जीवनचक्र को सुचारु रूप से चलते रहने के लिए हिमनदों का बना रहना अत्यंत आवश्यक हो जाता है, जिसके लिए हमें इनके संरक्षण हेतु ठोस प्रयास करने होंगे, ताकि समुद्र के भीतर बसा एक विविधतापूर्ण खूबसूरत संसार सदा ऐसा ही चलता रहे।

उत्पादन बढ़ाने हेतु हम कीटनाशक का बेहद उपयोग करते हैं। कई प्रकार के कीटनाशक पृथ्वी को दूषित कर मनुष्य के लिए भी घातक साबित हो रहे हैं। कई लोगों को आज भी डी.डी.टी. और इस तरह के कीटनाशकों के बारे में ज्ञान नहीं है, जो विश्वभर में कुछ समय पूर्व से प्रतिबंधित है। बड़ी मात्रा में इन कीटनाशकों का ऊँचाई से वायुयान द्वारा छिड़काव किया गया था, जिससे अंततः यह हिमनद वाले सर्द इलाकों में जमा हो गए। कुछ वर्ष पूर्व तक यह हानिकारक रसायन हिमनद पर बर्फ की परतों के मध्य दबे हुए थे, परंतु आज की स्थिति यह है कि तेजी से पिघलते हिमनद अब जल के साथ-साथ उस तरह के घातक रसायनों को पुनः बर्फ से बनी झीलों और नदियों के द्वारा वातावरण में छोड़ रहे हैं। इस ओर भी हमें ध्यान देना पड़ेगा, क्योंकि हम सभी तब तक ही जीवित और स्वस्थ रह सकते हैं जब तक हमारी पृथ्वी में स्वच्छ तथा पीने योग्य शुद्ध जल की उपस्थिति है।

अनुमानतः संपूर्ण विश्व का 0.77 प्रतिशत यानी लगभग 1,08,850 वर्ग कि.मी. का हिस्सा हिमालयी क्षेत्र में हिमनदों से आच्छादित है जो कि चीन तक 49,129 वर्ग कि.मी., पाकिस्तान में 16,933 वर्ग कि.मी. तक, नेपाल में 5,322 वर्ग कि.मी. और भारतवर्ष में लगभग 37,466 वर्ग कि.मी. तक फैला हुआ है। एशिया की कई बड़ी नदियाँ जैसे गंगा, ब्रह्मपुत्र, सिंधु, सालबीन, मेकोंग, यांग्त्शे सिक्याँग, पीली नदी (येलो रिवर) और अनेक सहायक नदियों का पोषण हिमालयी शृंखला पर स्थित इन हिमनदों द्वारा ही होता है (मूल, 2001)।

भारत में ये उत्तर तथा पूर्व के मध्य जम्मू-कश्मीर, हिमाचल, उत्तराखंड, अरुणाचल प्रदेश और सिक्किम तक फैले हुए हैं। कुल 9,575 में से केवल जम्मू-कश्मीर में ही 5,386 यानी 56 प्रतिशत ग्लेशियर है (खांडेकर, 2015)।

हिमनदों के लुप्त होने से इन पर आश्रित बड़ी नदियाँ तथा इनकी सहायक नदियाँ भी विलुप्त हो जाएँगी और उस समय पीने योग्य शुद्ध जल, कृषि तथा मनुष्य के लिए अनेक आवश्यकताओं का क्या होगा इसकी कल्पना मात्र से ही भय होता है।

हिमालयी परिदृश्य विविध भौगोलिक, पारिस्थितिक, जैव भौतिकी, सामाजिक, राजनीतिक और आर्थिक प्रणालियों वाले दुनिया के सबसे अधिक जैव विविधतापूर्ण क्षेत्रों में से है (सिंह, 2006)। पर्यावरण या प्राकृतिक संसाधनों के उपलब्धता में होने वाले किसी भी भारी या प्रतिकूल परिवर्तन से इस क्षेत्र और इसके आसपास रहने वाले समुदायों की स्थिरता पर अकसर प्रत्यक्ष और अपरिवर्तनीय प्रभाव पड़ता है।

प्रकाशित शोध इस तथ्य को इंगित करते हैं कि1851 और 2010 के मध्य विश्व में एक-चौथाई के आस-पास हिमनदों के वजन घटने का मनुष्य ही उत्तरदायी है (मार्शल, 2014)। अन्य कारणों में प्राकृतिक कारकों, जैसे कि सूर्य द्वारा परावर्तनशील विकिरण और ज्वालामुखीय गतिविधि मुख्य रहे हैं। पिछले 20 वर्षों में हिमनदों के पिघलने की गति के बढ़ने में मनुष्य का योगदान 69 प्रतिशत तक बढ़ चुका है जिसका कारण ग्रीनहाउस गैस उत्सर्जन है, जोकि विश्व में तापमान को बढ़ाने का सबसे प्रमुख कारण बनता है। एक शोध यह कहता है कि हिमनदों को मौसमी परिवर्तन के साथ तालमेल बनाने में दशकों या सदियाँ भी लग सकती हैं। जिस प्रकार से लोग जीवाश्म ईंधन के प्रयोग द्वारा वायुमंडल में ग्रीनहाउस गैस को मिश्रित कर रहे हैं उससे यह परिवर्तन भविष्य में भी जारी रह सकते हैं। मानवजनित दबाव के बिना ही हिमनद ऊँचाई वाले स्थानों पर मजबूत पकड़ बना सकते हैं। फलतः उनके आकार और वजन में गिरावट रुक सकती है। मौसम की प्रक्रिया तेज दबाव और मानवीय हस्तक्षेप के कारण हिमनदों को किसी भी समय जल्द ही उच्च संतुलन बनाने में व्यवधान उत्पन्न होता है।

अध्ययन द्वारा कुछ रोचक तथ्य भी सामने आए हैं कि जो हिमनद जलवायु परिवर्तन पर धीमी प्रतिक्रिया देते हैं वह 14 से 19वीं शताब्दी तक समाप्त हो चुके हिमयुग की ओर सूक्ष्म रूप में लौट रहे हैं। इस सूक्ष्म हिमयुग के दौरान तापमान 1.8 डिग्री फारेनहाइट; लगभग–16°C डिग्री सेल्सियस था

जो कि आज के तापमान से अधिक ठंडा था। कुछ वैज्ञानिकों का कथन है कि यदि दोनों कारणों, मानव निर्मित या प्राकृतिक, की वजह से आज यदि इन पर रोक लग भी जाती है फिर भी हिमनदों का पिघलना जारी रहेगा तथा इस शताब्दी के दौरान अनुमानतः 2.7 इंच (7 से.मी.) तक समुद्र-स्तर को बढ़ाने का कारण होगा।

हिमालयी क्षेत्रों के विषय में यह एक कड़वी सच्चाई है कि विश्व की सबसे ऊँची पर्वत चोटी 'माउंट एवरेस्ट' पर भी वैश्विक तापन के प्रभाव से पिछले पचास वर्षों से लगातार तपिश जारी है। यह एक गंभीर व चिंता का विषय है। इसका दुष्परिणाम यह हो रहा है कि आठ हजार मीटर से अधिक ऊँची चोटी के आस-पास के हिमखंडों का पिघलना निरंतर जारी है। हालाँकि, इस पर लगातार अध्ययन चल रहा है।

हिमनद और हमारा अस्तित्व

यह सर्वविदित है कि हिमालयी क्रायोस्फेयर दुनिया की प्रमुख नदी प्रणालियों को बनाए रखने में योगदान देता है जिन पर 1.3 बिलियन (130 करोड़) लोग प्रत्यक्ष और अप्रत्यक्ष रूप से निर्भर हैं (बज्राचार्य, 2008)। पिछले कुछ दशकों में बढ़ते मानवीय दबावों के कारण हम तेजी से बढ़ते वैश्वीकरण और जलवायु परिवर्तन जैसी दो प्रमुख वैश्विक चुनौतियों से गुजर रहे हैं। इन चुनौतियों के प्रभावों की तीव्रता से प्राकृतिक संपदा तेजी से नष्ट हो रही है जिसके परिणामस्वरूप पर्यावरण में अपरिवर्तनीय बदलाव आ रहे हैं। साथ ही, ऐसे संसाधन भी नष्ट हो रहे हैं जो मानव-कल्याण एवं आजीविका के लिए महत्वपूर्ण हैं।

जैसा कि हाल की घटनाओं से स्पष्ट हुआ है कि प्राकृतिक आपदाओं, जैसे बाढ़, सूखा, भूकंप, जंगल की आग, भूस्खलन, समुद्र के जलस्तर में वृद्धि, प्रजातियों का विलुप्त होना, जैवविविधता की हानि, गरीबी और आजीविका का नुकसान आदि की आवृत्ति और तीव्रता अधिक उग्र और गंभीर हो गई है। जलवायु परिवर्तन का एक प्रमुख प्रभाव ग्लेशियरों का संकुचन एवं पीछे हटना है जिसके परिणामस्वरूप ग्लोबल वार्मिंग के कारण ग्लेशियर में स्थित झीलों के आकार एवं संख्या में वृद्धि हुई है (बज्राचार्य, 2008)।

कई वर्षों से हम लगातार समाचार पत्र-पत्रिकाओं में पढ़ते आ रहे हैं कि गंगोत्री के साथ ही हिमालय के अन्य हिमनद तेजी से सिकुड़ते जा रहे हैं।

ऐसा नहीं है कि यह केवल भारत में ही हो रहा है। विश्व में सभी हिमनदों के साथ कमोबेश यही स्थिति है (अंथवाल, 2006)। हिमालय पर हिमनदों की स्थिति को वैज्ञानिक, मानवजन्य कृत्यों का ही एक दुष्परिणाम मानते हैं जिसके गंभीर और दीर्घगामी परिणाम होंगे। हमारी पावन जीवनदायिनी जलधाराएँ, जैसे गंगा, यमुना, सिंधु, ब्रह्मपुत्र, कोसी, सतलुज आदि सभी नदियाँ सूखने की स्थिति में आ जाएँगी। ग्रीष्म ऋतु में पेयजल आपूर्ति ठप हो जाएगी। सिंचाई तथा पनबिजली उत्पादन के लिए पर्याप्त मात्रा में पानी नहीं बच पाने से देश की तरक्की में भी बाधा उत्पन्न हो जाएगी। खाद्यान्न-संकट के साथ ही तमाम अन्य संकट भी पैदा हो जाएँगे।

उत्तराखंड हिमालय के हिमनदों की स्थिति संतोषजनक नहीं है। उनकी लंबाई लगातार घट रही है (कुलकर्णी, 2007; भ्रांबी, 2011; बोल्श, 2012; कुमार, 2017; कुमार, 2020)। बीते 25 वर्षों में कुछ ग्लेशियर एक कि.मी. से भी ज्यादा सिकुड़ रहे हैं जिनमें से एक डोकरानी ग्लेशियर है। यह प्रति वर्ष लगभग 18 मीटर की दर से खिसक रहा है। औसत रूप से देखा जाए तो हिमनद पाँच से 20 मीटर की दर से निरंतर खिसकते जा रहे हैं। वाडिया हिमालय भूविज्ञान संस्थान की एक शोध रिपोर्ट में यह तथ्य सबके समक्ष रखा गया है। हिमनद विशेषज्ञों के अनुसार, जलवायु परिवर्तन के कारण हिमालय के हिमनदों की लंबाई में लगातार गिरावट देखी जा रही है। वास्तव में, हिमनद तल और चोटी दोनों जगहों से पिघलते रहते हैं। हर वर्ष इनकी मोटाई औसत रूप में 30 से 50 से.मी. तक कम होती जा रही है। पिछले 25 वर्षों की शोध रिपोर्ट के अध्ययन से यह पता लगा है कि उत्तराखंड के हिमनद 800 मीटर से लेकर एक कि.मी. तक खिसक चुके हैं।

मुझे स्मरण है कि भूटान के थिंपू के प्रशिक्षु प्रशासनिक अकादमी में मुझे व्याख्यान देने का मौका मिला। मैंने कहा कि हिमालय को हम अलग-अलग टुकड़ों में नहीं देख सकते। हमें हिमालय का समग्र रूप से चिंतन करना पड़ेगा। अल्पकालिक, मध्यकालिक और दीर्घकालिक योजनाओं के माध्यम से हम विकास की अवधारणा को मूर्त रूप दे सकते हैं। इसके लिए विभिन्न देशों का एक साझा मंच बनाना पड़ेगा।

शोध से पता चला है कि गंगोत्री हिमनद के मुहाने पर गोमुख में जो झील बन गई थी, आज उसका अस्तित्व पूरी तरह से समाप्त हो गया है। पिछले

वर्ष गोमुख में हिमनद के मुहाने पर 30 मीटर ऊँचे ग्लेशियर के मलबे का ढेर एकत्र हो गया था जिस वजह से हिमनद की धारा काफी हद तक बाधित हो जाने के कारण लगभग चार मीटर गहरी झील बन गई थी। यदि यह झील बाधित हो जाती तो इसका आकार 60 मीटर तक लंबा व 150 मीटर चौड़ा और 30 मीटर गहरा हो सकता था। ऐसी स्थिति में झील के फटने का खतरा बढ़ जाता। हालाँकि, ऐसा संभावित खतरा बाद में टल गया। वैज्ञानिकों के अनुसार, यह झील अब मलबे से ढक चुकी है। हिमनद की धारा इसके ऊपर से बह रही है, अभी भी एक नया खतरा उस मलबे से पैदा हो सकता है। हिमनद के मुहाने से आगे यह मलबा करीब एक कि.मी. लंबाई, 80 मीटर चौड़ाई तक तो फैला ही है, साथ ही, यह अधिकतम 18 मीटर तक ऊँचा भी है।

मलबा अभी कच्चे रूप में है। भारी वर्षा होने पर यह जल के साथ निचले हिस्सों की ओर खिसक सकता है। इसका खिसकना खतरनाक साबित हो सकता है, क्योंकि इसमें बड़े-बड़े बोल्डर, हिमखंड व मिट्टी मौजूद हैं।

विगत कुछ वर्षों में विश्व के ज्यादातर हिमनदों के पिघलने की गति में असामान्य वृद्धि तथा आकार एवं क्षेत्रफल में बदलाव दिखाई दिया है जो कि आने वाले समय के लिए खतरे का संकेत समझा जाना चाहिए। प्रकृति के अंधाधुंध एवं अनुचित दोहन तथा शोषण किए जाने से पर्यावरण प्रदूषण जैसी समस्याएँ विकराल रूप में हमारे सामने खड़ी होने जा रही है। इसकी वजह से ही जलवायु परिवर्तन एवं भूमंडलीय तापन वृद्धि जैसे कारक मानव-जीवन को गंभीर खतरा उत्पन्न करते हैं।

शोधकर्ताओं का कहना है कि प्रदूषण के बढ़ने की रफ्तार इसी प्रकार आगे जारी रही तो एक रोज पृथ्वी पर जीवन नाम की कोई चीज नहीं रह जाएगी। पर्यावरण में प्रदूषण के बढ़ने से कुछ ही दशकों में ध्रुवों पर बर्फ तेजी से पिघलने और फलस्वरूप महासागरों में जलस्तर की वृद्धि होने से समुद्र-तट के आस-पास के कई इलाके जल में समा जाएँगे। मौसम तथा जलवायु का चक्र टूटेगा, खाद्यान का उत्पादन प्रभावित होगा। हिमालय में बर्फ पिघलने से सिंचाई, पेयजल तथा जलविद्युत उत्पादन में बाधा उत्पन्न होगी, अनेकानेक जीव-जंतु व वनस्पतियाँ समाप्त हो जाएँगी। प्रदूषण की तीव्रता, तापमान में वृद्धि, अम्लीय वर्षा और मौसम चक्र की अनियमितता की वजह से परंपरागत

रोग लोगों को अपनी चपेट में ले लेंगे। इसके अलावा भी संपूर्ण विश्व में ऊर्जा सहित अन्य जीवनोपयोगी वस्तुओं का संकट खड़ा हो जाएगा। कुल मिलाकर, पूरे विश्व का मानव बेहद खतरे में आ जाएगा। संपूर्ण विश्व को एकजुट भाव के साथ मानव-अस्तित्व को बचाने हेतु प्रयास करने पड़ेंगे।

नदियों पर संकट के विषय पर गंभीरता से सोचा जाए तो पता लगता है कि हिमालय के हिमनदों का तीव्रता से पिघलना लगातार जारी है। भारतीय हिमालय क्षेत्र में वर्तमान में लगभग नौ हजार से अधिक हिमनद विद्यमान हैं। आज हिमालय में स्थित दो-तिहाई हिमनद पिघलकर पीछे हटते जा रहे हैं। हिमनदों के पिघलने की तीव्रता से बड़ी नदियों का आयतन आकस्मिक रूप से बढ़ता है। जल की मात्रा बढ़ने के अनुपात में हिमनदों का आयतन घटता नजर आता है। माना जा रहा है कि हिमालय पर हिमनद जिस तीव्रता से पिघलकर पीछे की ओर हटते जा रहे हैं, यदि यह सिलसिला जारी रहा तो आगामी 40 वर्षों में हिमनदों के विलुप्त हो जाने की तीव्र आशंका है। उपग्रह द्वारा प्राप्त आँकड़ों से यह स्पष्ट हुआ है कि पश्चिमी क्षेत्र में 10 प्रतिशत एवं पूर्वी हिमालय में 30 प्रतिशत हिमनद कम हो चुके हैं। हिमनदों में जब तक बर्फ के पिघलने और जमाव का संतुलन बना रहता है, तभी तक हिमनद का अस्तित्व बना रहता है, परंतु तापमान में वृद्धि हो जाने के कारण अब हिमसंचय कम हो गया है एवं पिघलाव की दर भी बढ़ गई है। आज हिमालय पर गंगोत्री हिमनद के पिघलाव की दर 2015 में 29 फीट प्रतिवर्ष के लगभग हो चुकी है (सिंह, 2017)। इसी को आधार मानकर यह अनुमान लगाया जा रहा है कि सन् 2035 तक पूर्वी हिमालय के अंतर्गत लगभग सभी हिमनद विलुप्त हो चुके होंगे। संपूर्ण हिमालय क्षेत्र का औसत तापमान बढ़ने से सभी प्रमुख नदियाँ बाढ़ लाएँगी। इस शताब्दी के अंतिम दशकों में हर वर्ष भारत सहित विश्व की बहुत बड़ी आबादी बाढ़ से प्रभावित होगी।

कुछ समुद्री वैज्ञानिक मानते हैं कि अगले कुछ दशकों में बाँग्लादेश की 20 प्रतिशत भूमि डूब सकती है। अभी हाल के वर्षों में भारत, भूटान, पाकिस्तान, अफगानिस्तान और म्याँमार में आए भूकंप और बाढ़ मानव-समाज को चेताने के लिए बहुत बड़ी त्रासदी है। भारत में बंगाल और ओड़िशा और दक्षिण भारत के शहरों के चक्रवात इसके उदाहरण हैं। बंगाल की खाड़ी में

सुंदरवन के सागरद्वीप डूबते जा रहे हैं। मॉरीशस की यात्रा में वहाँ के नेतृत्व ने कई बार इस ज्वलंत चुनौती से मुझे अवगत करवाया। मॉरीशस के कई विश्वविद्यालय में इस दिशा में सकारात्मक शोध चल रहे हैं। अपनी विदेश यात्राओं के दौरान हिमालय और स्पर्श-गंगा अभियान के तहत, विशेषकर नेपाल, मॉरीशस, भूटान, जापान, थाईलैंड, यूएई, युगांडा, जर्मनी, फ्रांस आदि देशों के कुछ विचारशील लोगों के साथ पारस्परिक चर्चा में मैंने इन बातों को उठाया भी था।

6

हिमनदों की क्षति को रोकने के उपाय

डावोस के विश्व आर्थिक मंच के कार्यक्रम के दौरान प्रधानमंत्री श्री नरेंद्र मोदी जी ने विश्व के समक्ष जिन तीन चुनौतियों को इंगित किया उनमें आतंकवाद, संरक्षणवाद के साथ मौसम परिवर्तन की समस्या भी थी। लोकसभा में विभिन्न अवसरों पर मैंने हिमनदों के सिकुड़ने की चिंता पर सदन का ध्यान आकृष्ट किया है।

मानव-निर्मित गैसों से तापमान-वृद्धि

पृथ्वी पर रहने वाले प्रत्येक प्राणी के जीवन हेतु जल एक अनिवार्य आवश्यकता है। इस सच्चाई से किनारा नहीं किया जा सकता है कि इस महत्वपूर्ण आवश्यकता की पूर्ति के लिए काफी हद तक हमारी निर्भरता हिमनदों पर है। अधिकांश नदियों, झीलों, स्रोतों व कुंड में जलापूर्ति इन्हीं के द्वारा की जाती है। यदि भरपूर मात्रा में पीने योग्य शुद्ध जल, सिंचाई, जलविद्युत परियोजनाओं का निरंतर चलना और जल संबंधी जरूरी आवश्यकताओं की पूर्ति, इन कार्यों को सुचारु रूप से चलाना है और हिमालय से उत्पन्न जलस्रोतों को सूखने से बचाना है तो हिमनदों की रक्षा नितांत आवश्यक है। इनके तीव्र गति से पिघलने पर रोक लगानी होगी। इसके लिए ज्यादा-से-ज्यादा प्रयत्न करने होंगे, ताकि हमारे वायुमंडल के तापमान में वृद्धि न हो। इसके लिए ग्रीनहाउस गैसों के असामान्य उत्पादन पर रोक लगानी होगी, वायुमंडल में एकत्र हो चुकी इन

विषैली गैसों की मात्रा को कम करने के प्रयास करने होंगे, जिससे वायुमंडल के ताप पर अवश्य ही प्रभाव पड़ेगा। ग्रीनहाउस गैसों को प्रभावी बनाने में हैलोजनित हाइड्रो-कार्बन गैसों का बड़ा योगदान है। यह पूर्णतः मानव-निर्मित हैं इसलिए सर्वप्रथम इन गैसों की रोकथाम बहुत जरूरी है। इसके लिए सन् 1997 में कनाडा में एक अंतरराष्ट्रीय सम्मेलन का आयोजन हुआ था जिसमें इस बात पर मंथन हुआ था कि सभी देशों द्वारा हैलोजनित हाइड्रो-कार्बनों के उत्पादन को घटाकर कैसे कम-से-कम किया जाए और शीघ्र, अति शीघ्र इसके लिए कुछ नए विकल्प ढूँढ़कर इस संकट को लगभग समाप्त किया जा सके। लेकिन तबसे लेकर अब तक इस क्षेत्र में कोई गंभीर प्रयास होते नहीं दिखे हैं।

तापमान बढ़ाने का मुख्य कारक कार्बन डाईऑक्साइड

यह सर्वविदित है कि गैसों का उत्सर्जन तापमान बढ़ाता है। हालाँकि, तापमान की बढ़ोतरी के अन्य कारण भी हैं, पर यह पाया गया है कि वायुमंडल का ताप बढ़ाने में आज सबसे ज्यादा, लगभग 50 प्रतिशत, योगदान कार्बन डाईऑक्साइड का है (रोजा, 2004)। अनुमानतः 32 अरब टन कार्बन डाईऑक्साइड प्रतिवर्ष वायुमंडल में मिश्रित हो रही है। यह मात्रा पिछले कई वर्षों से कहीं ज्यादा है।

हमें कार्बन डाईऑक्साइड के बढ़ते उत्पादन पर रोक लगाकर किसी हद तक इसे घटाना होगा। वातावरण में इसकी मात्रा में लगातार हो रही वृद्धि के विशेषतः दो कारण माने जाते हैं—ऊर्जा उत्पादन तथा परिवहन। आज विश्व में विद्युत उत्पादन के लिए अनेक विकल्प उपलब्ध हैं, फिर भी विकासशील राष्ट्रों में कोयला जलाने वाले ताप बिजलीघरों में ही विद्युत उत्पादन किया जाता है जिससे कार्बन डाईऑक्साइड की मात्रा में बढ़ोतरी होना स्वाभाविक है। भारत के प्रधानमंत्री श्री नरेंद्र मोदी वैकल्पिक ऊर्जा के अधिक-से-अधिक विकास करने के लिए समर्पित रहे हैं। भारत देश को सौर ऊर्जा का बड़ा केंद्र स्थापित करने में प्रधानमंत्री की भूमिका को संपूर्ण विश्व ने सराहा है।

भारत में सर्वेक्षण द्वारा यह ज्ञात हुआ है कि यहाँ पर परिवहन में अनुमानतः 30 प्रतिशत ऊर्जा का व्यय होता है। अधिकांश मोटर वाहन मुख्यतः डीजल या पेट्रोल-चालित हैं, जिनसे भारी मात्रा में कार्बन डाईऑक्साइड उत्पन्न होती है। अमेरिका में किये गए एक हालिया अध्ययन में कार्बन डाईऑक्साइड के संबंध में एक नई जानकारी प्राप्त हुई है। विशेषकर, शहर में बने कार्यालयों

की इमारतें अधिक मात्रा में कार्बन डाईऑक्साइड पैदा करती हैं। वैज्ञानिकों का यह भी मानना है कि अमेरिका में इस प्रकार की इमारतें 38 प्रतिशत तक कार्बन डाईऑक्साइड पैदा करती हैं। ऐसा ही दुनिया के अन्य देशों का भी हाल है, जिनमें भारत भी शामिल है।

विश्व की तेजी से बढ़ती जनसंख्या को आवास हेतु अधिक भूमि की आवश्यकता पड़ रही है। भूमि ग्रहण करने हेतु आमतौर पर अनियंत्रित तरीके से वनों की कटाई की जा रही है। इस वजह से पिछले कुछ वर्षों में उष्णकटिबंधीय वनों का क्षेत्रफल घटकर मात्र 50 प्रतिशत ही रह गया है। पेड़ों के कट जाने से वायुमंडल में कार्बन डाईऑक्साइड की मात्रा कम हो जाती और ऑक्सीजन की मात्रा बढ़ती रहती है। इसके बावजूद, अधिकांश देश वन-कटान को रोकने में नाकामयाब साबित हो रहे हैं। इससे वायुमंडल में ग्रीनहाउस गैसों की मात्रा में तेजी से वृद्धि होती जा रही है।

कार्बन डाईऑक्साइड के उत्पादन में कमी लाने के लिए हमें ऊर्जा उत्पादन हेतु ऐसे ईंधनों का ज्यादा-से-ज्यादा उपयोग करना चाहिए जो कार्बन डाईऑक्साइड उत्पन्न नहीं करते। इसके लिए गैर-परंपरागत ऊर्जा-स्रोतों को बड़े पैमाने पर उपयोग करने के तरीकों को विकसित करने की योजना बनायी जाए (अबास, 2015)।

जलवायु के निरंतर गर्म होते रहने के दुष्प्रभावों में कमी लाने के लिए हमें जल्द-से-जल्द कठोर कदम उठाने की बेहद आवश्यकता है। ठोस प्रयासों के द्वारा ही हिमनदों को तेजी से सिकुड़ने से बचाया जा सकता है।

वायुमंडलीय ताप कम करने की आवश्यकता

हिमनदों की रक्षा हेतु हमें वायुमंडलीय ताप को बढ़ने से रोकने के साथ ही कम करने के भी उपाय खोजने होगें। संपूर्ण विश्व को इस दिशा में विश्वव्यापी स्तर पर हल ढूँढ़ना होगा। वायुमंडल में ग्रीनहाउस गैसों की मात्रा को बढ़ने से रोकना होगा। गैर-परंपरागत ऊर्जा-स्रोतों को अधिक सुचारु बनाना पड़ेगा, ताकि इनका कार्बन डाईऑक्साइड उत्पन्न करने वाले जीवाश्म ईंधनों के स्थान पर उपयोग किया जा सके। इन स्रोतों से उद्योगों को चलाने लायक ऊर्जा उत्पन्न करनी होगी।

जलवायु परिवर्तन से होने वाले इन प्रभावों जैसे गंभीर मुद्दों के समाधान के लिए यह आवश्यक है कि विभिन्न सरकारी और गैर-सरकारी संगठन,

अनुसंधान संस्थान और लाइन एजेंसियाँ एक साझा मंच पर एक साथ आएँ और जलवायु परिवर्तन की चुनौतियों से निपटने के लिए मिलकर काम करें।

राष्ट्रीय आपदा प्रबंधन प्राधिकरण जैसी संस्थाओं ने हिमनदों के टूटने की घटनाओं के प्रबंधन व रोकथाम हेतु कई दिशानिर्देश जारी किए हैं। इनके सुझावों में हिमनदों के टूटने की घटनाओं में कमी लाने के लिए झीलों की सुसंगत पहचान और मानचित्रण को शामिल करना, अचानक टूटने की घटनाओं की रोकथाम के लिए तत्काल संरचनात्मक उपाय करना और एक मजबूत तंत्र की स्थापना करना, जो ऐसे समय में लोगों के जीवन और संपत्ति को बचा सके, आदि शामिल हैं। उन्होंने जल निकायों में स्वतः परिवर्तन, जैसे हिमनदों के मुहानों पर बन गई नई झीलों आदि का पता लगाने के लिए सिंथेटिक एपर्चर रडार इमेजरी का उपयोग करने की भी सिफारिश की है। प्राकृतिक आपदाओं का पता लगाने के लिए प्रारंभिक चेतावनी प्रणाली (Early warning system) आज समय की आवश्यकता है। लोकसभा में मैंने कई बार आपदा प्रबंधन के क्षेत्र में प्रौद्योगिकी के बेहतर उपयोग की आवश्यकता पर सरकार का ध्यान आकृष्ट किया है। राष्ट्रीय आपदा राहत बल, भारत-तिब्बत सीमा पुलिस और सेना के अलावा राष्ट्रीय आपदा प्रबंधन प्राधिकरण ने भी स्थानीय मानवशक्ति के प्रशिक्षित कैडर की आवश्यकता का सुझाव दिया है, क्योंकि वे ऐसी आपदाओं के समय में सबसे पहले कार्य कर सकते हैं।

वर्ष 2010 में जब मैं उत्तराखंड राज्य के मुख्यमंत्री के रूप में सेवारत था तब हमने उत्तराखंड राज्य में 1,400 छोटे और बड़े ग्लेशियरों पर जलवायु परिवर्तन के प्रभावों का अध्ययन करने के लिए एक 'हिमालयी हिमनद प्राधिकरण' बनाने की योजना बनाई थी। यह प्रस्तावित किया गया था कि पड़ोसी राज्य हिमाचल प्रदेश और उत्तर प्रदेश भी इसमें साझेदार रहें, ताकि जल संसाधनों, पारिस्थितिकी और पर्यावरण संरक्षण संबंधी आँकड़ों के निर्बाध आदान-प्रदान और प्रबंधन में आसानी हो सके। इसरो, हिम और हिमस्खलन अध्ययन प्रतिष्ठान और वाडिया इंस्टीट्यूट ऑफ हिमालय जियालॉजी जैसे संस्थान इस प्रस्तावित निकाय का सहयोग करेंगे। इसी क्रम में मेरे द्वारा 'स्नो एंड ग्लेशियर अथॉरिटी ऑफ इंडिया बिल' (बिल नं. 162, वर्ष 2016) लोकसभा में पेश किया गया था। आशय यह था कि अथॉरिटी 'हिमालयी राज्यों में हिम और

ग्लेशियरों के संरक्षण' नामक फंड का प्रबंधन करेगी। इन्हीं परिस्थितियों के मद्देनजर वर्ष 2010 में शिमला, हि. प्र. में हुए हिमालयी राज्यों के मुख्यमंत्रियों के सम्मेलन में मैंने पहली बार केंद्र सरकार से हिमालयी राज्यों को ग्रीन बोनस दिए जाने का प्रस्ताव दिया था, जिसको केंद्र सरकार ने गंभीरतापूर्वक लेकर सार्थक कदम उठाया था।

हिमालयी बुनियादी ज्ञान की आवश्यकता

यह स्पष्ट है कि हिमालयी पारिस्थितिकी तंत्र और यहाँ पर रहने वाले लोगों की सुरक्षा के लिए पर्यावरणीय नियमों को विधिवत लागू करना आवश्यक है, क्योंकि कई प्राकृतिक और मानवजनित आपदाओं का सामना करने के बाद भी इन नियमों का पालन नहीं हो रहा है। सुनामी संबंधी चेतावनी प्रणाली की भाँति ही अंतरराष्ट्रीय समन्वय और सहयोग से एक पर्यावरण निगरानी नेटवर्क को स्थापित करने की आवश्यकता है। हिमालयी भूविज्ञान और पारिस्थितिकी के बुनियादी ज्ञान को स्कूलों और विश्वविद्यालयों में पढ़ाया जाना चाहिए, ताकि दुनिया की सबसे युवा पर्वत-श्रृंखला पर सामयिक जानकारी दी जा सके (पंडित, 2013)। मुझे प्रसन्नता है कि नई राष्ट्रीय शिक्षा नीति, 2020 में हमने पर्यावरण शिक्षा की महत्ता को समझते हुए इसे स्कूली शिक्षा का अंग बनाया है।

मैं वर्ष 2017 में इंडोनेशिया की यात्रा पर गया था और मुझे वहाँ पता चला कि किस प्रकार बढ़ते तापमान से समुद्री जलस्तर बढ़कर वहाँ के कई द्वीप जलमग्न होने का खतरा झेल रहे हैं। समुद्र से घिरे हुए कई देश इस समस्या से जूझ रहे हैं।

परिवहन व्यवस्था में वैकल्पिक ऊर्जा के प्रयोग से ग्रीनहाउस गैस के उत्पादन होने को रोका जा सकता है। कोयला, डीजल या पेट्रोल के उपयोग के स्थान पर इनको विद्युतचालित बैटरी से चालित किया जा सकता है, ताकि कम-से-कम कार्बन डाईऑक्साइड उत्पन्न हों।

वृक्षों का कटान केवल अति आवश्यक होने पर ही हो। आवश्यक होने पर ही वृक्ष काटने के बदले में दोगुना वृक्षों के रोपण का कानून बना तो है, लेकिन कार्यान्वित नहीं हो पाता। फलस्वरूप, इस कानून/निर्देश का कोई फायदा नहीं हो रहा है। जितना संभव हो सके वृक्षारोपण को बढ़ावा देना अति आवश्यक है। ज्यादा

वृक्ष होने से कार्बन डाईऑक्साइड का वायुमडंल में विलय रुकेगा। इस दिशा में यदि अधिक-से-अधिक संख्या में पनबिजलीघर अथवा नाभिकीय बिजलीघर स्थापित किए जाएँ तो यह एक बहुउपयोगी कदम साबित हो सकता है। पवन, सौर ऊर्जा, जियाथर्मल ऊर्जा के विकल्प को अधिक महत्व देने की जरूरत है।

जैसा कि वर्तमान घटनाओं से स्पष्ट है कि हिमालय को आवर्ती प्राकृतिक आपदाओं से खतरा है और इससे जानमाल के नुकसान की आशंका है। निर्णय एवं नीति निर्माण प्रक्रियाओं में क्षेत्र की भेद्यता, पारिस्थितिक भंगुरता और सामाजिक-सांस्कृतिक संवेदनशीलता को समझना अत्यंत महत्वपूर्ण है (पंडित, 2013)। प्रारंभिक रूप में यह आवश्यक है कि पर्वतीय क्षेत्रों में सतत् और पारंपरिक जीवन को बढ़ावा दिया जाए। संभावित ग्लेशियल झीलों की उचित निगरानी पर और अधिक अध्ययन तथा हिमालयी क्षेत्र के जलक्षेत्रों में भौतिक भेद्यता को कम करने के लिए प्रारंभिक चेतावनी प्रणालियों को सीामित किए जाने की आवश्यकता है। इसके अतिरिक्त, राष्ट्रीय, क्षेत्रीय एवं स्थानीय संस्थानों और गैर-सरकारी संगठनों के बीच साझेदारी और नेटवर्किंग स्थापित करना, उनकी क्षमता-निर्माण, हिमालयी क्षेत्र के विभिन्न देशों की मौजूदा नीतियों का पुनर्निर्माण कर पूरे हिमालयी क्षेत्र के लिए एक समान नीति का निर्माण और अनुभव साझा करने, प्रौद्योगिकी हस्तांतरण और विकास में समन्वय स्थापित करने के लिए एक तंत्र की स्थापना करना आदि लाभप्रद हो सकते हैं। (कुमार, 2017)

मुझे हमेशा से लगता है कि जलवायु परिवर्तन के प्रतिकूल प्रभावों के साथ ही भूमि उपयोग में आए बदलाव के कारण हिमालय क्षेत्र में भी परिवर्तन हुआ है। जलवायु परिवर्तन के प्रभावों का सामना करने के लिए शुरुआती चेतावनी संकेतों के लिए स्थानीय अनुकूलन रणनीतियों और डिजाइन तकनीकों को विकसित और क्रियान्वित करना समय की आवश्यकता है। जलवायु परिवर्तन के प्रभाव ज्यादातर पहाड़ों में रहने वाले कमजोर समुदायों द्वारा वहन किए जाते हैं, इसलिए उनके लिए संवहनीय वैकल्पिक आजीविका और बेहतर रोजगार के अवसरों को उपलब्ध कराने पर विचार किया जाना चाहिए। स्थानीय लोगों की सहभागिता से परिणाम जल्दी आ सकते हैं, इसलिए उन्हें विश्वास में लेना जरूरी है। इसके अतिरिक्त, निर्णय और नीति बनाने की प्रक्रियाओं के लिए सभी स्तरों पर विभिन्न संस्थानों, क्षेत्रों और विभागों के बीच एक

एकीकृत और समन्वयवादी गठबंधन आवश्यक है। प्रौद्योगिकी की सहायता से तथा इस तरह के प्रयासों तथा नीतिगत प्रबंधन से हम पर्यावरण की रक्षा में कई नवाचारयुक्त पहल कर सकते हैं तथा वायुमंडल में मिश्रित होने वाली जहरीली गैसों, जो तापमान को बढ़ाने में सहायक हैं, की रोकथाम कर सकते हैं। ये हमारे हिमनदों की संरक्षण की दृष्टि में भी एक लाभकारी कदम होगा।

संरक्षण की दिशा में पूर्व में किये गए प्रयास

हजारों वर्ष पूर्व एशिया के किसानों को मालूम था कि गहरे रंग सौर ऊर्जा को अपनी ओर खींचते हैं। इसी सिद्धांत को लेकर वे गहरे रंगों वाले पदार्थों, जैसे मिट्टी एवं राख वगैरह को जमी हुई बर्फ पर फैला देते थे, ताकि पिघलने की गति में तेजी आए। इस तरह से वे लोग सूखे के दिनों में अपनी फसलों की सिंचाई किया करते थे। चीन तथा रूस के शोधकर्ताओं ने भी इसी से मिलता-जुलता प्रयोग किया। उन्होंने हिमनद पर कोयले की राख का छिड़काव इस उम्मीद से किया कि बर्फ के पिघलने से भारत, अफगानिस्तान और पाकिस्तान के सूखे से प्रभावित इलाकों के लिए जल की उपलब्धता बढ़ जाएगी।

प्रयोग में होने वाले अधिक व्यय के कारण इसे रोका गया। अच्छी बात यह है कि भारत के लद्दाख क्षेत्र के एक इंजीनियर ने सफलतापूर्वक कई कृत्रिम हिमनदों का सृजन किया, ताकि सूखे के दिनों में फसलों और पीने के लिए अधिक जल प्राप्त हो सके।

मनुष्य द्वारा निर्मित हिमनद, उस पानी की बढ़ी मात्रा को रोकने में सहायक है जो अन्यथा बह जाता है। इन हिमनदों के कारण तापमान इतना नीचे आ जाता है कि शीत ऋतु में वहाँ पानी जम जाता है।

यह कई क्षेत्रों में स्थित हैं और ग्रीष्म ऋतु के गुनगुने मौसम में धीरे-धीरे यह हिमनद जल की निरंतर पूर्ति करते हुए पिघलते रहते हैं।

हिमनदों का संरक्षण : समय की माँग

जैसा कि हम सब अवगत हैं अत्यधिक ऊष्मा हिमनदों को पिघलाती है, इसलिए हमें अपने समूचे क्रियाकलापों की समीक्षा करने की जरूरत है। वैश्विक तापमान को रोकने में हिमनद एक महत्वपूर्ण भूमिका निभाते हैं। हिमनद पृथ्वी की सतह पर सीधे पड़ने वाली सूर्य की पराबैंगनी किरणों को वापस मोड़ते हुए वातारण में भेजते हैं और पृथ्वी का तापमान नियंत्रण में रखते हैं।

हिमनद से पिघलकर नीचे की ओर बहता पानी नदियों का निर्माण करता है, जिन पर विश्वभर के लोग शुद्ध जल हेतु आश्रित हैं। आज के समय में हिमालय में लोग पानी की कमी का सामना कर रहे हैं। वर्तमान दौर में मानव जीवाश्म ईंधन के प्रयोग पर आश्रित हो गए हैं और यह तेजी से वैश्विक तापमान को बढ़ाने का कारण बन रहा है।

हिमनदों के पुनः स्थापन हेतु हमें वैकल्पिक ऊर्जा स्रोतों का उपयोग करना होगा। ऊर्जा-दक्षता को बढ़ाना पड़ेगा। व्यक्तिगत तौर पर कार्बन डाईऑक्साइड गैस उत्सर्जन को घटाना होगा।

वैकल्पिक ऊर्जा-स्रोत वैश्विक तापमान वृद्धि हेतु एक समाधान के रूप में है (अबास, 2015), इसके लिए सौर पैनल बनाए जाते हैं, जो सूर्य की ऊष्मा को रोककर ऊर्जा में परावर्तित करते हैं। पवनचक्कियाँ वह दुर्ग हैं जो वायु के द्वारा गतिजन्य ऊर्जा का उपयोग कर ऊर्जा उत्पन्न करती हैं। भूतापीय ऊर्जा पृथ्वी के भीतर की गर्मी का उपभोग करती हैं। जैव ईंधन, जैसे कि एथेनॉल, को हम अपने घर के खाली पड़े स्थान में खमीरीकरण व सब्जियों, फल व भूसा वगैरह को मिलाकर उत्पादित कर सकते हैं। एथेनॉल का प्रयोग बायो डीजल ईंधन को बनाने में किया जाता है, जो कि डीजल इंजन में उपयोग के लिए एक अच्छा विकल्प है।

विद्युत कारें बैट्री द्वारा संचालित होती हैं, जो कि अन्य ईंधन द्वारा चलने वाले प्रदूषणयुक्त इंजन से बेहतर विकल्प है। वर्तमान में विद्युत कारों की बैट्री के लिए हाईड्रोजन ईंधन सेलों को विकसित किया जा रहा है, ताकि प्रदूषण कम-से-कम हो।

छोटी-छोटी पहलों से तापक्रम वृद्धि पर रोक

वैश्विक तापमान वृद्धि को कुछ हद तक कम करने के लिए हम व्यक्तिगत तौर पर भी कुछ समाधान निकाल सकते हैं, जैसे कि जितना संभव हो, वाहन का उपयोग कम-से-कम करें। आमतौर पर देखा गया है कि शहरी क्षेत्रों में बेहतर सार्वजनिक परिवहन नेटवर्क की सुविधा होती है। हमें इनका भरपूर उपयोग करना चाहिए। इससे सड़कों पर वाहनों का दबाव कम होगा, साथ ही, वायु तथा ध्वनि प्रदूषण भी कम होगा। इसके विकल्प के रूप में हम साइकिल या अन्य प्रदूषणरहित बैट्रीचालित वाहनों का भी उपयोग कर सकते हैं।

घर में स्नान करते समय कम-से-कम पानी का इस्तेमाल करें। जब आप दाँतों को साफ कर रहे हों तो ब्रश करते समय नल से बहते पानी को बंद कर दें। पानी का आवश्यकता अनुसार ही प्रयोग करें। घर के जिस कोने में रोशनी की आवश्यकता न हो वहाँ पर बिजली बंद कर दें। हम अपने घरों में प्रयोग होने वाले सामान्य बल्बों की जगह एल.ई.डी. या सी.एफ.एल का प्रयोग कर सकते हैं। हम सबको पता है ऐसी एक लाइट की रोशनी पाँच सामान्य बल्बों से ज्यादा होती है। इससे व्यक्तिगत स्तर पर ऊर्जा की बचत की जा सकती है। आमतौर पर हम अधिकतर कोयले और गैस का प्रयोग करते हैं। इससे कार्बन डाईऑक्साइड गैस निकलती है जो हमारे वातावरण में गर्मी उत्पन्न कर हिमनदों के पिघलाव की गति को बढ़ाती है। कपड़ों को सुखाने हेतु धूप का सहारा लें और इलेक्ट्रॉनिक्स या विद्युत उपकरण को आवश्यकता न होने पर बंद कर दें। ये बहुत छोटी-छोटी बातें हैं, जिन्हें निरंतर बड़े पैमाने पर अमल में लाया जाए तो इससे प्रदूषण की रोकथाम, ऊर्जा की बचत व वैश्विक तापमान वृद्धि में कुछ प्रतिशत कमी अवश्य आएगी। फलतः, हिमनदों के तीव्र गति से पिघलने पर कुछ हद तक अंकुश भी लगेगा।

पिछली लोकसभा में 600 से ज्यादा अपने प्रतिवेदनों, वक्तव्यों, प्रस्तावों में मैंने अधिकतर समय हिमालय की बात की। चाहे वहाँ के संसाधनों के संरक्षण की रही हो या वहाँ की अपार मानव-संपदा को विकसित करने, या फिर, नई हिमालयी नीति सृजित करने की बात हो, हिमालय मेरे मन-मस्तिष्क में हमेशा से छाया रहा है।

संयुक्त राष्ट्र सुरक्षा संस्थान के अनुसार, पेट्रो रसायन, जिनमें कार्बन डाईऑक्साइड होता है, के प्रयोग से ग्रीनहाउस गैस का उत्सर्जन होता है जिससे वातावरण में गर्मी पैदा होती है और धरती का तापमान बढ़ जाता है। अंततः, हिमनदों की पिघलने की सामान्य गति में इजाफा होता है।

2015 में संयुक्त राष्ट्र ने नई जलवायु संधि के लिए पहला कदम उठाया। 195 देशों ने संयुक्त राष्ट्र के फ्रेमवर्क कन्वेंशन ऑफ क्लाइमेट चेंज (यू.एन.एफ.सी.सी.) में हस्ताक्षर किए (ज़ंदी, 2019)।

शिक्षा के माध्यम से पर्यावरण रक्षा

हमने शिक्षा मंत्रालय के द्वारा विद्यार्थियों, अध्यापकों और उनके अभिभावकों को पर्यावरण के संरक्षण से जोड़ने के लिए **'एक विद्यार्थी एक वृक्ष'** अभियान

संपूर्ण देश में चलाया। मुझे इस बात का अत्यंत संतोष हुआ कि इस अभियान को देश के विद्यालयों, महाविद्यालयों तथा विश्वविद्यालयों में चलाया गया जिसके फलस्वरूप करोड़ों वृक्ष लगाये गए। पेड़ लगाए ही नहीं गए, बल्कि उनकी रक्षा का संकल्प भी लिया गया। जल संरक्षण से जुड़ी एक दूसरी मुहिम में हमने अपने विद्यार्थियों का आह्वान किया कि वे एक लीटर पानी प्रतिदिन बचाएँ। विद्यार्थियों ने जहाँ जलसंरक्षण का संकल्प लिया, वहीं उन्होंने अपने माता-पिता, अभिभावकों को इसके लिए प्रेरित किया। इस सब का अत्यंत सकारात्मक परिणाम देखने को मिला है।

हिमनदों को बचाने हेतु कठोर कदम उठाने की आवश्यकता

हिमालय के हिमनदों के पिघलने की तीव्रता को देखते हुए स्पष्ट है कि खतरे की घंटी बज चुकी है। इसकी ध्वनि केंद्र सरकार, उत्तराखंड तथा अन्य हिमालयी राज्यों के सरकारों के कानों तक भी पहुँच चुकी है। अब उत्तराखंड सरकार ने गंगोत्री राष्ट्रीय उद्यान क्षेत्र में पर्यटकों की संख्या पर नियंत्रण रखने का फैसला किया है। सरकार गोमुख तथा अन्य गंगोत्री के हिमनदों पर पहुँचने वाले पर्यटकों की संख्या पर प्रतिबंध लगाएगी। अब केवल 150 पर्यटक ही यहाँ तक आ सकेंगे।

'गोमुख', जहाँ पर हिमनद तेजी से घटते जा रहे हैं, पर पहुँचने वाले पर्यटकों की अनियंत्रित संख्या पर गहरी चिंता व्यक्त की गई है। आधिकारिक सूत्रों के हवाले से यह कहा गया है कि भगवान शिव के भक्त काँवड़िये गंगोत्री में पिछले दस दशकों से लगातार पहुँच रहे हैं। वार्षिक काँवड़ यात्रा के दौरान मात्र एक दिन में लगभग दो हजार से तीन हजार की संख्या में लोग इस स्थान पर पहुँचते हैं। इस कारण पारिस्थितिकी तंत्र को जबरदस्त नुकसान पहुँच रहा है (डि मिशॉ, 2019)। पर्यटकों की बढ़ती संख्या पर प्रतिबंध लगाकर इसे 150 तक सीमित करने के साथ ही उस क्षेत्र में घोड़ा व खच्चर के प्रवेश पर भी पूर्णतः रोक लगायी गई है, ताकि अधिक संख्या में गंगोत्री तक पहुँचने वाले लोगों को रोका जा सके। इसके साथ-साथ, प्रवेश-शुल्क में भी बढ़ोतरी कर दी गई है जिससे क्षेत्र में लगातार बदहाल होती स्थिति को कुछ हद तक नियंत्रित किया जा सके।

गौमुख में पर्यटकों पर प्रतिबंध का कारण वाडिया हिमालय भू-विज्ञान शोध संस्थान, देहरादून द्वारा सरकार को प्रस्तुत की गई एक नई रिपोर्ट थी, जिसमें यह बताया गया कि क्षेत्र में हिमनद 17 से 23 मीटर प्रतिवर्ष की दर से घटते जा रहे हैं जिसका प्रमुख कारण हिमनदों के पिघलाव में तीव्र वृद्धि है (डि मिशॉ, 2019)। पूर्व में डब्ल्यू. डब्ल्यू. एफ. की रिपोर्ट में भी यह चेतावनी दी गई है कि हिमालयी क्षेत्र में हिमनद तेजी से घट रहे हैं। रिपोर्ट में यह भी कहा गया है कि कम-से-कम 20 हिमनदीय झीलें नेपाल हिमालय के इलाके में उत्पन्न हो गई है, जो कि अधिक दबाव होने पर कभी भी फट सकती हैं। रिपोर्ट में यह भी कहा गया है कि भविष्य में कुछ दशकों में यह स्थिति बदल भी सकती है और नदियों का जलस्तर क्षीण हो सकता है। उस स्थिति में अनुमानतः 500 मिलियन लोग सीधे-सीधे प्रभावित हो सकते हैं। भारत में सिंचाई हेतु पानी की उपलब्धता घट जाएगी जिससे स्थिति संकटपूर्ण हो सकती है। भारत सहित संपूर्ण विश्व को समय रहते उचित कदम उठाकर हिमनदों के संरक्षण के विषय को गंभीरता से लेना ही पड़ेगा, नहीं तो त्राहिमाम निश्चित है। ग्लोबल वार्मिंग के दुष्प्रभावों को देखते हुए पूरे विश्व में चिंतन चल रहा है तथा पूरे विश्व के प्राणी जगत को प्रभावित करने वाली समस्या के लिए वैश्विक उपाय ढूँढ़े जा रहे हैं। अच्छी बात यह है कि ग्लोबल वार्मिंग के प्रति पूरे विश्व में जागरूकता बढ़ी है। विकसित और विकासशील देशों के लोग अपनी चिंताओं से विभिन्न स्तर पर शासन् व्यवस्था को अवगत कराते रहे हैं। देश-विदेश के अपने प्रवासों के दौरान मैंने पाया कि इसमें युवाओं की रुचि बढ़ी है। अंतरराष्ट्रीय स्तर पर कानून बनाए जा रहे हैं। हालाँकि, इन प्रयासों को लागू किए जाने पर सभी राष्ट्रों के बीच कुछ-न-कुछ उदासीनता है।

राष्ट्रीय-अंतरराष्ट्रीय स्तर पर ऐसे अत्यंत महत्वपूर्ण कदम उठाये गए हैं जिनसे हिमनद संरक्षण, संवर्धन को निश्चित रूप से बढ़ावा मिलता है। अंतरराष्ट्रीय स्तर पर निम्न घटनाएँ हिमनद संरक्षण क्षेत्र में निर्णायक साबित हुई हैं:

1972–स्टॉकहोम सम्मलेन में 5 जून को पर्यावरण दिवस घोषित किया गया।

1987–48 देशों के मध्य मांट्रियल में समझौता किया गया।

1988–आई.पी.सी.सी. की स्थापना की गई।

1990–आई.पी.सी.सी. की पहली रिपोर्ट आई, जिसमें स्पष्ट था कि पिछली सदी में पृथ्वी का औसत तापमान 05° बढ़ा है।

1992–रियो सम्मेलन में एजेंडा-21 की घोषणा जारी की गई।

1996–प्रदूषण कम करने पर अमेरिका में पहली बार सहमति जतायी गई।

1997–क्योटो में संधि की गई कि औद्योगिक देश 2012 तक ग्रीनहाउस गैसों में 5.4 प्रतिशत कमी करेंगे।

2001–अमेरिका ने वादे के विपरीत, क्योटो संधि को विकास में बाधक बताया।

2002–जापान तथा यूरोपीय संघ के कई देशों ने क्योटो संधि की पुष्टि की। इसमें अमेरिका और ऑस्ट्रेलिया शामिल नहीं हुए।

2004–क्योटो संधि में रूस सम्मिलित हुआ।

2005–मांट्रियल में वार्ता की गई।

हिमनदों पर चिंतन के बीच कुछ अहम खबरें

संपूर्ण विश्व में हिमनदों के पिघलाव की स्थिति पर आज हर जगह गंभीरता से मंथन हो रहा है। किसी भी तरीके से हिमनद के पिघलने की तीव्रता को कम करने के लिए नए उपाय खोजे जा रहे हैं। पर्यावरणीय बदलावों से हिमालय के भविष्य पर उठते सवालों के बीच उत्तराखंड से एक अच्छी खबर आई है। उत्तराखंड के चमोली व उत्तरकाशी जिलों में स्थित चार हिमनदों का अध्ययन कर यह पता चला है कि हिमालय में हिमरेखा लगभग 500 मीटर आगे बढ़ गई है (कुलकर्णी, 2011)। अर्थात जिन क्षेत्रों में पहले 4,500 मीटर तक की ऊँचाई पर ही बर्फ मिलती थी, वहाँ अब 4,000 मीटर पर बर्फ की मोटी चादरें बिछी हुई हैं।

वैज्ञानिकों ने यह भी बताया कि जून के मौसम में समुद्रतल से 4,000 मीटर की ऊँचाई पर बर्फ का मिलना एक अच्छा संकेत है। जबकि पिछले छह वर्षों में कभी भी 4,500 मीटर से नीचे बर्फ नहीं मिलती थी। बर्फ पिघलने के समय में भी हिमनदों पर बर्फबारी जारी है। वैज्ञानिकों का मानना है कि हिमनदों की मौजूदा स्थिति हिमालय के भविष्य के लिए बेहतर है। वह बात, जिसने वैज्ञानिकों की चिंता को बढ़ाया है, वह है हिमनदों का बदलता रंग। उनके अनुसार, भले ही इस बार हिमनदों पर अच्छी बर्फबारी हुई है, परंतु कुछ ऐसे स्थान भी चिह्नित हुए हैं जिन पर हिमालयी क्षेत्र के अंतर्गत हो रहे

निर्माण कार्यों और धूल के कण हिमनदों के ऊपर जमा होने से उनका रंग कुछ स्थानों पर काला-भूरा होता दिखाई दिया है। हिमनदों का रंग क्रिस्टल सफेद रहता है, जिससे वे सूरज की रोशनी को प्रतिबिंबित करते हैं और श्वेत स्वच्छ रूप में हिमनदों की पिघलने की गति संतुलित बनी रहती है। इस प्रकार से उनका रंग बदलता रहा तो वे ऊष्मा को अपने में समाहित करने लगेंगे और उनके पिघलने की गति में तेजी आएगी जो एक चिंता का विषय हो सकता है।

उत्तराखंड में अलकनंदा बेसिन में पहले हिमनद के पिघलने की औसत वार्षिक दर 30 वर्ग मीटर थी जो अब वार्षिक आधार पर 20 वर्ग कि.मी. के नजदीक पहुँच गई है। यह उत्तराखंड हिमालय के हिमनदों की स्थिति की दृष्टि से एक दूसरी अच्छी खबर है जो कि अंतरिक्ष अनुप्रयोग केंद्र, हैदराबाद से आई है। हिमनदों पर हुए अध्ययन की रिपोर्ट के अनुसार अलकनंदा बेसिन में 1968 से 1990 तक हिमनदों के पिघलने की दर 33.61 वर्ग मीटर थी जो बाद में 1990 से 2000 के मध्य औसतन 14.36 वर्ग मीटर तक घट गई। इसी प्रकार से भागीरथी बेसिन में 1968 से 1990 तक पिघलने की दर 30 वर्ग मीटर थी जो कि 1990 से 2015 के मध्य औसतन 23 वर्ग मीटर तक घट गई है।

हालाँकि, देश में हिमनदों पर कोई समेकित अध्ययन न हो पाने के कारण हर संस्थान के आँकड़ों में थोड़ा-बहुत फर्क भी है। वाडिया हिमालय भूविज्ञान संस्थान के अध्ययन के अनुसार, गंगोत्री हिमनद के पिघलने की दर 12 मीटर प्रतिवर्ष के आस-पास है। वैसे, उत्तराखंड हिमालय के कई अन्य हिमनदों के पिघलने की गति भी क्षीण हुई है। परंतु डोकरानी हिमनद के पिघलाव की दर में बढ़ोतरी दर्ज की गई है।

मुझे याद है वर्ष 2018 में पेरिस में एक व्याख्यान के दौरान मैंने कहा कि युवक नरेंद्र केवल हिमालय के कारण स्वामी विवेकानंद बन पाए। स्वामी जी की आध्यात्मिक यात्रा में हिमालय का बहुत महत्वपूर्ण योगदान था। हिमालय अध्यात्म, योग, शिक्षा, संस्कृति, ज्ञान, विज्ञान तथा ज्योतिष आदि अनेक संसाधनों के स्रोत के रूप में हम सबको प्रेरित करता रहा है। मैं कहता रहा हूँ कि हिमालय हम सब की जीवनरेखा है। हमारा अस्तित्व तभी संभव है जब हिमालय सुरक्षित रहेगा। आज के चुनौतीपूर्ण समय में मुक्त नवाचार के तहत हिमखंडों पर शोध कर रहे समस्त संस्थानों को एक मंच पर लाने की आवश्यकता है। लगभग चालीस के करीब संस्थान

हिमालय पर शोध शिक्षा से जुड़े हैं। हिमालय से जुड़े शोध हेतु विविध प्रकार के संसाधनों की आवश्यकता है—संसाधन चाहे वो मानव संसाधन हों, वित्तीय संसाधन हों या वैज्ञानिक उपकरणों की बात हो। संसाधनों की इस कमी को हम आपस में सहयोगात्मक शोध का वातावरण स्थापित कर पूरा कर सकते हैं। सूचना प्रौद्योगिकी के इस युग में सभी संस्थान आपसी समन्वय, बेहतर नेटवर्किंग स्थापित कर सकते हैं। हिमालय का संरक्षण संपूर्ण भारत के लिए ही नहीं, अपितु विश्वभर के लिए आवश्यक है। हिमालय हम सबके अस्तित्व का आधार है, अपने लिए और हिमालय की पीढ़ियों के लिए हिमालय की रक्षा परम आवश्यक है।

संलग्नक–1

पर्यावलोकन

कार्यकारी सारांश

ध्रुवीय क्षेत्र से बाहर, हिमालय में हिमनदों (एशिया के जल स्तंभ) की वृहद संख्या है। भारतीय हिमालय क्षेत्र के उच्च उन्नतांशों में 10,000 हिमनद हैं जो कि जम्मू-कश्मीर (उत्तर-पश्चिम) से लेकर अरुणाचल प्रदेश (उत्तर-पूर्व) तक फैले हुए हैं। ये हिमनद बारहमासी हैं तथा नदी तंत्र, मुख्यतः गंगा, सिंधु एवं ब्रह्मपुत्र के साथ-साथ जल-स्रोतों में ताजे जल के प्रचुर स्रोत हैं। इन हिमनदों से उत्पन्न जल, अनुप्रवाह क्षेत्र में जीवनयापन कर रहे करोड़ों लोगों के पेयजल, सिंचाई, जलविद्युत ऊर्जा और यहाँ तक कि यातायात के लिए एक जीवनरेखा है। हिमनद जलवायु के स्वरूप एवं इसकी परिवर्तनशीलता, जो कि जलवायु संबंधित प्राकृतिक जोखिमों की आवृत्ति व तीव्रता का कारण हैं, को समझने के लिए भी एक उत्कृष्ट संकेतक हैं। भारतीय हिमालय क्षेत्र जिन मुख्य जोखिमों के संपर्क में है उनमें हिमनद झील के फटने से उत्पन्न बाढ़, अत्यधिक वर्षा से आकस्मिक बाढ़, भूस्खलन, हिमस्खलन, मलबे का प्रवाह तथा भूकंपीय क्रियाकलाप सम्मिलित हैं। यह हिमालय का भूपरिदृश्य है जो कि ऐसी आपदाओं के दौरान क्षति के आकार को नियंत्रित करता है। अनेक अध्ययन इंगित करते हैं कि वैश्विक तापन के कारण हिमनद पीछे खिसक रहे हैं और पिघल रहे हैं। इससे पर्वतीय नदियों में अल्पकालीन आधार पर हिम-पिघलाव द्वारा जलप्रवाह में वृद्धि होती है, परंतु दीर्घकालीन अंतराल में संवहनीयता पर इसके परिणाम अलग हो सकते हैं। भूतल में परिवर्तन के कारण न केवल तापमान ऊष्म होगा, अपितु वर्धित पिघलाव भी हो सकता है। इसके अतिरिक्त, हिमालयी हिमनद, जिन्हें 'तृतीय ध्रुव' भी कहते हैं, आर्कटिक एवं अंटार्कटिक हिमनदों से भिन्न हैं। हिमालय में अभी भी हो रही जटिल एवं क्रियाशील प्रक्रियाओं—सम्मिलन, उत्प्रवण, अपक्षरण, चट्टानों

की री-वर्किंग, भू-विवर्तनिकी इत्यादि के प्रभावों के अंतर्गत यह उप-हिमनदीय तापमानों से भी प्रभावित हो सकते हैं। हिमालयी हिमनदों का पीछे खिसकना उत्तरवर्ती वर्षों में उपलब्ध जल संसाधनों की स्थिति के लिए चिंताजनक है।

हिमनदों के पीछे खिसकने के परिणामस्वरूप, गर्त में हिमनदी झीलों की उत्पत्ति होती है। झीलों का विकास हिमनदों की सतह पर (सुप्राग्लेशियल), हिमनदों के अंतर्गत (इनग्लेशियल), हिमनदों के नीचे (सबग्लेशियल), हिमनदों के सम्मुख (प्रोग्लेशियल), हिमनदों के चारों ओर (पेरीग्लेशियल), चिह्नित सर्क (टार्न या सर्क) के साथ-साथ हिमनद मलबे के द्वारा भी हो सकता है, जिन्हें मलबा अवरुद्ध या बर्फ-अवरुद्ध भी कहते हैं। हिमालय में विगत बीसवीं शताब्दी या वर्तमान इक्कीसवीं शताब्दी के दौरान किये गए जलवायु परिवर्तन अध्ययनों ने हिमनदों एवं उनके चारों ओर के परिवेश पर महत्वपूर्ण प्रभाव दर्शित किया है। उत्तर-पश्चिमी हिमालय क्षेत्र से सहायक मौसम अभिलेखों ने 1.6°C/100 वर्ष की तापमान वृद्धि (भूतियानी, 2007) तथा विगत कुछ दशकों में हिमनदों के पीछे खिसकने की प्रवृत्ति का संकेत दिया (भ्रांबी, 2011; मेहता, 2011; डोभाल, 2013; कुमार, 2017, 2020)। इस ऊष्म एवं जलवायु विषयक परिवर्तनशीलता की अनुक्रिया में हिमालय में अनेक जोखिम उन्मुख मलबे से अवरुद्ध तथा/या बर्फ-अवरुद्ध झीलों की उत्पत्ति हुई है तथा जल की मात्रा में वृद्धि हुई है (रिचर्डसन एवं रेनॉल्ड्स, 2000; फुजिता, 2008; राज, 2013। हिमनदों एवं हिम से पिघला हुआ जल अल्प समय में हुई छिटपुट तीव्र वर्षा (बादल फटना) के साथ मिलकर मलबे से अवरुद्ध झीलों की स्थिरता के लिए संभावित जोखिम प्रकट कर सकता है, जो कि अन्यथा विगत सैकड़ों वर्षों से अपने अस्तित्व के कारण स्थिर प्रतीत होती हैं। इन झीलों में जल के तीव्र संचयन के कारण अनुप्रवाह क्षेत्र में अप्रत्याशित विच्छेद या बहिस्राव हो सकता है। इससे अत्यधिक जल एवं मलबे का आकस्मिक निकास होता है, जिसे हिमनद झील द्वारा प्रस्फुटित बाढ़ (GLOF) नाम से जाना जाता है, जो कि मानव-जीवन, पशुधन/खाद्य सामग्री तथा अनुप्रवाह क्षेत्र में आधारभूत संरचनाओं के लिए विनाशकारी हो सकता है (रिचर्डसन एवं रेनॉल्ड्स, 2000; हगेल, 2002; काब, 2005)। यह जोखिम समय के साथ बढ़ रहा है, क्योंकि हिमनद झीलें आकार एवं आवृत्ति में बड़ी हो रही हैं।

उदाहरणस्वरूप–दिनांक 17 जून 2013 की पूर्वाह्न में चौराबाड़ी हिमनद की परिधि में मलबे द्वारा अवरुद्ध चौराबाड़ी झील के प्रकोप ने जल एवं मलबे की भीषण मात्रा को छोड़ा, जिसने भारत के उत्तराखंड में केदारनाथ कसबे में आकस्मिक बाढ़ द्वारा 6,000 व्यक्तियों की जान लेकर, 4,500 गाँवों को उजाड़कर तथा 2,00,000 तीर्थयात्रियों को चपेट में लेकर भीषण तबाही मचाई (डोभाल, 2013; भ्रांबी, 2016)। अतः, हिमनद झीलों का मानचित्रण आवश्यक है तथा उनके अनुश्रवण द्वारा न केवल जलवायु परिवर्तन के प्रभावों को समझने में आवश्यकता होगी, अपितु सम्मिलित जोखिमों के न्यूनीकरण के दृष्टिगत शमन उपायों की भी व्यवस्था करनी होगी।

मलबे के प्रवाह एवं हिमोढ़ विफलता का दूसरा उदाहरण जुलाई 16-19, 2017 को गंगोत्री हिमनद की खाड़ी में इसकी सहायक नदी मेरू बमक, गढ़वाल हिमालय में घटित हुई। अनेक कारक, यथा गंगोत्री हिमनद का पीछे खिसकना, क्षरित हिम मूल के हिमोढ़, मेरू बमक के अग्रभाग में कमजोर तलछट तथा मंद एवं निरंतर वर्षा इसके प्रति उत्तरदायी थी (कुमार, 2019)। हालाँकि, समुदायों एवं आधारभूत संरचनाओं में कोई भी मुख्य क्षति दर्ज नहीं की गई। हिमनद के खिसकने से जुड़े भूआकारकीय जोखिमों, मुख्यतः महत्वपूर्ण रूप से हिमनद खिसकने से संबद्ध क्षेत्रों में, अनावरित ऊर्ध्वाधार हिमोढ़, हिमाच्छादित परिवेश में मलबे के उद्गम एवं प्रस्फुटन को समझने के लिए अस्थिर ढलानों की जाँच किए जाने की आवश्यकता है।

तीसरा उदाहरण, ऋषिगंगा में आकस्मिक बाढ़ का है, जो कि हाल ही में 7 फरवरी 2021 को आई, जिसमें 70 व्यक्तियों के मरने की आशंका है तथा लगभग 200 व्यक्ति लापता दर्ज किये गए। आधारभूत संरचनाओं में प्राथमिक क्षति की राशि का अनुमान 1,500 करोड़ रुपये का किया गया। स्थल आधारित प्रेक्षणों तथा हेली द्वारा किये गए सर्वेक्षण के साथ-साथ सुलभ रूप से उपलब्ध गूगल अर्थ छायाचित्रण के आधार पर यह निष्कर्ष ज्ञात किया गया कि इस तबाही का संभाव्य कारण रॉन्थी ऊपरी जलग्रहण क्षेत्र में स्थित व्यापक हिमनद के साथ-साथ वृहद आकार के चट्टान समूह का अलगाव होना था, जिसने ऋषिगंगा नदी में अवरोध उत्पन्न किया तथा अनुप्रवाह में सड़कों, पुलों तथा जलविद्युत परियोजनाओं में तबाही मचाई (सैन, 2021)। अतः, हिमालय में हिमनदों एवं हिमाच्छादित क्षेत्रों का निरंतर दीर्घकालीन अनुश्रवण, तत्पश्चात चेतावनी देना सबसे महत्वपूर्ण

होना चाहिए, विशेष रूप से उन जलोत्सारण क्षेत्रों में, जहाँ श्रेष्ठ वासस्थल एवं आधारभूत संरचनाएँ, जैसे कि जल-विद्युत परियोजनाएँ विद्यमान हैं।

तीव्र स्थलाकृति के कारण, बाढ़ से अधिकांशतः भूस्खलन होता है। बस्तियों में नुकसानदायक क्षति के साथ-साथ, भूस्खलन द्वारा जनित मलबे से जलमार्गों का भी अवरोध होता है जो कि तीव्र बाढ़ उत्पन्न करता है। अतः, तीव्र बाढ़ से जुड़े हुए जोखिमों को ज्ञात करने के लिए बारंबार बैथिमैट्रिक सर्वेक्षण, जल प्रवाह (सबग्लेशियल एवं इनग्लेशियल) का अनुश्रवण आवश्यक है। इसके द्वारा, भंडारित जल के आयतन एवं संभावित तीव्र बाढ़ के परिमाण का आकलन हो सकेगा तथा स्थानीय प्राधिकारियों को बहुमूल्य सूचना उपलब्ध हो पाएगी। इसके साथ-साथ, वर्षा व हिमनद पिघलने के कारण जल, जो कि नीचे बह जाता है और कभी-कभी हिमनदीय बर्फ के कारण अवरुद्ध हो जाता है। बर्फ द्वारा अवरुद्ध झील में पानी की इस मात्रा में तब तक वृद्धि होती है, जब तक कि बाँध टूट न जाए, जिसका परिणाम अनुप्रवाह क्षेत्र में पानी का विनाशकारी प्रवाह होता है। अतः, इस जोखिम को समझने के लिए सबग्लेशियल एवं इनग्लेशियल नलिका प्रणाली की जलविज्ञान अनुक्रिया को भी परीक्षित करने की आवश्यकता है। सबग्लेशियल जलविज्ञान का महत्व इसके पिघले हुए अपवाह प्रक्रियाओं एवं हिमगतिकी पर प्रभाव के कारण है। वर्तमान में, देश जलविज्ञान पूर्वानुमान, जोखिम मानचित्रण तथा आपदा निरोधक नियोजन के ज्ञान में विकट अभाव से जूझ रहा है। चूँकि, हिमनदों के संबंध में उपलब्ध सूचना सीमित तथा बिखरी हुई है, पर्वतीय नदीशीर्ष से संबद्ध हिम व बर्फ की परिस्थितियों को समझना अपर्याप्त है। जैसा कि चिह्नित हिमनदीय झीलों की स्थिति में परिवर्तन हो रहा है, संभावित रूप से जोखिम झीलों की संख्या एवं उनकी अवस्थिति एवं मूल स्थान परिवर्तित हो रहा है तथा त्वरित रूप से नई झीलों का उद्गम हो रहा है, संभावित रूप से जोखिम हिमनद झीलों के औपचारिक अनुश्रवण एवं प्रभाव आकलन के लिए एक गतिशील व सम्मिलित प्रयास आवश्यक है। हिमनद झीलों के दीर्घकालीन एवं निरंतर अनुश्रवण ने उपसतह के पिघलाव-प्रवाह तथा झीलों की बैथीमैट्री में वृद्धि में कुछ परिवर्तनों को परिलक्षित किया है। उपसतही निकासी के साथ हिमनद झीलों को सबसे जोखिमभरा माना जाता है। क्योंकि निकासी प्रणालियों की कार्यप्रणाली पर ज्ञान अभी भी सीमित है, इसलिए प्रस्फुटन (आउटबर्स्ट) का समय ज्ञात करना दुष्कर है।

कुछ चयनित स्नाउट स्थानों एवं कुछ हजार हिमनदों में हिमनद मास (mass) बैलेंस पर प्रत्यक्ष स्थान-आधारित प्रेक्षण यह प्रतिबिंबित करते हैं कि हिमनद सामान्य रूप से कम हो रहे हैं, हालाँकि काराकोरम में कुछ हिमनदों में उन्नयन एवं उनके अग्रभाग में घनिष्ठ होने एवं/अथवा आगे बढ़ने का प्रमाण दर्ज किया गया है। यह क्षेत्रीय से लेकर स्थानीय स्तर पर जलवायवीय प्रभाव की जटिलता को दर्शाता है, जिसे नजरअंदाज नहीं किया जा सकता है। उदाहरण के रूप में, अग्रभाग की अवस्थिति को निरपवाद रूप से हिमनद के उन्नयन या पीछे खिसकने के अनुश्रवण हेतु किया जा सकता है। यह एक संकेतक हो सकता है, परंतु तापमान में भिन्नता व अवक्षेपण का निर्धारित सूचक नहीं हो सकता है, क्योंकि अग्रभाग में परिवर्तन हिमनदों की अप्रत्यक्ष अनुक्रिया है। मास बैलेंस एवं जलविज्ञान आँकड़े निश्चित रूप से हिमनदों की स्थिति तथा जलवायु परिवर्तन की अनुक्रिया में प्रत्यक्ष प्रतिपुष्टि के लिए उत्कृष्ट सूचक हैं। हिमनद व्यवहार में दीर्घ-कालीन आँकड़ों की अनुपस्थिति ने अंतर-वार्षिक एवं अंतर-दशकीय जलवायवीय प्रभावों (वैश्विक तापन) में विश्वास को कम किया है। हिमालय हिमनदों का वैज्ञानिक अध्ययन मुख्य रूप से जनसंख्या वृद्धि तथा औद्योगिक व प्रौद्योगिकीय विकास के लिए जल संसाधनों के प्रबंधन, जलविद्युत ऊर्जा के निर्माण, जलवायु/मौसम का पूर्वानुमान तथा पारिस्थितिकीय तंत्र की संवहनीयता पर प्रमुख रूप से महत्ता धारण करता है। निर्णय लेने में सामान्य रूप से जोखिमों की संभाव्यता का मूल्यांकन, विभिन्न दृष्टिकोणों से इन घटनाओं के संभावित प्रभाव तथा घटनाओं के शमन या प्रतिक्रियाओं के लिए योजनाएँ तैयार करना सम्मिलित है। विभिन्न्न प्रकार के प्राकृतिक जोखिमों के लिए पूर्व चेतावनी प्रणाली स्थापित करने तथा प्राकृतिक आपदा के प्रबंधन के लिए दिशा-निर्देश हेतु यह उपयुक्त समय है। हिमालय क्षेत्र में अनेक हिमनदों की संख्या, उत्तराखंड में 1,000 हिमनदों के दृष्टिगत, चयनित हिमनदों के अनुश्रवण की सलाह दी जाती है, विशेष रूप से उन जलोत्सारणों में, जहाँ अनुप्रवाह क्षेत्र में बाँध, ढाँचागत अवस्थापनाएँ तथा विशाल जनसंख्या निवास करती है।

संलग्नक–2

हिमालय दिवस की परिकल्पना

कुछ समय पूर्व नई दिल्ली स्थित ए.आई.सी.टी.ई. के प्रेक्षागृह में हमने हिमालय दिवस मनाया। हिमालय में संवहनीय विकास की अवधारणा को धरातल पर उतारने हेतु तथा सभी हितधारकों के मध्य व्यापक विचार-विमर्श और गंभीर मंथन को एक साकार मंच प्रदान करने की दृष्टि से इस दिवस की परिकल्पना की गई। इस बार के कार्यक्रम में हिमालय से जुड़ी दिग्गज हस्तियों के अलावा कई गणमान्य व्यक्तियों ने ऑनलाइन व ऑफलाइन कार्यक्रम में हिस्सा लिया। कोरोना संक्रमण के द्वारा कार्यक्रम में उपस्थिति नियमित रखी गई। कार्यक्रम में भारत सरकार के मंत्री श्री जितेंद्र सिंह, किरण रिजिजू, अनुराग ठाकुर, राष्ट्रीय सुरक्षा सलाहकार अजीत डोभाल, नीति आयोग के उपाध्यक्ष राजीव कुमार, सी.डी.एस. विपिन रावत, यू.जी.सी. अध्यक्ष डी.पी. सिंह, ए.आई.सी.टी.ई. अध्यक्ष विनय सहस्रबुद्धे सहित तमाम प्रबुद्धजन और विशेषज्ञ उपस्थित थे। हिमालय के समग्र विकास की चिंता को लेकर हमने हिमालय दिवस की स्थापना की। वर्ष 2010 में एक विचार मन में आया और हमने महसूस किया कि हिमालय में आर्थिक सामाजिक विकास की अवधारणा को क्रियान्वित करने हेतु एक समर्पित तंत्र की और स्तरीय ढाँचे की आवश्यकता है जिससे हिमालय से जुड़े सभी हितधारकों के मध्य हिमालय पर चिंतन हो। इस तंत्र को विकसित करने से पूर्व हिमालय की पारिस्थितिकी से जुड़े सभी हितधारकों की आशाओं, अपेक्षाओं को साथ लेकर क्षेत्र की आवश्यकताओं, चुनौतियों, समस्याओं को समझने की आवश्यकता है। यह इसलिए कि मैदानी क्षेत्र का नियोजन, विकास, पहाड़ों से बिलकुल अलग होता है। पर्वतीय क्षेत्र की आवश्यकता के अनुरूप योजना सृजित कर उनके सफल क्रियान्वयन और पूरी-पूरी कठोरता से निगरानी, अनुश्रवण कर हम संवहनीय

विकास की दिशा में आगे बढ़ सकते हैं। हिमालय दिवस उसी विकासोन्मुखी सोच और समग्र प्रयास का एक हिस्सा है। भारत के भाल, हिमालय के बगैर पूरे भारतीय उपमहाद्वीप की कल्पना सर्वथा असंभव है। हिमालय को भारत का 'मुकुट' और 'प्रहरी' उपनाम से पुकारा गया है। यह एशिया का 'वाटर टॉवर' है। हिमालय की गोद में साहित्य और भारतीय संस्कृति ने जन्म लिया है। हिमालय के बगैर पूरे भारतीय उपमहाद्वीप की कल्पना करना व्यर्थ है। इसका समाजशास्त्री और वैज्ञानिक एक समान रूप में एक अद्‌भुत प्रयोगशाला के रूप में अध्ययन करते हैं। अध्यात्म, भक्ति-साधना के लिए हिमालय में अपने अस्तित्व की खोज में संत, पर्यटक और वैज्ञानिक सदियों से आते रहे हैं।

हिमालय के ऊपर और वैज्ञानिक विश्लेषण करने से पता चलता है कि इसके पास अपार खनिज, वन एवं अपार जल-संपदा है। यहाँ की मानव-शक्ति का लोहा पूरा विश्व मानता है। हमारे लिए अत्यंत गौरव की बात है कि देश की सामरिक रूप से महत्वपूर्ण जिम्मेवारियाँ हिमालय के लोग अत्यंत कुशलता से निभा रहे हैं।

हिमालय में संसाधनों के अपेक्षित ज्ञान के लिए हिमालय की उत्पत्ति, संरचना, खनिज, वन एवं जल-संपदा आदि को अच्छी तरह से समझना होगा। तभी हम हिमालय की संपदा का पूरा और वास्तविक मूल्यांकन कर पाएँगे। अगर हिमालय बचेगा तभी हमारा अस्तित्व कायम रहेगा। हिमालय के बगैर पूरे भारतीय उपमहाद्वीप की कल्पना करना असंभव है। हमें यह समझना होगा कि हिमालय ज्ञान-विज्ञान, साहित्य, संगीत, योग, आयुर्वेद, स्थापत्य, कला, चित्रकला, धर्म, अध्यात्म और साधना का महत्वपूर्ण केंद्र है। हिमालय के बारे में कई बार मैं सोचता हूँ तो लगता है कि भले ही विश्व के लिए हिमालय एक पहाड़ है, हिम-आच्छादित पर्वतों का समूह है, लेकिन हम सबके लिए यह भारत माँ का आभूषण है। यह हमारी अजर-अमर संस्कृति का पोषक तो है ही, यह हमें जल और भोजन भी उपलब्ध कराता है।

हिमालय वैश्विक धरोहर है

पृथ्वी पर दो ध्रुवों के बाद अन्य हिस्से की तुलना में हिमालय पर सबसे अधिक बर्फ है। हिंदूकुश हिमालय (हिमालय और हिंदूकुश पर्वत) 10 नदी घाटियों का स्रोत हैं, जहाँ 1.3 बिलियन (130 करोड़) से अधिक लोग रहते हैं एवं प्रत्यक्ष एवं

परोक्ष रूप से हिमालय पर निर्भर हैं। अफगानिस्तान से म्याँमार तक हिमालय विश्व की 18 प्रतिशत से ज्यादा जनता का प्रत्यक्ष पोषण करता है। यह एशिया में विशाल क्षेत्र की जलवायु का निर्माता है। लगभग 20,000 पौधों की प्रजातियाँ हिंदूकुश हिमालय क्षेत्र में पाई जाती हैं। ये युवा और बढ़ते पहाड़ स्वाभाविक रूप से भूस्खलन की चपेट में हैं, और प्राकृतिक खतरों से ग्रस्त हैं। वैश्विक जलवायु परिवर्तन के लिए इसकी उच्च संवेदनशीलता के कारण यह 'जलवायु पल्स' के रूप में जाना जाता है। वैश्विक जलवायु परिवर्तन के प्रमुख प्रभावों में से कुछ इस प्रकार हैं : हिम-पिघलन और ग्लेशियर संकुचन, प्रजाति-बदलाव और विलुप्त होने तथा फसल की विफलता और मानव-पलायन आदि। चौथी आई.पी.सी.सी. रिपोर्ट में, हिमालयी क्षेत्र को 'सफेद स्थान' के रूप में संदर्भित किया गया था, जो विशेष रूप से जलवायु परिवर्तन, इसके प्रभाव और भेद्यता के बारे में डाटा और जानकारी की कमी को दर्शाता है। तबसे, इस क्षेत्र के विभिन्न पहलुओं पर शोध में काफी प्रगति हुई है। हालाँकि, अध्ययन अभी भी टुकड़ों-टुकड़ों में किया जा रहा है, जबकि अनिश्चितताओं और भ्रम से जुड़ी समस्याओं से निपटने के लिए एकाधिक (मल्टी-साइट) भागीदार और दीर्घकालिक अवधि एवं अंतर्विषयी क्षेत्रों में अनुसंधान की आवश्यकता होती है। सूचना-भंडारण और साझाकरण के लिए डेटाबेस के विकास और प्रबंधन की आवश्यकता है। हिमालय के लिए विशिष्ट प्राकृतिक संसाधन जैवविविधता, हिमनद और हिम-पिघलाव, विविध पारिस्थितिकी तंत्र सेवाएँ, और नवीकरणीय ऊर्जा (पनबिजली, सौर ऊर्जा, पवन और भूतापीय और बायोमास) पर विशेष रूप से ध्यान केंद्रित करने की आवश्यकता है। ये सभी काफी हद तक संभावित स्रोत हैं, इसलिए मानव उपयोग के लिए इसका उपयोग करने की आवश्यकता है।

- प्राकृतिक संपदा खनिज, वनस्पति, पशु-पक्षी और अनेक पेचीदी गुत्थियाँ हिमालय में छुपी हुई हैं। आज हिमालय कई स्वतंत्र प्रभुतासंपन्न देशों से प्राकृतिक रूप से जुड़ा हुआ है जो अपने राष्ट्रीय गौरव के बारे में संवेदनशील होते हुए हिमालय को एक चुनौतीपूर्ण क्षेत्र मानते हैं। मैंने जबसे होश सँभाला है तबसे अब तक हिमालय मेरे मन, विचार और कर्म में हर पल मेरे साथ रहा है। हिमालय के पर्यावरण संरक्षण का मुख्य उद्देश्य प्राकृतिक एवं जैविक वातावरण का इस प्रकार प्रयोग करना है जिससे पर्यावरण पर कम-से-कम दबाव पड़े और मनुष्य के गुणात्मक जीवन-स्तर के लिए आवश्यक संसाधन

उपलब्ध हो सके। सतत विकास की अवधारणा भी इसी राह पर चलकर धरातल पर उतारी जा सकेगी।

- हमारी मुख्य चिंता प्राकृतिक संसाधन के आधार के संरक्षण एवं जनसंख्या एवं मानव-जीवन स्तर के लिए संतुलित समायोजन एवं अनुकूलन सुनिश्चित करना है। ज्ञातव्य है कि मानव-सभ्यता की सफलता सुनियोजित ढंग से प्रगति सुनिश्चित कर प्रकृति से तारतम्य स्थापित कर ही हो सकती है। मैंने हमेशा इस बात पर जोर दिया है कि पूरे विश्व के सामने अत्यंत सशक्त तरीके से यह बात रखी जाए कि हमारा अस्तित्व हिमालय पर पूरी तरह निर्भर है।

हिमालय दिवस मनाने के उद्देश्य

1. **पर्वतीय क्षेत्रों के दृष्टिगत नवाचारों को व्यापक रूप से विकसित करना**– हिमालय क्षेत्र के सभी लोगों (महिलाओं, पुरुषों और बच्चों) के लिए सकारात्मक पारिस्थितिकी तंत्र उपलब्ध करवाकर अग्रणी रूप में स्थापित कर, अनुकूलन और परिवर्तन हेतु नए दृष्टिकोणों को विकसित कर जन-जन की भागीदारी सुनिश्चित करना, सरकारी और गैर-सरकारी संगठनों से मिलकर संपूर्ण विश्व से हिमालय से जुड़े प्रासंगिक सूचना, ज्ञान और विश्लेषण कर उसका उपयोग सुनिश्चित करना हमारी प्राथमिकता है।
2. **पर्वतीय क्षेत्र में समानता आधारित समावेशी विकास को बढ़ावा देने वाले दृष्टिकोण और ज्ञान में महत्वपूर्ण प्रगति करना**–समानता और समावेशी विकास को बढ़ावा देकर प्रभावी हस्तक्षेप और समाधान विकसित करें। समाज के सभी वर्गों में सामाजिक समावेश और संरचनात्मक असमानताओं को दूर करने में योगदान तथा समूचे हिमालय क्षेत्र में विकास की अवधारणा को धरातल पर लागू करना चाहते हैं।
3. **संपूर्ण हिमालय क्षेत्र मे व्यक्तिगत और संस्थागत क्षमता विकास कर विज्ञान आधारित नीतियों का विकास**–क्षमताओं को बढ़ाने के लिए अधिक मानवीय और संस्थागत क्षमता की आवश्यकता है। मेरा मानना है कि विज्ञान आधारित साक्ष्य और नीति और अभ्यास के बीच इंटरफेस को बढ़ाने में हिमालय दिवस महत्वपूर्ण भूमिका निभाएगा। इसके लिए वैज्ञानिक संस्थाओं से नेटवर्क बनाया जाना हमारी प्राथमिकता है।

4. **सतत पर्वतीय विकास से संबंधित क्षेत्रीय सहयोग**-क्षेत्रीय सहयोग को बढ़ावा देने हेतु हम सहयोगी कार्यक्रमों की स्थापना और पर्वतीय सेवाओं के लिए मूल्य और क्षतिपूर्ति की आवश्यकता के बीच अधिक-से-अधिक जागरूकता को बढ़ाने में हिमालय दिवस महत्वपूर्ण भूमिका निभाएगा।
5. **हिमालय पर वैश्विक जलवायु परिवर्तन और वैश्वीकरण के प्रभावों के अध्ययन को बढ़ावा**–अध्ययन हेतु आई.पी.सी.सी. (IPCC), यू. एन.एफ. सी.सी.सी. (UNFCCC), और यू.एन. (UN) जैसे निकायों के साथ कार्य कर, इस माध्यम से पहाड़ के एजेंडे को बढ़ावा, संगठनों और प्रक्रियाओं के मध्य अधिक समन्वय स्थापित करने में सहायता करना हमारी सर्वोच्च प्राथमिकता है।
6. **पारंपरिक नवीन शोधों और अध्ययनों का शुभारंभ और उन्हें बढ़ावा देना**–ज्ञान एवं अभ्यास और दस्तावेज, संरक्षण, सुरक्षा करना और वैज्ञानिक रूप से उन्हें विश्लेषित और मान्य करना हमारी प्राथमिकता रहेगी।
7. **हिमालय के समग्र विकास पर चिंतन**–हिमालय से जुड़े सभी वैज्ञानिक, पर्यावरणविद्, लोक कलाकार, शिक्षाविद् को एक मंच पर आकर हिमालय के समग्र विकास हेतु चिंतन करना चाहिए, नई रणनीतियाँ सृजित करके और उनके सफल क्रियान्वयन हेतु मॉडल का विकास करने की भी आवश्यकता है।
8. **व्यावहारिक विकास मॉडल तैयार करना**–प्राकृतिक संसाधन के संरक्षण और स्थायी प्रबंधन के लिए व्यावहारिक मॉडल तैयार करना और उसे धरातल पर क्रियान्वित करना हम सबके लिए महत्वपूर्ण है।
9. **हिमालयीय क्षेत्र का आर्थिक और सामाजिक-पारिस्थितिक कल्याण हेतु प्रयास**–हिमालयीय क्षेत्र का आर्थिक और सामाजिक-पारिस्थितिक कल्याण हेतु समन्वित, एकीकृत प्रयास और हरे (वन, वनस्पति आदि), भूरे (मिट्टी) और उस पर शोध शुरू करने के लिए कदम उठाना अत्यंत आवश्यक है।
10. जल संरक्षण योजनाओं (स्पर्श गंगा, स्पर्श हिमालय) को बढ़ावा, जल धाराओं (नदियाँ), संरक्षण के लिए कार्य करना और उन्हें अभिलेखित करना बहुत आवश्यक है।
11. **महिला कल्याण, बाल कल्याण के लिए प्रयास**–महिला कल्याण, बाल कल्याण के लिए प्रयास करना एवं महिला की भागीदारी को सामाजिक

उन्नति के लिए बेहतर उपयोग में लाना। पर्वतीय आर्थिकी में महिलाओं की भागीदारी एवं भूमिका को सुनिश्चित करना चाहिए।

12. **कौशल उन्नयन**–उद्यमिता विकास। समुदायों के कौशल उन्नयन के लिए काम करना और उसे उद्यम से जोड़ना; आशीर्वाद जैसी ग्राम्य कौशल विकास योजना को बढ़ावा देना।
13. **पारंपरिक ज्ञान और आधुनिक विज्ञान पर आधारित प्रणालियाँ**–जलवायु-लचीलापन, लागत प्रभावी और लंबे समय तक चलने वाले बुनियादी ढाँचे का सुझाव देना मुख्य रूप से मिश्रित पारंपरिक ज्ञान और आधुनिक विज्ञान पर आधारित प्रणालियों पर विशेष ध्यान केंद्रित करने हेतु प्रतिबद्धता की आवश्यकता है।
14. **बुनियादी सुविधाओं और बुनियादी सेवाओं और विज्ञान-नीति-**अभ्यास नेटवर्क-नीति निर्माताओं, शोधकर्ताओं के विज्ञान-नीति-अभ्यास नेटवर्क की स्थापना करना और बुनियादी विषयगत समस्याओं (शिक्षा, रोजगार, कृषि, स्वास्थ्य) के समाधान के लिए काम में लगे हुए क्षेत्रों के लिए आधारस्थल तैयार करने की आवश्यकता है।
15. **हिमालय से जुड़े ज्ञान विस्तार केंद्र की स्थापना**–व्यावहारिक, कार्यान्वयन योग्य और बनाने के लिए, स्थापित करना और प्रदर्शित करना। प्राथमिकता वाले विषयगत क्षेत्रों में समस्याओं के प्रति पुनः प्रयोज्य समाधान विकसित करना होगा।
16. **इकोफ्रेंडली (पर्यावरण संरक्षण से अभिप्रेरित) उत्पादों और सेवाओं का विकास**–माँग संचालित कार्रवाई अनुसंधान और तकनीकी नवाचारों में संलग्न करना और इकोफ्रेंडली उत्पादों और सेवाओं के लिए विकास सुनिश्चित करना जरूरी है।
17. **सहयोगात्मक शोध को बढ़ावा**–हिमालय से जुड़े विषयों में शोध कर सहयोगात्मक शोध, अंतर्विषयी शोध, देश-विदेश के विश्विद्यालयों, संस्थानों, गैर-सरकारी संगठनों से समन्वय स्थापित करना परम आवश्यक है।
18. **मानव-शक्ति विकास हेतु समन्वित प्रयास**–शिक्षा प्रबंधन, ज्ञान विज्ञान, प्रौद्योगिकी के क्षेत्र में हिमालय से जुड़ी मानव-संपदा को नई ऊँचाइयाँ प्रदान करने के समन्वित प्रयास करने की जरूरत है।
19. **हिमालयीय क्षेत्र का आर्थिक और सामाजिक-पारिस्थितिक कल्याण हेतु प्रयास**–हिमालयीय क्षेत्र के आर्थिक और सामाजिक-पारिस्थितिक कल्याण

हेतु प्रयास के साथ हरे (वन, वनस्पति आदि), भूरे (मिट्टी) पर शोध शुरू करने के लिए कदम उठाने चाहिए।

हिमनदों पर शोध : आज की आवश्यकता

हिमनदों पर शोध किए जाने हेतु आज मिशन मोड में पहल करने की आवश्यकता है। ये सब वर्तमान आर्थिक, सामाजिक व राजनैतिक परिस्थितियों में संभव है। यशस्वी प्रधानमंत्री जी का हिमालय से प्रेम हमें नई ऊर्जा देता है। आज से पहले यह तीनों पक्ष स्वतंत्र रूप से हिमालय के प्रति गंभीर जरूर थे, पर परिणाम उतने प्रभावी नहीं निकले। क्योंकि आपसी तालमेल के साथ सोचने का अभाव रहा। हिमालय सबके साथ है व सबका है इसलिए एक साथ मिलकर ही सोचना होगा। अबकी बार इस सोच के साथ ही हिमालय चिंतन की नींव रखी जानी चाहिए। आज हम कह सकते हैं 'सबके हाथ, हिमालय के साथ'।

मुझे लगता है कि हिमालय क्षेत्र का हर एक व्यक्ति इस बात को भलीभाँति समझ सकता है कि अगर हिमालय से जरा भी छेड़छाड़ हुई तो प्रकृति हमें माफ नहीं करेगी। हमें इस बात पर भी ध्यान देने की आवश्यकता है कि सामुदायिक भागेदारी बढ़ाते हुए, सभी हितधारकों में आपसी समन्वय स्थापित करके सतत विकास लक्ष्यों के प्रति पूर्ण समर्पण से हम सुनियोजित विकास के नए स्वर्णिम युग का सूत्रपात कर सकते हैं।

संलग्नक–3

हिमनद प्राधिकरण
(हिमालयी विकास की परिकल्पना का केंद्र)

हिमालय में सतत विकास लक्ष्यों की प्राप्ति और उसके समग्र विकास को मूर्त रूप देने हेतु वर्ष 2009-10 में शिमला में हिमालयी राज्यों के मुख्यमंत्रियों का कॉन्क्लेव आयोजित किया गया था। इस कार्यक्रम में मैंने ग्रीन बोनस, जी.ई.पी. एवं हिमनद प्राधिकरण स्थापना का प्रस्ताव रखा था। उम्मीद यह थी कि समूची हिमालयी राज्यों की सरकारें इस महत्वाकांक्षी योजना में शामिल हों। उद्देश्य यह था कि उत्तराखंड में हिमनद प्राधिकरण की स्थापना की जाए, जिससे हिमनदों के विविध पहलुओं पर शोध किया जाए। अंतरिक्ष उपयोग केंद्र उत्तराखंड को नोडल एजेंसी तय करते हुए हमने सीड मनी का प्रबंध किया, परंतु फिर कई कारणों की वजह से यह महत्वपूर्ण योजना अधर में लटक गई। आशय यह है कि देश में एक विश्वस्तरीय हिमनद विकास प्राधिकरण की स्थापना की आवश्यकता है। यह प्राधिकरण स्वतंत्र रूप से हिमनदों के संरक्षण और उनसे जुड़े सारे व्यापक पहलुओं पर शोध कर सके। उपलब्ध वैज्ञानिक जानकारी के आधार पर हम कह सकते हैं कि विश्व के हिमनद भूमंडलीय ऊष्मीकरण (ग्लोबल वार्मिंग) से प्रभावित हो रहे हैं। जलवायु परिवर्तन पर गठित अंतर सरकार पैनल (इंटर गवमेंट पैनल ऑन क्लाइमेट चेंज) ने स्पष्ट रूप से अपना निष्कर्ष दिया कि मानव-निर्मित ग्रीनहाउस गैसों की अत्यधिक मात्रा के कारण विश्व में औसतन तापमान में वृद्धि हो रही है और इसके फलस्वरूप हिमनद अपने वास्तविक स्वरूप को खो रहे हैं। विश्व के अनेक देशों द्वारा स्वीकृत क्योटो प्रोटोकॉल, मानव-निर्मित गैसों को कम करने का प्रस्ताव प्रस्तुत करता है, ताकि भूमंडलीय ऊष्मीकरण को कम किया जा सके। हालाँकि, इस संदर्भ में अभी

व्यापक सफलता नहीं मिल पाई है। प्राधिकरण की स्थापना हेतु मैंने लोकसभा में यह विषय उठाया।

प्रस्तावित प्राधिकरण में जम्मू-कश्मीर, हिमाचल प्रदेश, उत्तराखंड, सिक्किम, अरुणाचल प्रदेश, मेघालय, त्रिपुरा, नगालैंड, मणिपुर, मिजोरम एवं पश्चिम बंगाल की भागीदारी सुनिश्चित करते हुए महत्वाकांक्षी परियोजना के अंतर्गत अफगानिस्तान, चीन, नेपाल, बाँग्लादेश, बर्मा, पाकिस्तान आदि देशों के साथ शोध हेतु साझा मंच स्थापित करने का विचार रखा गया था।

हिमालय विश्व की सबसे युवा पर्वत-शृंखला में से है जो कि लगभग 400 से 450 लाख वर्ष पुरानी है। हिमनद में हिम के बड़े खंड होते हैं जो कि हिमरेखा (स्नोलाइन) से ऊपर पाए जाते हैं। हिमनद कई सौ से लेकर हजारों मीटर तक की मोटाई के होते हैं। ध्रुवीय हिमनदों को छोड़ दिया जाए तो हिमालय 70 प्रतिशत से अधिक हिमनदों को जन्म देता है। बालतोरो, गंगोत्री, गेशरब्रम, सियाचिन, कंचनजंघा, हिस्पर आदि हिमनद हिमालीय क्षेत्र के प्रमुख हिमनद हैं। आई.सी.एस.आई. के सर्वेक्षणों से पता चला है कि विश्व में हिमालय क्षेत्र के हिमनद बहुत तेजी से सिकुड़ रहे हैं।

हिमनदों के तेजी से घटने के कारण कई अस्थायी जलाशयों का निर्माण हो जाता है और उसके फलस्वरूप ये अचानक बाढ़ के रूप में परिवर्तित हो जाते हैं। केदारनाथ की त्रासदी इसका नवीनतम उदाहरण है। हजारों करोड़ों रुपये के आर्थिक नुकसान के अतिरिक्त दस हजार से अधिक लोग इस त्रासदी का शिकार हुए।

वर्तमान में हिमनद शोध संस्थान

पूर्व विज्ञान एवं प्रौद्योगिकी मंत्री, श्री पृथ्वीराज चौहान द्वारा जुलाई, 2009 में देहरादून स्थित वाडिया हिमालय भूविज्ञान संस्थान में हिमनद केंद्र की शुरुआत की गई थी। देश को जलवायु परिवर्तन की चुनौतियों से निपटने हेतु सामरिक रणनीति तैयार करने हेतु इस केंद्र की स्थापना की गई। इसके अतिरिक्त, इसका एक दूसरा लक्ष्य इस विशिष्ट क्षेत्र हेतु प्रशिक्षित मानव संसाधन को तैयार करना भी था। इस केंद्र को नोडल सेंटर के रूप में विकसित कर देश के विभिन्न शोध संस्थानों से समन्वय स्थापित करना इसका महत्वपूर्ण लक्ष्य था।

डॉ. पचौरी और संयुक्त राष्ट्र का अंतरराष्ट्रीय अंतरसरकारी मौसम परिवर्तन पैनल का मानना है कि 2035 तक अधिकांश हिमालीय हिमखंड समाप्त

हो जाएँगे। हालाँकि, अधिकांश वैज्ञानिक इसे 300 वर्ष से अधिक की प्रक्रिया मानते हैं। तत्कालीन केंद्रीय मंत्री श्री जयराम रमेश के अनुसार, 125 से ज्यादा संस्थान हिमनद शोध से प्रत्यक्ष एवं परोक्ष रूप से जुड़े हैं। इन सभी को एक कड़ी में लाने का प्रयास किया जाना जरूरी है।

मुख्यतः निम्नांकित चार बिंदुओं पर कार्य हो रहा है–

(1) हिमालय क्षेत्र के हिमनदों की निगरानी
(2) हिमनदों की विस्तृत वस्तुसूची
(3) हिमनद बढ़ने व सिकुड़ने की प्रक्रिया का अध्ययन
(4) बदलते परिवेश का हिमनद पर प्रभाव
(5) उनकी कुल क्षमता का आकलन (मलबा/हिम की स्थिति)

देश में वाडिया संस्थान के अतिरिक्त, हिमनद विज्ञान के क्षेत्र में निम्न प्रतिष्ठित शोध संस्थान उत्कृष्ट कार्य कर रहे हैं :

(1) स्नो एवं एवालांच अध्ययन केंद्र, चंडीगढ़
(2) जी.बी. पंत राष्ट्रीय पर्यावरणीय संस्थान, अल्मोड़ा
(3) जवाहर लाल नेहरू विश्वविद्यालय, नई दिल्ली
(4) महात्मा गांधी विज्ञान संस्थान, अहमदाबाद
(5) सुदूर संवेदन संस्थान, ईटानगर
(6) विज्ञान एवं प्रौद्योगिकी विभाग, सिक्किम
(7) वाडिया हिमालय भूविज्ञान संस्थान, देहरादून
(8) जी. बी. पंत संस्थान, गंगटोक
(9) भारतीय प्रौद्योगिकी संस्थान, मुंबई
(10) बिरला संस्थान, राँची
(11) हिमाचल प्रदेश सुदूर संवेदन प्रकोष्ठ, शिमला
(12) प्रदेश विश्वविद्यालय, धर्मशाला परिसर, हिमाचल प्रदेश
(13) कश्मीर विश्वविद्यालय, श्रीनगर
(14) हेमवती नंदन बहुगुणा विश्वविद्यालय, श्रीनगर
(15) जम्मू विश्वविद्यालय, जम्मू

प्रस्तावित हिमनद प्राधिकरण के लक्ष्य

विदेशी शोध पर निर्भरता समाप्त करना : हिमनद संरक्षण और प्रबंधन के लिए हम विदेशी जानकारी पर निर्भर रहते हैं। कई बार यह जानकारी अपूर्ण,

अपर्याप्त रहती है और इससे हमारी योजनाओं का सही विकास और संसाधनों का आवंटन चुनौतीपूर्ण हो जाता है। अंतरराष्ट्रीय, अंतरसरकारी पैनल और भारतीय अनुसंधान संस्थान द्वारा हिमनदों के सिकुड़ने के संभावित खतरों पर अलग-अलग जानकारियाँ प्राप्त होती हैं। संस्थाओं में बेहतर समन्वय से उत्कृष्ट शोध हो सकता है।

जलवायु परिवर्तन अध्ययन का केंद्र

प्राधिकरण मौसम परिवर्तन की शीर्ष संस्थाओं को स्थापित कर नीतियों का विकास करेगा, ताकि एकीकृत शोध इकाई के रूप में प्राधिकरण देश के आगे आ रही चुनौतियों का सफलतापूर्वक सामना कर सकें। इसके अतिरिक्त, देश के शीर्ष विश्वविद्यालयों के साथ मिलकर मानव संसाधन विकास के लिए गंभीर प्रयास किए जाने चाहिए। स्वायत्त संस्थान के रूप में प्राधिकरण विदेश की संस्थाओं से समन्वय स्थापित कर बदलते परिवेश में नई योजनाओं के क्रियान्वयन की नोडल एजेंसी बननी चाहिए।

संसाधनों के समुचित उपयोग हेतु राजनीति विकास

संपूर्ण हिमालय क्षेत्र के संसाधनों के समुचित उपयोग हेतु यह आवश्यक है कि हमें अपने हिमनदों की न केवल व्यापक जानकारी होनी चाहिए, बल्कि उन पर बदलते परिवेश के प्रभाव का आकलन करने की क्षमता भी होनी चाहिए। उच्च पर्वत श्रृंखलाओं में योजनाओं के क्रियान्वयन, नियोजन हेतु मूलभूत जानकारी की आवश्यकता होती है। योजना चाहे जलविद्युत के क्षेत्र में हो, सिंचाई, पर्यटन या सड़कों के निर्माण में, सर्वत्र ठोस एवं सटीक जानकारी की आवश्यकता होती है। वर्तमान में इसका नितांत अभाव है।

हिमनद संरक्षण हेतु देश की नोडल एजेंसी

हिंदूकुश पर्वत श्रृंखला से लेकर तिब्बत के पठार और म्याँमार तक हिमालय का क्षेत्र हिमनदों द्वारा निकलने वाली नदियों पर निर्भर है। 43 लाख से अधिक वर्ग कि. मी. का यह भू-भाग अपनी जल आपूर्ति हेतु हिमालयी नदियों पर आश्रित है। हिमालय को उसकी हिम और जल आपूर्ति के दृष्टिगत 'तीसरे ध्रुव' की संज्ञा दी गई है। गंगा, ब्रह्मपुत्र और मेघना बेसिन विश्व के अत्यधिक घनत्व वाली जनसंख्या के क्षेत्र हैं। कुल मिलाकर देखा जाए तो प्रत्यक्ष और परोक्ष रूप से लगभग 300 करोड़ लोग हिमालय क्षेत्र की नदियों से किसी-न-किसी रूप से

जुड़े हैं। प्राधिकरण एक नोडल एजेंसी के रूप में सभी मंत्रालयों एवं विदेशी एजेंसियों से समन्वय स्थापित कर संरक्षण-संवर्धन का तंत्र स्थापित कर मदद कर सकता है।

प्रदूषण के दुष्प्रभाव का अध्ययन

संपूर्ण विश्व में फैल रहे प्रदूषण से हिमनदों पर पड़ने वाले विपरीत प्रभाव पर पैनी नजर रखी जा सकती है। जैवविविधता के संरक्षण और उसके समुचित दोहन हेतु रणनीति का विकास और सफलतापूर्वक लागू करने की कार्ययोजना पर कार्य किया जाना नितांत आवश्यक है। अंतर्विषयी शोध के माध्यम से यह प्राधिकरण दुष्प्रभावों से बचाव कर सकता है।

जैवविविधता संरक्षण

आई.पी.सी.सी. की रिपोर्ट के अनुसार, पूरे विश्व की 10 प्रतिशत से अधिक जैवविविधता हिमालय क्षेत्र में है। पश्चिम और पूर्वी हिमालय माइनस 75 डिग्री सेंटीग्रेड से 800 मिलीमीटर तक की वार्षिक वर्षा का यह क्षेत्र जड़ी-बूटियों के लिए प्रख्यात है। समूचे हिमालय क्षेत्र में ऐसी कई औषधीय प्रजातियाँ हैं जो कि विलुप्त होने के कगार पर हैं। कुल मिलाकर, संपूर्ण हिमालय क्षेत्र में पाई जाने वाली इन प्रजातियों में से 10 प्रतिशत के विलुप्त होने का खतरा मँडरा रहा है। हिमालय के क्षेत्र में फैला हुआ पूरा वन क्षेत्र बढ़ते कार्बन डाईऑक्साइड को कम करने में मदद करता है। पूरे देश के समग्र वन क्षेत्र का एक-तिहाई हिमालय क्षेत्र में स्थित है। समूचे क्षेत्र के पारिस्थितिकी चक्र को सही रूप में चलने के लिए हिमनदों से निकलने वाली नदियों का महत्वपूर्ण योगदान है।

प्राकृतिक आपदा का पूर्वानुमान

प्राधिकरण उत्तम शोध के माध्यम से हिमनद या नदियों की बाढ़ द्वारा दुर्घटना का पूर्वानुमान लगाने में सक्षम होगा। अंतरिक्ष विभाग से समन्वय स्थापित कर भूमि कटाव, नदी के बढ़ते जलस्तर, जैवविविधता के संकट का पूर्वानुमान कर बेहतर आपदा प्रबंधन किया जा सकता है। नदियों में जल के बहाव को आधार मानकर बेहतर नियोजन किया जा सकता है। मौसम परिवर्तन के खतरों से बचने हेतु हिमनद पर शिक्षा शोध को समर्पित 'हिमनद प्राधिकरण' की नितांत आवश्यकता है। हमें यह मानना पड़ेगा कि समूची मानवता का अस्तित्व हिमनदों पर ही टिका है।

संदर्भ

Scientific Papers:

1. Abas, N., Kalair, A., & Khan, N. (2015). Review of fossil fuels and future energy technologies. Futures, 69, 31-49.
2. Agarwal, V., Bolch, T., Syed, T. H., Pieczonka, T., Strozzi, T., & Nagaich, R. (2017). Area and mass changes of Siachen glacier (East Karakoram). Journal of Glaciology, 63(237), 148-163.
3. Ahmad, S., Hasnain, S. I., & Selvan, M. (2004). Morphometric characteristics of glaciers in the Indian Himalayas. Asian Journal of Water, Environment and Pollu~tion, 1(1, 2), 109-118.
4. Akihito, N. A. K. A. J. O. (2017). Development of tourism and the tourist industry in India: A case study of Uttarakhand. Journal of Urban and Regional Studies on Contemporary India, 3(2), 1-12.
5. Anthwal, A., Gupta, N., Sharma, A., Anthwal, S., & Kim, K. H. (2010). Conserving biodiversity through traditional beliefs in sacred groves in Uttarakhand Himalaya, India. Resources, Conservation and Recycling, 54(11), 962-971.
6. Anthwal, A., Joshi, V., Sharma, A., & Anthwal, S. (2006). Retreat of Himalayan glaciers–indicator of climate change. Nature and Science, 4(4), 53-59.
7. Badola, R., Hussain, S. A., Dobriyal, P., Manral, U., Barthwal, S., Rastogi, A., & Gill, A. K. (2018). Institutional arrangements for managing tourism in the Indian Himalayan protected areas. Tourism Management, 66, 1-12.
8. Bahadur, J. (1993). The Himalayas: a third polar region. In

Snow and glacier hydrology. Proc. international symposium, Kathmandu, 1992 (pp. 181-190). IAHS; Publication, 218.

9. Bahuguna, I. M., Rathore, B. P., Brahmbhatt, R., Sharma, M., Dhar, S., Randhawa, S. S., ... & Ajai. (2014). Are the Himalayan glaciers retreating?. Current science, 1008-1013.
10. Bajracharya, S. R., Maharjan, S. B., Shrestha, F., Guo, W., Liu, S., Immerzeel, W., & Shrestha, B. (2015). The glaciers of the Hindu Kush Himalayas: current status and observed changes from the 1980s to 2010. International Journal of Water Resources Development, 31(2), 161-173.
11. Bajracharya, S. R., Mool, P. K., & Shrestha, B. R. (2008). Global climate change and melting of Himalayan glaciers. Melting glaciers and rising sea levels: Impacts and implications, 28-46.
12. Bandyopadhyay, J. (2013). Securing the Himalayas as the water tower of Asia: an environmental perspective. Asia Policy, 16(1), 45-50.
13. Bhambri, R., Bolch, T., Chaujar, R., K. and Kulshreshtha, S. C., 2011. Glacier changes in the Garhwal Himalayas, India 1968–2006 based on remote sensing, Journal of Glaciology 97(203), 543-556.
14. Bhambri, R., Mehta, M., Dobhal, D. P., Gupta, A. K., Pratap, B., Kesarwani, K. and Verma, A., 2016. Devastation in the Kedarnath (Mandakini) Valley, Garhwal Himalaya, during 16–17 June 2013: a remote sensing and ground- based assessment, Natural Hazards 80(3), 1801-1822.
15. Bhutiyani, M.R., Kale, V.S. and Pawar, N.J., 2007. Long-term trends in maximum, minimum and mean annual air temperatures across the northwestern Himalaya during the 20th Century, Climate Change 85(1-2), 159–177.
16. Bintanja, R., & van den Broeke, M. R. (1996). The influ~ence of clouds on the radiation budget of ice and snow surfaces in Antarctica and Greenland in summer. International Journal of Climatology: A Journal of the Royal Meteorological Society, 16(11), 1281-1296.

17. Bishop, M. P., Bonk, R., Kamp Jr, U., & Shroder Jr, J. F. (2001). Terrain analysis and data modeling for alpine glacier mapping. Polar Geography, 25(3), 182-201.
18. Björnsson, H., Pálsson, F., Sigurđsson, O., & Flowers, G. E. (2003). Surges of glaciers in Iceland. Annals of Glaciology, 36, 82-90.
19. Bliss, A., Hock, R., & Radić, V. (2014). Global response of glacier runoff to twenty-first century climate change. Journal of Geophysical Research: Earth Surface, 119(4), 717-730.
20. Bolch, T., Kulkarni, A., Kääb, A., Huggel, C., Paul, F., Cogley, J. G., ... & Stoffel, M. (2012). The state and fate of Himalayan glaciers. Science, 336(6079), 310-314.
21. Bolch, T., Kulkarni, A., Kääb, A., Huggel, C., Paul, F., Cogley, G., Frey, H., Kargel, J.S., Fujita, K., Scheel, M., Bajracharya, S. and Stoffel, M., 2012. The state and fate of Himalayan glaciers, Science 336(6079), 310-314.
22. Burrard, S. (1904). Mount Everest: The Story of a Long Controversy. Nature 71, 42–46
23. Callendar, G. S. (1938). The artificial production of carbon dioxide and its influ~ence on temperature. Quarterly Journal of the Royal Meteorological Society, 64(275), 223-240.
24. Callendar, G. S. (1949). Can carbon dioxide influ~ence climate?. Weather, 4(10), 310-314.
25. Chaturvedi, R. K., Kulkarni, A., Karyakarte, Y., Joshi, J., & Bala, G. (2014). Glacial mass balance changes in the Karakoram and Himalaya based on CMIP5 multi-model climate projections. Climatic Change, 123(2), 315-328.
26. Cho, C., Li, R., Wang, S.-Y., Yoon, J.H., & Gillies, R. R. (2016). Anthropogenic footprint of climate change in the June 2013 northern India flood. Climate Dynamics, 46(3–4), 797–805.
27. Cogley, J. G. (2009). Geodetic and direct mass-balance measurements: comparison and joint analysis. Annals of Glaciology, 50(50), 96-100.
28. De Micheaux, F. L. (2019). Politicizations of a Sacred River: The Story of Gaumukh-Uttarkashi Eco-Sensitive Zone, Ut-

tarakhand, India. Journal for the Study of Religion, Nature & Culture, 13(2).

29. Dickey, P. A. (1985). Who discovered Mount Everest?. Eos, Transactions American Geophysical Union, 66(41), 697-700.
30. Dimri, A. P., & Allen, S. (2020). Himalayan Climate Interaction. Frontiers in Environmental Science.
31. Dobhal, D.P., Gupta, A.K., Mehta, M. and Khandelwal, D.D., 2013. Kedarnath Disaster: Facts and Plausible Causes, Current Science105 (2),171–174.
32. Dyurgerov, M. B., & Meier, M. F. (1997). Mass balance of mountain and subpolar glaciers: a new global assessment for 1961–1990. Arctic and Alpine Research, 29(4), 379-391.
33. Emmer, A., Vilímek, V., & Zapata, M. L. (2018). Hazard mitigation of glacial lake outburst floods in the Cordillera Blanca (Peru): the effectiveness of remedial works. Journal of Flood Risk Management, 11, S489-S501.
34. Erlandson, J. M. (2008). Racing a rising tide: Global warming, rising seas, and the erosion of human history. The Journal of Island and Coastal Archaeology, 3(2), 167-169.
35. Fourier, J. (1827). Mémoire sur les températures du globe terrestre et des espaces planétaires. Mémoires de l''Académie Royale des Sciences de l''Institut de France, 7, 570-604.
36. Fujita, K., Suzuki, R., Nuimura, T. and Sakai, A., 2008. Performance of ASTER and SRTM DEMs, and their potential for assessing glacial lakes in the Lu~nana region, Bhutan Himalaya, Journal of Glaciology 54(185), 220–228.
37. Geological Survey of India (GSI), 2017. Evalu~ation of Potentially Vulnerable Area For High Glacial Lake Outburst Flood (GLOF) Risk Areas in Uttarakhand (edited by Murali Mohan and Pawan Kumar), pp 134.
38. Goodenough, W., Longstaff, T. G., & Amery, L. S. (1932). Explorations in Garhwal around Kamet: Discussion. The Geographical Journal, 79(1), 11-16.
39. Gore, A., Mani, S., RP, H., Shekhar, C., & Ganju, A. (2019). Glacier surface characteristics derivation and monitoring

using Hyperspectral datasets: a case study of Gepang Gath glacier, Western Himalaya. Geocarto International, 34(1), 23-42.

40. Heine, E., Kostka, R., & GRILLMAYER, R. (2001). Mapping Mt. Kailash An interdisciplinary project on cultural landscape documentation. In Space and Time–GIS and Remote Sensing Conference (pp. 6-8).
41. Huggel, C., Kääb, A., Haeberli, W., Teysseire, P. and Paul, F., 2002. Remote sensing based assessment of hazards from glacier lake outbursts: a case study in the Swiss Alps, Canadian Geotechnical Journal 39, 316–330.
42. Immerzeel, W. & Bierkens, M. (2012). Asia's water balance. Nature Geosci 5, 841–842.
43. Immerzeel, W. W., Pellicciotti, F., & Bierkens, M. F. P. (2013). Rising river flows throughout the twenty-first century in two Himalayan glacierized watersheds. Nature Geoscience, 6(9), 742-745.
44. Immerzeel, W. W., Van Beek, L. P., & Bierkens, M. F. (2010). Climate change will affect the Asian water towers. Science, 328(5984), 1382-1385.
45. Iturrizaga, L. (1997). Glacier outburst floods threatening the settlement Shimshal (North-West-Karakorum). Journal of Human Ecology.
46. Jeffries, M. O. (1986). Glaciers and the morphology and structure of Milne ice shelf, Ellesmere Island, NWT, Canada. Arctic and Alpine Research, 18(4), 397-405.
47. Jevrejeva, S., Jackson, L., Riva, R., Grinsted, A., & Moore, J. (2017). Sea level rise with warming above 2 degree. In EGU General Assembly Conference Abstracts. p. 3637.
48. Joshi, L. M., & Kotlia, B. S. (2015). Neotectonically triggered instability around the palaeolake regime in Central Kumaun Himalaya, India. Quaternary International, 371, 219-231
49. Kääb, A., Berthier, E., Nuth, C., Gardelle, J., & Arnaud, Y. (2012). Contrasting patterns of early twenty-first-century

glacier mass change in the Himalayas. Nature, 488(7412), 495-498.

50. Kääb, A., Huggel, C., Fischer, L., Guex, S., Paul, F., Roer, I., Saòmann, N., Schlaefli, S., Schmutz, K., Schneider, D., Strozzi, T. and Weidmann, Y., 2005. Remote sensing of glacier- and permafrostrelated hazards in high mountains: an overview, Natural Hazards Earth System Sciences 5, 527– 554.
51. Kala, C. P. (2014). Delu~ge, disaster and development in Uttarakhand Himalayan region of India: Challenges and lessons for disaster management. International Journal of Disaster Risk Reduction, 8, 143–152.
52. Kaspari, S., McKenzie Skiles, S., Delaney, I., Dixon, D., & Painter, T. H. (2015). Accelerated glacier melt on Snow Dome, Mount Olympus, Washington, USA, due to deposition of black carbon and mineral dust from wildfire. Journal of Geophysical Research: Atmospheres, 120(7), 2793- 2807.
53. Kulkarni, A. V., Rathore, B. P., Singh, S. K., & Bahuguna, I. M. (2011). Understanding changes in the Himalayan cryosphere using remote sensing techniques. International Journal of Remote Sensing, 32(3), 601-615.
54. Kulkarni, A.V., Bahuguna, I.M., Rathore, B.P., Singh, S.K., Randhawa, S.S., Sood, R.K. and Dhar, S., 2007. Glacial retreat in Himalayas using Indian remote sensing satellite data, Current Science 92, 69–74.
55. Kumar, A., Bhambri, R., Tiwari, S. K., Verma, A., Gupta, A. K., & Kawishwar, P. (2019). Evolu~tion of debris flow and moraine failu~re in the Gangotri Glacier region, Garhwal Himalaya: Hydro geomorphological aspects. Geomorphology, 333, 152-166.
56. Kumar, M. (2017). Book review: life in the Himalaya: an ecosystem at risk. Frontiers in Ecology and Evolu~tion, 5, 112.
57. Kumar, V., Mehta, M., Mishra, A. and Trivedi, A., 2017. Temporal flu~ctuations and frontal area change of Bangni and Dunagiri glaciers from 1962 to 2013, Dhauliganga Basin, central Himalaya, India, Geomorphology 284, 88–98.

58. Kumar, V., Shukla, T., Mishra, A. and Mehta, M, 2020. Glacier changes and associated climate drivers for the last three decades, Nanda Devi region, Central Himalaya, India, Quaternary International (doi.org/10.1016/j.quaint.2020.06.017) 49, 594-614.
59. Liu, Z., Ballantyne, A. P., & Cooper, L. A. (2019). Biophysical feedback of global forest fires on surface temperature. Nature Communications, 10(1), 1-9.
60. Marshall, S. (2014). Glacier retreat crosses a line. Science, 345(6199), 872- 872.
61. Maurer, J. M., Schaefer, J. M., Rupper, S., & Corley, A. (2019). Acceleration of ice loss across the Himalayas over the past 40 years. Science Advances, 5(6), eaav7266. https://doi.org/10.1126/sciadv.aav7266
62. Mayewski, P. A., & Jeschke, P. A. (1979). Himalayan and Trans-Himalayan glacier flu~ctuations since AD 1812. Arctic and Alpine Research, 11(3), 267- 287.
63. Negi, H. S., Shekhar, C., & Singh, S. K. (2015). Snow and glacier investigations using hyperspectral data in the Himalaya. Current Science, 892-902.
64. O"Donnell, E. L. (2018). At the Intersection of the Sacred and the Legal: Rights for Nature in Uttarakhand, India. Journal of Environmental Law, 30 (1), 135–144.
65. Oerlemans, J. (2005). Extracting a climate signal from 169 glacier records. Science, 308(5722), 675-677.
66. Pandit, M. K. (2013). The Himalayas must be protected. Nature, 501(7467), 283–283.
67. Paterson, W.S.B. (2016). The physics of glaciers. Elsevier. Published on 16th August 1999. Imprint: Butterworth-Heinemann. Paperback ISBN 9780750647427. Ebook ISBN 9780080513867
68. Poretti, G., Lohmar, F. J., Puruckherr, R., Marchesini, C., Beinat, A., Eckardt, M., & Marchesini, A. (2000). Geodetic measurements in the Himalayas and new determination of the height of Mount K2. Bollettino di geofisica teorica ed applicata, 41(3-4), 219-231.

69. Poudel, S. (2003). Vegetation and prominent flora from Begnash Tal to Tara Hill, Annapurna Conversation Area Project, Kaski district. Himalayan Journal of Sciences, 1(1), 43-46.
70. Rai, P. K., Chandel, R. S., Mishra, V. N., & Singh, P. (2018). Hydrological inferences through morphometric analysis of lower Kosi river basin of India for water resource management based on remote sensing data. Applied Water Science, 8(1), 1-16.
71. Raj, K. B.G., Remya, S. N. and Kumar, V., 2013. Remote sensing-based hazard assessment of glacial lakes in Sikkim Himalaya, Current Science 104(3), 359
72. Richardson, S.D. and Reynolds, J.M., 2000. An overview of glacial hazards in the Himalayas. Quaternary International 65/66, 31–47.
73. Rosa, L. P., Ribeiro, S. K., Muylaert, M. S., & de Campos, C. P. (2004). Comments on the Brazilian Proposal and contributions to global temperature increase with different climate responses—CO2 emissions due to fossil fuels, CO2 emissions due to land use change. Energy Policy, 32(13), 1499-1510.
74. Roy A.B (2014). Indian Subcontinent, Reference Module in Earth Systems and Environmental Sciences, Elsevier.
75. Roy, A. B., & Purohit, R. (2018). Indian shield: Precambrian evolu~tion and Phanerozoic reconstitution. Elsevier.
76. Sain, K., Kumar, A., Mehta, M., Verma, A., Tiwari, S.K., Garg, P.K., Kumar, V., Rai, S.K., Srivastava, P. and Sen, K., 2021. Perspective on Rishiganga- Dhauliganga flash flood in the Nanda Devi Biosphere reserve, Garwal Himalaya, India, Journal Geological Society of India 97, 335-338.
77. Sati, V.P. (2020). Glaciers of the Uttarakhand Himalaya. In V. Sati (Ed.), Himalaya on the Threshold of Change. Springer International Publishing. pp. 39–45.
78. Scherler, D., Bookhagen, B., & Strecker, M. R. (2011). Spatially variable response of Himalayan glaciers to climate change affected by debris cover. Nature geoscience, 4(3), 156-159.

79. Shindell, D. T., & Grewe, V. (2002). Separating the influ~ence of halogen and climate changes on ozone recovery in the upper stratosphere. Journal of Geophysical Research: Atmospheres, 107(D12), ACL-3.
80. Siddall, M., Stocker, T. F., & Clark, P. U. (2009). Constraints on future sea- level rise from past sea-level change. Nature Geoscience, 2(8), 571-575.
81. Silori, C. S. (2001). Biosphere reserve management in theory and practice: Case of Nanda Devi biosphere reserve, Western Himalaya, India. Journal of International Wildlife Law and Policy, 4(3), 205-219.
82. Singh, C. P., Panigrahy, S., Thapliyal, A., Kimothi, M. M., Soni, P., & Parihar, J. S. (2012). Monitoring the alpine treeline shift in parts of the Indian Himalayas using remote sensing. Current Science, 102(4), 559-562.
83. Singh, D. S., Tangri, A. K., Kumar, D., Dubey, C. A., & Bali, R. (2017). Pattern of retreat and related morphological zones of Gangotri Glacier, Garhwal Himalaya, India. Quaternary International, 444, 172-181.
84. Singh, J S. (2006). Sustainable development of the Indian Himalayan region: Linking ecological and economic concerns. Current science. 90.
85. Sparavigna, A. C. (2017). The Retreat of the Terminus of Gangotri Glacier in Google Earth Images.
86. Stringer, L. C., Dyer, J. C., Reed, M. S., Dougill, A. J., Twyman, C., & Mkwambisi, D. (2009). Adaptations to climate change, drought and desertification: local insights to enhance policy in southern Africa. Environmental Science & Policy, 12(7), 748-765.
87. Swain, A. K. (2020). Glacier stress pattern as an indicator for climate change. In Climate change and the white world (pp. 119-138). Springer, Cham.
88. Tsimplis, M. N., Marcos, M., & Somot, S. (2008). 21st century Mediterranean sea level rise: steric and atmospheric pressure contributions from a regional model. Global and Planetary Change, 63(2-3), 105-111.

89. Visser, P.C. 1938: Glaciology. Visser, Ph.C. & J. Visser Hooft (eds.): Scientific results of the Dutch expeditions to the Karakoram and the adjacent areas in 1922, 1925 and 1929/30. Volu~me II, 215 pp.
90. Wester, P., Mishra, A., Mukherji, A., & Shrestha, A. B. (2019). The Hindu Kush Himalaya assessment: Mountains, climate change, sustainability and people (p. 627). Springer Nature.
91. Willis, K. J., Rudner, E., & Sümegi, P. (2000). The full-glacial forests of central and southeastern Europe. Quaternary Research, 53(2), 203-213.
92. Xu, B., & Lin, B. (2015). How industrialization and urbanization process impacts on CO2 emissions in China: evidence from nonparametric additive regression models. Energy Economics, 48, 188-202.
93. Xu, B., Cao, J., Hansen, J., Yao, T., Joswia, D. R., Wang, N., ... & Liu, X. (2009). Black soot and the survival of Tibetan glaciers. Proceedings of the National Academy of Sciences, 106(52), 22114-22118.
94. Yadav, P. K., Mishra, A. K., Kaneria, M., Kapoor, M., Kaneria, M., & Aziem, S. (2017). Caterpillar fungus gold rush: growing dependence on a lu~crative trade with disputes among communities in the Himalaya. Climate Change and Environmental Sustainability, 5(1), 92-96.
95. Yin, M. T. (1949). Synoptic-aerologic study of the onset of the summer monsoon over India and Burma. Journal of Atmospheric Sciences, 6(6), 393- 400.
96. Younghusband, F. (2019). The Epic of Mount Everest. Pickle Partners Publishing.
97. Zandi, F., Amanollahi, J., Poorhashemi, S. A., & Panahi, M. (2019). Paris Climate Changes Agreement 2015 Operational Requirements and Legal Restrictions of Joining Iran. Ekoloji, 28(107), 275-282.

Reports:

1. Geological Survey of India (2016). Compilation of an Inventory of Glacial Lakes of Uttarakhand Himalaya and Identifi-

cation of Potentially Vulnerable Areas for High GLOF-Risk based on Remote Sensing Multi-Spectral Data.

2. IPCC (2018). Summary for Policymakers. In: *Global Warming of 1.5°C. An IPCC Special Report on the impacts of global warming of 1.5°C above pre- industrial levels and related global greenhouse gas emission pathways, in the context of strengthening the global response to the threat of climate change, sustainable development, and efforts to eradicate poverty* [Masson-Delmotte, V., P. Zhai, H.-O. Pörtner, D. Roberts, J. Skea, P.R. Shukla, A. Pirani, W. Moufouma-Okia, C. Péan, R. Pidcock, S. Connors, J.B.R. Matthews, Y. Chen, X. Zhou, M.I. Gomis, E. Lonnoy, T. Maycock, M. Tignor, and T. Waterfield (eds.)]. World Meteorological Organization, Geneva, Switzerland, 32 pp.https://www.ipcc.ch/2018/10/08/summary-for-policymakers-of-ipcc-special-report-on-global-warming-of-1-5c- approved-by-governments/
3. Meehl, G.A., T.F. Stocker, W.D. Collins, P. Friedlingstein, A.T. Gaye, J.M. Gregory, A. Kitoh, R. Knutti, J.M. Murphy, A. Noda, S.C.B. Raper, I.G. Watterson, A.J. Weaver and Z.-C. Zhao (2007). Global Climate Projections. In: Climate Change 2007: The Physical Science Basis. Contribution of Working Group I to the Fourth Assessment Report of the Intergovernmental Panel on Climate Change [Solomon, S., D. Qin, M. Manning, Z. Chen, M. Marquis, K.B. Averyt, M. Tignor and H.L. Miller (eds.)]. Cambridge University Press, Cambridge, United Kingdom and New York, NY, USA.
4. Mool, P. K., Wangda, D., Bajracharya, S. R., Kunzang, K., Gurung, D. R., & Joshi, S. P. (2001). Inventory of glaciers, glacial lakes and glacial lake outburst floods. Monitoring and early warning systems in the Hindu Kush- Himalayan Region: Bhutan. Inventory of glaciers, glacial lakes and glacial lake outburst floods. Monitoring and early warning systems in the Hindu Kush-Himalayan Region: Bhutan. International Centre for Integrated Mountain Development and Mountain Environment and Natural Resources" Information System. URL: https://lib.icimod.org/record/21962

5. Pant, D., Verma, S., & Dhuliya, P. (2017). A study on disaster detection and management using WSN in Himalayan region of Uttarakhand. 2017 3rd International Conference on Advances in Computing, Communication Automation (ICACCA) (Fall), 1–6. https://doi.org/10.1109/ICACCAF.2017.8344703
6. Raina VK, Srivastava D (2008). Glacier atlas of India. Geological Society of India, Bangalore 316.
7. Rao, P., Areendran, G., & Sareen, R. (2008). Potential impacts of climate change in the Uttarakhand Himalayas. In Mountain Forum Bulletin (Vol. 8, No. 1).
8. Reserve Bank of India (RBI) report (2011). Annual Report. URL: https://rbi.org.in/scripts/AnnualReportPublications.aspx?year=2011.
9. World Health Organization (WHO) (2005). Fact sheet on Climate Change and Human Health.URL: https://www.who.int/globalchange/news/fsclimandhealth/en/
10. Powell, A. (2010). Answers in the ice. Harvard University Center for the Environment. http://www.environment.harvard.edu/sites/default/files/AnswersInTheI ce_0.pdf.

Articles:

1. Bhati, A. (2015). Pollu~tion and garbage greet tourists on Himalayan treks: Banning loud music and cooking in the higher reaches can go a long way in maintaining the fragile ecosystem. Down to Earth. URL: https://www.downtoearth.org.in/blog/environment/pollu~tion-and-garbage-greet-tourists-on-himalayan-treks-50708
2. Dixit, K. (2019). Terrifying assessment of a Himalayan melting. Nepali Times. URL: https://www.nepalitimes.com/banner/a-terrifying- assessment-of-himalayan-melting/
3. Dockrill, P. (2019). Its official: atmospheric co2 just exceeded 415 ppm for the first time in human history. Science Alert. URL: https://www.sciencealert.com/it-s-official-atmospheric-co2-just-exceeded-415-ppm-for-first-time-in-human-history

4. E360 digest (2010). Black Soot is Main Cause Of Himalayan Glacier Melt. Yale School of the Environment. URL: https://e360.yale.edu/digest/black- soot-is-main-cause-of-himalayan-glacier-melt-study-says
5. Glick, D. The Big Thaw: As the climate warms, how much, and how quickly, will Earth's glaciers melt? National Geographic. URL:
6. https://www.nationalgeographic.com/environment/global-warming/big- thaw/
7. Gokhale, N (2013). Article titled 'Uttarakhand: Army Commander walks with 500 people out of Badrinath." Published in NDTV. Dated: Jun 27, 2013. URL: https://www.ndtv.com/india-news/uttarakhand-army-commander-walks-with-500-people-out-of-badrinath-526670
8. Jolly, A. (2013). Kedarnath calamity a proof of long ignored threat by melting Himalayan glaciers. India Today. https://www.indiatoday.in/magazine/nation/story/20130715-uttarakhand-tragedy-floods-alarm-for-himalayan-glaciers-764472-2013- 07-05
9. Khandekar, N. (2015). India to monitor all large Himalayan glaciers. The Third Pole. URL: https://www.thethirdpole.net/en/nature/india-to- monitor-all-large-himalayan-glaciers/
10. McCarthy, J. (2016). India"s Unexplored Glaciers Pose a Great Climate Change Risk. Global Citizen. U R L : https://www.globalcitizen.org/en/content/why-the-indian-himalayan- glaciers-may-be-the-most/
11. Niti Aayog. Government of India. Sustainable Development in the Indian Himalayan Region. URL: https://niti.gov.in/sustainable-development- indian-himalayan-region.
12. Pandit, M. K. (2017). Life in the Himalaya. Harvard University Press. URL: https://www.hup.harvard.edu/catalog.php?isbn=9780674971745
13. GBPIHED.The Himalaya (Abode of Snow). The Highest Mountain Region in the World. URL: http://gbpihedenvis.nic.in/indian_him_reg.htm

सालासर इमेजिंग सिस्टमस, नोएडा द्वारा मुद्रित